Blue Book of Global K-12 Education Research Association

全球基础教育研究联盟蓝皮书（2015—2016）

全球化背景下学生科学与阅读暨公民素养的培养

QUANQIUHUABEIJINGXIAXUESHENGKEXUEYU YUEDUJIGONGMINSUYANGDEPEIYANG

主编　强新志
Chief Editor　Qiang Xinzhi

中国书籍出版社
China Book Press

图书在版编目（CIP）数据

全球化背景下学生科学与阅读暨公民素养的培养／强新志主编 .—北京：中国书籍出版社，2021.3

ISBN 978-7-5068-8006-0

Ⅰ.①全… Ⅱ.①强… Ⅲ.①领导能力—能力培养—中小学—研究 Ⅳ.①G635.5

中国版本图书馆 CIP 数据核字（2020）第 186519 号

全球化背景下学生科学与阅读暨公民素养的培养

强新志 主编

责任编辑	张翠萍 王 淼
责任印制	孙马飞 马 芝
封面设计	中联华文
出版发行	中国书籍出版社
地 址	北京市丰台区三路居路 97 号（邮编：100073）
电 话	（010）52257143（总编室） （010）52257140（发行部）
电子邮箱	eo@chinabp.com.cn
经 销	全国新华书店
印 刷	三河市华东印刷有限公司
开 本	710 毫米×1000 毫米 1/16
字 数	323 千字
印 张	18
版 次	2021 年 3 月第 1 版 2021 年 3 月第 1 次印刷
书 号	ISBN 978-7-5068-8006-0
定 价	75.00 元

版权所有 翻印必究

目 录
CONTENTS

IB项目中的学生阅读者 ………………………… 理查德·惠特尼·西曼 （1）
学前与小学低年级阅读 ………………………………………… 凯·格鲁 （5）
以开放式教育理念提高学生阅读素养 ………………………… 王 桢 （8）
通过阅读者剧院提高学生流畅度、理解力和兴趣 …………………………
……………………… 特瑞斯塔·塞伯勒斯 玛利亚·潘若德拉 （11）
从《小王子》看阅读 ………………………… 克莱迪欧·马瑞安迪 （14）
21世纪世界公民素质教学 ……………………… 罗森安娜·瑞思伯格 （17）
俄罗斯教育学中针对阅读参与问题的解决方法 …… 卡拉努瓦·塔蒂安娜 （22）
"遍及全球"（PIA）项目的影响 ………… 石川伸二郎 杰弗里·辛德 （25）
全感官阅读与全学科给养 …………………………………… 王 蕾 （28）
西班牙语言与文学新的教学法 ………………… 若法尔·马丁 罗德瑞 （32）
儿童阅读兴趣缺失的解决方法 ………………………… 乌科娃·玛瑞娜 （35）
培养阅读习惯的重要性 ………………………………… 格林·爱德华兹 （37）
侧重阅读叙述性文本 …………………………………… 鲁伊萨·格兰德桑 （41）
培养一生阅读激情 ………………………… 凯西·丹·威廉姆斯 （44）
在芬兰如何培养高中生掌握阅读技巧 ………………… 米伽·润塔拉 （46）
最热门的阅读 …………………………………………… 汉斯约恩·瑞思 （48）
发展阅读技巧以及在芬兰如何提高学生阅读 ………… 萨杜·瓦卡玛 （51）
高级阅读技巧：激发兴趣、练习精确度 ………… 吉斯派娜·斯凯勒 （54）
书在大脑中形成图片 …………………………………… 罗伯特·菲尔可 （57）
阅读提高生活品质 ………………………………………… 崔 琼 （61）
浅谈指导性阅读 …………………………………………… 保罗·麦德卡 （66）

科学教育的目标与实践 ………………………………… 王海玲 （69）
美国圣安德鲁学校对女生的优秀科学教育 ………… 萨德·简·桑尼克 （75）
丹麦的科学教育 …………………………………… 艾瑞克·拉比 （77）
教学中科学与调查的应用 ………………………… 约翰·迈克里恩 （81）
以探究为基础的科学，即为什么，怎么做 ………… 罗斯·瑞特 （87）
不同学段，一以贯之，提升学生科学素养 ………… 邓保利 （89）
艺术和设计课——增长科学知识 ………………… 索菲·索德 （93）
构建本土化的学生科学素养综合测评体系
　　——兼介绍"北京市中小学生科学素养调查"项目 ………… 郭元婕 （95）
中学教育带给我的十个启示 ……………………… 杰尼夫·布兰德 （102）
将卓越教学提高一个层次：生物科技和工程 ……… 迈克·托马逊 （106）
芬兰教育优势及特点 ……………………………… 李　栋 （109）
从董事会角度培养学生综合能力 ………… 尼尔斯·乔治·朗德伯格 （117）
科学与阅读 ………………………………………… 安德鲁·塔迪斯 （122）
整合文化、内容及语言（STEM） ………… 凯丽·法默尔　钟梁珏然 （125）
科学与阅读的共生 ………………… 丽莎·玛丽·莱米　劳润·安·兰奇 （129）
科学中的阅读理解能力 …………………………… 玛丽·斯德沃特 （132）
一所公立学校在先进的STEM学习上的方法 ……… 萨拉·泽贝尔 （134）
科学与阅读：未来的光明 ………………………… 爱德华·凡肖 （136）
通过不同评估方式促进学生阅读和科学素养的培养 …………………
　　……………………………… 西曼·玛丽·贝克特·黑泽尔 （139）
多感官学习培养阅读能力 ………………………… 劳拉·霍尔多夫 （142）
对教育本质的新认识 ……………………………… 顾明远 （145）
创新人才培养模式　培养适应未来社会的人 …… 马丽君 （150）
国际教育的现状 …………………………………… 威廉·菲什 （156）
怎样打造培养世界公民的学校
　　——丹麦的贡献 …………………………………… 凯·格鲁 （163）
制定适应丹麦视角的全球公民教育战略 …… 尼尔斯-乔治·朗德博格 （166）
丹麦的世界视野培养方式 ………… 伊莎贝斯·加贝尔·奥斯汀 （171）

我们怎样建设培养世界公民的学校

　　——丹麦的贡献 ………………………………… 汉斯约恩·瑞思　（174）

我们怎样建设培养世界公民的学校

　　——丹麦的贡献 …………………………………… 艾瑞克·莱比　（176）

如何在全球化背景下培养学生的开放性思维 ………… 劳拉·霍尔多夫　（179）

俄罗斯学校教育体制下的专长和读写能力 ……………… 伊万·罗佐夫　（182）

金德学院：全球化背景下一所特殊的学校 ………… 克莱迪欧·马瑞安迪　（184）

作为全球公民的约翰·保罗学院学生 ……………… 玛丽·斯德沃特　（186）

有效的校园教学运转框架 …………………………… 玛丽亚·伊万科维奇　（188）

创造 21 世纪的班级：灵活的座位和自我调节的教学 …………………

　　…………………………………………… 安德鲁·詹姆斯·特克　（191）

把世界带进课堂 ……………………… 萨拉·伯格斯特龙·佩尔森　（197）

教育——通向世界视野之路 ………………………… 布拉德·坎贝尔　（200）

大学语言入学要求 ………………………………… 阿莱西亚·托马逊　（203）

克拉克学区的读写能力及学习 ……………………… 史蒂夫·赛义德　（205）

芬兰新课程改革 ……………………………………… 亚里·安德森　（207）

设置推动课程：发展明日世界的全球思想家 ……… 波莉·安娜·帕克　（210）

建立终身健康模式的学校典范 ……………………… 兰德尔·皮特斯　（212）

运用原始资料分析和理解培养全球化公民素养的目的和重点 …………

　　……………………………………………………… 科琳·克拉斯　（216）

数学教学练习 ………………………………………… 珍妮佛·贝格斯　（218）

21 世纪的教学、学习和全球交流 …………………… 索尼亚·迪亚兹　（221）

普通话浸入式课程的益处 …………………………… 迈克·托马逊　（223）

公民是一个动词：加强年轻人的全球公民意识 … 奥德丽·达蒙-怀恩　（225）

托马斯·杰斐逊高中对于科技课程的特殊要求 …… 蒂内尔·普里迪　（229）

马斯康诺学区的 21 世纪技能 ………………………… 南希·米拉　（231）

综合教育的世界课堂体验 ………………… 阿尔贝托·文森特·佩斯卡多　（236）

全球公民：来自英国的故事 ………………………… 爱德华·凡肖　（238）

罗兹·帕克学校：学术教育实践 ………………… 亨利·科瓦伯塔　（240）

3

整体观察学生：关注适应力培养和教育的重要性 ········ 阿曼达·沃恩（242）
21世纪英语学习者的读写能力 ···················· 钟梁珏然（245）
教会成功：西部学校的教育途径 ········ 辛西娅·得尔加多·伊达尔戈（248）
在课堂运用正念战略和全球意识来促进学生4C：交流、合作、批判思维和
　创新 ································ 玛瑞安妮·大卫（251）
芬兰新课改的执行及对未来教育的影响 ···················· 李 栋（255）
全球素养包括为人类提供食物的能力：将食物与学生相连 ···············
　························· 凯瑟琳·吉莱斯皮（259）
通过普通教育培养世界公民 ················ 马修·廖·特罗斯（262）
真正的测试：在真实生活情境中应用学习 ········ 卡罗尔·赛义德（266）
为世界更相联的费迪南德国立学校 ·········· 罗扎夫·尼科莱塔（270）
灵感、投入与同理心：全球文化行动 ·············· 霍莉·汉娜（273）
素养：打破全球壁垒 ······················ 安德鲁·塔迪斯（277）

IB 项目中的学生阅读者

理查德·惠特尼·西曼

（德国　柏林布兰登堡博格国际学校校长）

在本次会议中，我们讨论到许多关于文学的话题，其中值得推荐给学生的有《小王子》这部名著。马瑞娜在发言中提到"随着年龄的增长孩子对阅读的兴趣也在不断减少"。怎样可以避免这种现象的出现呢？重点在于培养孩子对阅读的兴趣。这个兴趣就像钩子一样，可以钩住学生，使他们保持阅读。

首先我们要营造一个有利于培养阅读习惯的环境。无论是学校还是家里，我们都要营造一种支持读书的氛围，孩子能够从中感受到读书的灵感和文化气息。本次大会的发言当中，一位来自石家庄外国语教育集团的老师引用了孔子的一句话，"知之者不如好之者，好之者不如乐之者"。我今天发言的主题就是"成为一名乐于读书的学生——IB 带来的读书体验"。

在具体讨论阅读兴趣培养之前，请允许我简要地介绍一下我们的学校和我校的教学方式。不过首先想给大家推荐一本书——《所有我们看不见的光》。我会给大家简单介绍一下它的内容，也希望大家对这本书感兴趣。在推荐之后，我希望大家能讲英语的话就来找我，不能讲英语的话就找我们的主办方，我想了解一下有多少人希望阅读这本著作，或者看一下我给大家推荐的结果是什么状况。如果说很多人都给我积极反馈的话，我会非常高兴。下面我想跟大家简单介绍一下我自己和我们的学校。

我是一名在柏林居住了 30 多年的美国人。我很喜欢欧洲，很喜欢德国，喜欢意大利，喜欢丹麦，还有其他很多国家，当然我也很喜欢美国。总而言之，我喜欢体验不同的文化。我热爱文化。正是因为这种热爱，我才有了阅读的兴趣，也希望能够帮助学生产生这种对文化的热爱、对书籍的热爱。

我们的学校位于德国柏林，校园处于树林之中，风景宜人。我校是一所 IB 学校，IB 代表国际文凭。我校拥有一个 IB 项目。全英文授课是我校的特色。来这里学习的人不但能培养出一口流利的英文，也会受到德式教育的熏陶。

IB项目旨在培养学前班孩子对于学习的热爱。从学前班到六年级，让学生体会到校园生活是有趣的，激发他们内心对于校园生活的热爱。昨天，在与石外两名中学生的接触后我能体会到，他们对于自己学校的热爱是发自内心的。他们说石外是他们最爱的校园。这也说明石外老师的教学是有成效的。在IB小学课程中，我们会鼓励孩子的求知欲和好奇心。我们学校特别重视五年级学生的PYP项目报告。该报告需要6个月的时间准备。在准备过程中，他们会自己建模，用不同的方式来展示自己的作品。这些作品都是他们兴趣的成果。

我现在为学校理事会成员，已经不在教学第一线了，但还是会有很多学生向我咨询他们喜欢的活动课题。我鼓励他们着手去尝试。另外，还有一些老师会问我关于学校管理的工作。

我们课程当中重要的部分是中段班之间举办的各学院间的竞赛活动。在这些活动中，他们还有一个自我发现的过程。他们夯实知识基础、提高思维能力、开放发散思维，同时还能提高照顾他人、关心他人的能力，风险承担的能力，评估的能力以及分享的能力。每个孩子在接受教育的时候，都抱着非常开放的心态。十年前有个项目叫作"个人项目报告"，这也是一个规模巨大的事情。给大家举一个例子，学校里有一个男孩为东欧的一家航空公司设计了飞机模型、公司标识、飞行航线，并且做出了整个客乘规划，细化到机场要有多少工作人员、各个部门的部署是什么，你还可以通过他的个人网络来预订机票。整个计划每个细节都很详细，这个学生对自己的项目也是充满了热爱。

从去年的IB课程开始，我们主要的理念就是把学生的自我教育提高到新高度，主要通过工作实践、项目参与，同时也注重知识构建，比如数学等各学科技能。世界上著名的大学高等院校机构都熟知IB，他们对IB的认可度很高。去年我们有学生被MIT、哈佛、克莱欧等名校录取，这些都得益于IB项目。考取这些名校需要读很多书、做很多功课，有人担心万一在过程中学生对阅读失去兴趣了怎么办？我们的IB项目可以解决这个问题。下面我非常简短地为大家介绍一下IB项目。

我还是通过实例来说明。在我们学校，每个老师都会有一个塑料显示屏，叫作BBS，意思就是公告栏。老师会在BBS上面写他最近读了什么书。BBS如一张海报，底部写着：有问题可以来咨询老师。摆在老师办公室，以此营造出一种鼓励阅读的环境。凡是进入办公室的学生从BBS上就可以得知老师最近读什么书，这本书的大意是什么，进而对这本书感兴趣，有疑问也会主动和老师探讨。

如果你对历史和科学感兴趣，《所有我们看不见的光》这本书绝对适合你。

主角是两个孩子，其中一个叫莫瑞·路易斯的女孩，她来自法国巴黎，父亲是一个锁匠，在巴黎的国家博物馆工作。他很称职，和女儿关系非常好。不幸的是，莫瑞·路易斯不到6岁就完全失明了。每到女儿过生日时，他都会给女儿一个特别的小盒子。盒子的制作方式只有锁匠才能做出。

莫瑞·路易斯渐渐长大了。父亲用盲文给她写了一本书，方便她来阅读。这本书就是《海底两万里》。孩子开始不知道怎么读盲文，但是很快就学会了，随后一发不可收拾。但是当时她没有很多钱，买不了那么多书，于是就把《海底两万里》从头到尾翻了不知道多少遍。由于摸得太多了，以至于盲文都被摸平了。这时，"二战"在巴黎爆发，本书的第二个主角维尔纳出现了。他是一个在孤儿院长大的男孩，和姐姐一起生活在德国。他的一大爱好是听收音机。他的动手能力很强，如果无线电出问题，他都能帮忙解决。

最后命运让维尔纳和莫瑞走到了一起。一次维尔纳在收听短波电台时，听到了莫瑞的叔公讲述自己的一个亲戚去世了。那时候他们还隔着几百英里，两个人根本就不知道。后来莫瑞坐飞机和父亲去巴黎，在巴黎遇到了莫瑞的叔公。

维尔纳收听这个电台时了解到了科学和数学，并很快把技术弄得门儿清，慢慢他的语言技能也提高了。再后来，维尔纳成了纳粹的技术能人，很快就能够锁定短波人这个地址了。后来他也开始慢慢地把重要消息秘密地发出去，以便能够打败纳粹德国。

我们希望当学生拿到这本书的时候可以有读的兴趣。对于九、十年级的学生来说，这是一本具有可读性的英语书。当我们的学生拿到这本书时，他们通过英文也能完全理解。我们如何做到的呢？首先是阅读环境。我们在课堂上为每一位学生提供这本书，营造集体读书的环境。学生一旦走进教室，就自然而然地去读书。

我校小学生图书馆的角落里有一些故事书，同时还有一些与图书相关的小视频。图书馆的阅读环境也非常惬意，高年级学生也非常喜欢坐在椅子上舒服地读书。他们也在这里做些相关研究，或者休息一会儿。在这样的环境中，学生们不会觉得读书是一件枯燥的事，他们可以大声读书。我们还有很多孩子，他们还不能非常好地通过英语来读书，有些孩子来自中国，他们也需要读英文，所以我们希望能够给他们提供更多的书，为他们提供很多中国孩子可以读的一系列书，所以我们准备了专门针对留学生的书籍。

在这样的大环境下，德国六到七年级的学生们有这样一个活动，就能体会到阅读是一件非常美好的事情，进一步体会美好的人生。读书需要一个非常诱人的环境，我们学校的图书馆就有这样的环境。

读书不仅让我们身心愉悦，我们还要更多带着目的去读书。起初，孩子们专注于不同的阅读方法。他们自己探索适宜的方法。读书的过程中，孩子们也会有不同的目的。有些孩子希望进一步拓展自己的词汇量，有的孩子希望通过阅读提高理解能力。这些目标的选择权可以交给学生，这样他们会更专注。

PYP是针对小学五年级学生的项目，它可以引导学生通过阅读不断发现。另外我们还有MYB项目，引导孩子更加有目的性地读书，让他们进一步了解各种项目。这两个项目都是帮助完成IB项目的。通过这样三个项目，学生们可以进入一系列学术项目当中，终身受益。

我希望大家能够对我们的项目感兴趣，也希望更多的年轻读者热爱读书。这个会议的目的就是让人们愿意读书，培养出一种读书的热情。

学前与小学低年级阅读

凯·格鲁

(丹麦 锡尔克堡市瓦克隆学校校长)

丹麦是一个很小的国家,只占据地图上的一个小角落。最近,中国第一夫人在联合国总部做了一个演讲,也谈到了教育的问题。从她的发言中,我们能感受到她也是非常重视教育的。丹麦规模很小,只有500万人。我所在的学校有500人,30名教职人员,15个教学团队。一个星期上课的时间大约是30小时。三年级、六年级每周33课时,九年级每周35课时。这对于我们来说,已经是长学时了,虽然可能比中国的学时短,但与之前相比已经是延长了。

我认为每个人都要学会阅读,这也是我们的使命。我们学校的主要任务就是营造一个良好的阅读环境,使学生适应未来发展的需求。我们希望能够有先进的教育理念和较高的教学标准来推动这一目标的实现。和北京一六六中学的愿景一致,我们也希望能够保证所有的学生在校期间都有积极的学习意愿。

为了掌握较高层面的知识,学生的积极参与必不可少。我们还有一些非常重要的密码,第一个就是团队精神。我们经常组织各种各样的活动,让学生们在活动中培养团队精神,获得求学的渴望和学习的快乐。

接下来重点介绍我所在学校的阅读状况。阅读是一项非常基本的技能,在培养学生综合阅读能力的时候,必须有一个良好的基础和开端。

我们学校有非常全面的阅读政策,从幼儿园到小学,一直都在培养学生的阅读技能。老师有很强的责任心,不管是地理老师还是数学老师,都有培养学生阅读技能的责任感,保证学生在各个学科中阅读能力的提升。早8点到8点半,是早读时间,必须要保证这个阅读时间。每一个学年,学生都会获得特定阅读技能的发展。老师通过特定策略,帮助学生提高阅读技能。阅读政策的主要目的就是培养学生热爱阅读的习惯,为未来的发展打下良好基础。

要培养学生热爱阅读的习惯,并进一步确保学生能够将阅读技能应用到整个阅读过程中,还有另外一个疑问:我们是什么时候开始学习阅读呢?

在丹麦，在阅读的时候有三个字母成年人和孩子都会经常忘记。这些字母由三个非常复杂的系统组成，我们称之为"三字母系统"。学生需要知道所有字母的名字是什么，了解如何书写它们，包括大写和小写。

我们还要进一步了解这些字母的发音。在丹麦，我们有20个字母，每一个字母有不同的发音，比如说A，在丹麦就有不同的发音。

在教学中，我们强调寓教于乐，要有非常愉悦的学习体验。例如可以通过各种方式来分享三个字母的学习方式，把学生都动员起来。这是一个非常重要的方式，因为这是大家共同学习的活动。我们引导老师来思考他们所教授学生以及学习的特点，通过学习和进行不同的游戏，使学生区分大小写字母、认知卡片的名字。我们也可以玩声音的游戏，整个过程中学生们都可以画图片或者画字母，可以彼此互动，通过图片提示混搭字母，搭配出相同字母开头的多个单词。还可以玩根据声音辨别字母的游戏，所有的学生拿着卡片，根据老师发音，拼写出几个字母。

培养学生阅读能力时，可以给他们选择一些书籍来扩充知识量。丹麦有着从左向右的阅读方式。一些词组也可以被分成字母，字母再组成词汇，词汇再组成段落，段落进一步转化成口头表达。孩子们不仅要在学校阅读，也要和家人一起在家阅读。他们每周把书带回家，家长首先会给他们读几遍，之后学生再向家长复述书中的内容。

此外，学生还会组对阅读，可以取得1+1大约等于3的效果。学生使用不同的战略，同伴可以相互告知词汇的意思来彼此辅助。

现在比较有争议的方法，就是让学生写。其实读和写并不对立，是一个硬币的两面。因为学生在阅读过程中，可以通过书写进一步增强自信，进而更好地学习词汇。我们鼓励学生从第一天上课的时候，就写小故事，我们把它叫作孩子拼写。学生所拼写出来的字母，肯定和大人的拼写不一样，大人可能不理解，但是孩子可以读。

6岁的马克，上幼儿园已经有一个月了，他的老师或父母可能读不懂他的文本，但是马克自己能读懂。下一步，就是要帮助马克学习字母在哪儿开始和截止，书写的时候需要保持怎样的空间。马克在写字母的时候非常自信，虽然他不会正规拼写，但是可以说他会写字母。

我们也会经常讨论父母应该发挥什么样的作用，我们要和父母保持紧密沟通，告诉家长如何帮助孩子拼写。对父母来说很难接受孩子写错，所有父母都会去纠正孩子的拼写，他们希望孩子足够聪明。其实就像孩子第一次叫妈妈一样，我们不能苛求孩子第一次发音就是准确的。对于成年人来说，需要给孩子更多鼓励，让孩子继续保持一种书写的习惯。

  我们鼓励孩子拼写，主要是因为如果不在三岁之前培养书写的习惯，他们很难在三岁以后养成良好的书写习惯。一定要注意表扬孩子，这样他们才能感受到学习带来的愉悦感。父母的参与至关重要。要培养一个自信的读者，不仅涉及学校的教育，也涉及父母的参与。我们都有这样的疑问：孩子在学校读多少书才能成为一个自信的读者？比这个问题更重要的是，需要给学生提供居家的文化，通过快乐的方式在家阅读，孩子得到鼓励，才会更喜欢阅读。阅读不应该是一个枯燥的家庭作业，至少在阅读当中应该能够体会到愉悦感。

以开放式教育理念提高学生阅读素养

王 桢

(中国 天津外国语大学附属外国语学校校长助理)

高中英语教学大纲中强调了要侧重培养阅读能力。在毕业的时候,普通的高中毕业生要能够阅读为其提供的英文原著简写本和书籍报刊,外语学校的学生要能够借助词典阅读题材较为广泛的科普文章和文学作品。

我们通过观察和反思,发现外语阅读教学过程中有两个比较突出的问题。第一就是学生的阅读量远远达不到国家的标准;第二就是将阅读素养的培养固化在课堂,窄化为阅读理解技巧的训练,忽略了阅读是学生心灵的体验过程,忽略了学生的兴趣。其实我们认为,阅读素养不是单独存在的,是英语综合素养的重要组成部分。综合的语言应用能力是我们要求的基本技能目标,如何通过阅读让学生具有良好的意志品质、合作意识、开放包容的性格以及终身学习的能力,促进学生人文素养、科学素养的全面提高,是我们共同追求的更高目标。

我所在的天津外国语大学附属外国语学校在天津被昵称为"小外",是全国首批七所外国语学校之一的天津市直属中学、天津市首批高中示范学校、首批高中特色学校。近年来,我们借鉴国内外优秀的管理经验,探索开放式教育理念。开放式教育理念指的是在学校的教育环境中,借助国际、社会、社区、网络等资源,突破环境、课程、课堂教学、教师专业发展等诸多方面,实现开放式建构,突破封闭思维,以培养能够在国际层面进行创造性学习和工作的人才。具体到阅读素养,我们注重阅读,但是不"唯阅读论",而是以开放式教育理念为指导,全面进行外语教学模式的优化创新。

在整个教学过程中,我们也有自己的坚持,其中之一就是坚持使用原版教材。我们学校的图书馆具有藏书量大、精品书多的特点,现在拥有 22 大类约 14 万册藏书,这个数量在中学藏书数量里应该是比较突出的,而且这些书里面既包含了清代线装古籍二十四史、20 世纪 20 年代出版的日本原版书,以及各类英文百科全书等历经年代的精品书籍，同时藏书的语言种类包括了英、日、德、法、西、韩、俄等多个语种，我们每年还会投入大量的资金购入外文书刊报纸，供学生和老师共同阅读和学习。我们开发建设了几十门校本课程，涉及科学、文学、历史、政治、语言、社会等各个领域，所有的课程都是面对学生全面开放，多元性成为校本课程建构的核心。在开放式教育理念的引导下，我们也迸发了很多教学方法的创新激情。具体到阅读教学，首先我们坚持每一天做到阅读5分钟。老师每天精选一篇文章，大约在300～500词，内容包罗万象，给学生5分钟的时间进行阅读，没有分数评价，目的就是让学生享受纸质阅读带来的恬静，享受坚持阅读带来的美妙人生。学生在阅读的时候，我们特别注重引导学生赏析文章，我很欣赏谭宜宾（音译）教授说过的一句话："要创造一个平等开放的对话环境，启发学生与文本对话，让学生用自己的生命、心灵自觉地感悟作品。"我们要求每一位学生一学期读一本好书，并且在学期末的时候以读书报告的形式进行呈现汇报。

一个学期读一本好书并不多，对学生来说不是负担，也不会产生抗拒心理。一个学期读一本好书其实也不少，因为书就像一杯茗茶，要细细品才能懂得其中的滋味。阅读历来都是人类获得知识的重要途径，而我们在外语教学过程中也发现，丰富的母语知识背景是外语水平提升的重要保障，学生的身心发展水平、性格特征、学科知识储备情况，甚至家庭背景都会影响着学生的阅读偏好。我们不强求学生读什么，鼓励学生自由地选择读物，我们把它叫作无限畅读，但是我们始终会以课堂为阵地，引导学生怎么读。

我们希望学生在阅读之后能够形成自己的思想和判断，能够得到全面提升，为此我们在学校尝试了分享阅读。分享阅读的时候，因为考虑到阅读篇章的水平要一致，因此也是由老师来选择阅读材料。我们把班级内的同学分成几个学习小组，每组锁定一篇文章重点阅读，学生一般会有两周的时间进行准备，根据选定的文章在两周后做演讲，内容包含词汇理解、文章思想、拓展背景以及延伸活动，组内成员要求必须进行分工合作，共同完成这项任务。

展示的最后一个环节，必须是提问环节，供班内其他小组以及教师对所谈论文章进行提问。通过这样的活动，我们感受到学生实际上在准备的过程当中，就要阅读极其丰富的资料，搜索大量的信息，这无形中就扩大了学生的阅读量，而且在课堂上已经没有了教师与学生的区别，这个时候师生都成为学习者，大家共同携手完成这项学习任务。

一直以来，评价体系都是我们遇到的非常大的一个难点，比如我们在外语教学过程中，为学生开设了学生讲坛，让他们有时间去把自己读过的书、做过的事,站在这里讲述给大家听。我们进行了海报设计比赛,还有微电影大赛,这样丰富多彩的活动给学生提供了平台,让他们有机会呈现不一样的自我。这样的评价当然是必须以平等和尊重为基础,这是师生之间的平等,是生生之间的平等,是相互的尊重。学生们通过这样的评价,学会了以欣赏的眼光审视世界,以积极的心态面对竞争。我们在这里的展示,是关于德国相关知识的海报,是我们学日语的学生在进行茶道与和服服饰文化的一个讲解和宣传。

要想实现开放式的教育理念、提升学生的综合素养,必须要建设一支优秀的教师队伍,加大教学研究和对外交流是提高教师素养的一个重要途径。我们学校现在开设英、日、德、法、西五个语种课程,老师的专业要求水平是非常高的。为了能够让老师获得这种语言知识的输入,我们投入了大量资金,每年都派教师出国培训。到目前为止,我们在职的英语教师有95%都被派到国外进行培训,而我们小语种的教师100%都有过国外培训经历,甚至有70%的教师都是曾经多次被派出,这一个比例应该是相当大的,目前只有16名外籍教师,他们随时为全校1800名学生提供及时的外语援助。

同时,我也真诚地邀请各位有机会能到"小外"来看一看,相信我们孩子们这种非凡的创造力将带给您更大的惊喜!

通过阅读者剧院
提高学生流畅度、理解力和兴趣

特瑞斯塔·塞伯勒斯　玛利亚·潘若德拉

（美国　都德郡教育局官员　都德郡教育局国际留学生顾问）

我们目前共有456个学校，包括幼儿园、初中及高中，我们会进一步帮助孩子们进入我校。174个不同国籍的学生在迈阿密公立学校学习，从幼儿园开始，我们便提供英语学习的机会，通过阅读进一步提高英语能力。今天的主题是"通过阅读者剧院提高学生流畅度、理解力和兴趣"。

什么是阅读流畅性呢？即能够快速准确地把整个文本记录下来，同时非常流畅地阅读，将所有的词组构成句子，使之成为一种自然而然的口头表达能力。

部分孩子能充分理解阅读方式，但缺乏激情。这种孩子我们称之为非流畅的阅读者，对于他们，需要进一步用情感和思考的模式来帮助他们。

有媒体显示，学生具备一些阅读理解能力，但并不深入，将直接影响学生读写。我们需要一些基本技能来解决这个问题。如上课过程中为学生写出方法，通过示范方式进行阅读让学生理解并喜欢这个文本，之后通过互联网进行展示。

其次，以合唱团的形式阅读。全班学生整齐阅读从而达到阅读流畅性，这样，朗读不自信的学生还可以通过和其他同学一起朗诵，之后自行阅读，这是一种阅读流畅度的典范，也可以提高阅读能力。我们也可以选择一篇文本让学生以此写短文，内容主要取决于学生的独立阅读能力；还可以选择一本书大声阅读，阅读过程中做出记号或标记。所有学生以小组的方式整齐高声地阅读出这些故事或文本。

两人成组阅读。阅读流畅的学生与另一学生成组阅读各种文本或段落、页数、章节等。之所以这样做，是因为学生通力合作可以彼此支持。这种阅读方式需要示范，确保学生完全理解。老师可以根据学生性别、数字号等，为他们选择搭档组建小组来阅读。多关心、多询问、多鼓励，从而进一步提高阅读的流畅度，提高整个阅读节奏。

重复阅读，即让学生反复读同一个文本直到独立进行。通过重复阅读，进一步提高学生整个阅读的流畅度。此方法只适用于学生从无法流畅阅读到能够流畅阅读，没有任何语法错误的阅读。大约是50~100字的小文章，之后选择段落。当然要重视词组，先解释生词、词组，之后让学生阅读该文本，并尽可能非常流畅地阅读。

计时阅读。这是一种教学指导式阅读方式。我们会给他们一些既定的时间，进一步提高他们对整个文本的理解。它可以提高整个阅读的节奏和流畅度、精确度，阅读的精确性也非常重要。如何使用这种计时阅读呢？这个战略是通过选择学生已经读过的文本，根据他们的阅读能力、他们选择的书，比如说选择他们已经有精确度的文本，之后给他们既定的时间，阅读3~4遍。

一分钟阅读。我经常使用这种计时阅读方式。因为这种方式可以帮助我更好地评估学生的阅读流畅度。当学生得到一个文本之后，老师会进一步记录一分钟所读的文本有多少字数，再使用段落方式来进行分段。通过这种方式，我们可以进一步检测学生阅读的流畅性，比如说再一分钟、再一分钟这样的方式。什么是这种流畅性的短语？指的是在整个小学阶段具有流畅度的词组。我们也经常运用这些词组，以保证阅读的流畅性，并了解词组的意思。

为什么要使用学生剧院方式？其实学生剧院最开始是从整个语言的角度来说的，他们会通过阅读剧本的方式，然后进行角色饰演。其实，这也是一种阅读流畅度的方式，使用这种学生饰演的方式来进一步提高学生听、说、读、写的能力，他们自己化身为主人公。

为什么这些小学生需要阅读指导？第一，小学生需要倾听自己阅读的声音。第二，给成人高声地阅读能够得到他们积极的反馈，因为老师或家长鼓励他们学习一种社交技能，这些原因是整个学生阅读剧院式的基础。

学生希望能够给他人表现的机会。小孩子有时候不太愿意高声朗读，我们可以通过这种形式，树立形象进一步在台上发言。这是一种阅读的表现形式，可以让其对传统的志愿进行改造。同样，这一种表现方式也培养了阅读流畅度的能力。

他们喜欢什么样的故事？注意里面的生词还有词组的发音，注意一下整个阅读的节奏。

如果开始都是以这种节奏来，有很多学生是比较害羞的，都愿意隐藏在整个剧本之后，并不愿意表演这种阅读的能力。为了让学生进一步理解，在整个剧本中，谁想扮演孩子的角色就演孩子的角色，谁希望扮演妈妈的角色就演妈妈的角色，能够表现阅读。他们可以在打印出纸质的文本和台词之后，慢慢地适应到这些台词当中。

　　然后学生以小组形式进行排练并为老师表演。给予充足表演时间，保证每个学生对自己的表演都能满意。在全班同学前练习表演，会邀请其他班同学、家长及校领导前来观看，并积极反馈，微笑是赞许而非嘲笑，大家一起讨论着装与道具等。

　　学生要自己理解故事情节发展，要知道何时变化何时不变等。要为学生提供一些问题，也要评估词汇，使他们真正地理解词意，继而通过小组提问检验学习成果。

从《小王子》看阅读

克莱迪欧·马瑞安迪

(意大利 金德学校校长)

今天我发言的主题是"阅读素养",因为阅读素养的培养是金德学校教育项目的基石。阅读不仅仅是对书面语言的解码,也是进一步参与到未来知识舞台的一个重要组成部分。了解世界优先于阅读文本,但是反过来,了解世界的过程中又不可避免地要不断阅读文本。因此,语言和现实被不断联系起来。阅读文本意味着不断地了解世界。阅读文本与了解世界始终联系在一起,即使口头语言也是源于我们对于世界的认知。在过去的 6 个月里,来自全世界的数百万名游客参加了在意大利米兰举办的世博会。与世博会的主题相一致,我想表达的观点是"阅读是心灵的食物"。

显而易见,在孩子们的整个学习过程中,我们有很多书可以推荐给他们。但是有一本书是我要尤其推荐的,因为这本书所表达的主旨与我们对童年以及教育的看法是如此接近的。这本书就是安托万·德·圣埃克苏佩里所著的《小王子》。虽然从表面上看,这本书是写给孩子们的,但实际上它是写给我们所有人的。作品中的狐狸说道:"本质是眼睛看不到的。"小王子反复重复这句话,目的是让自己记住它,而作者正是通过这种巧妙的方式来表明阅读的重要性。我们需要用心阅读才可以理解这本书的精髓。在故事开端作者给我们展示了自己绘制的一条蟒蛇的内视和外视图,这恰恰暗示了一切事物、每一个存在,在其内部都隐藏着一个宝藏、一个谜,这值得我们去潜心挖掘。只有用心灵才能看得清事物本质,而真正重要的东西是肉眼无法看见的。

内心世界的差异让每一个个体变得独一无二,它是我们的选择、努力、友谊和爱的顶点。花园里的那些玫瑰,与小王子留在自己的星球上的那棵玫瑰相似,但是那棵又是独一无二的,因为它曾经得到小王子的灌溉和呵护,因为它被小王子"驯服"了。正如文中狐狸说到的"因为你所驯服的,你必须永远负责任"。精神建立了关系。正因如此,童话的世界充满了象征:玉米地让人们想起了小王子金色的头发；星星闪烁正如小王子银铃般的笑声；广袤的太空中繁星点点，发出吱吱的声音，正如因飞行故障迫降在沙漠中的飞行员，用古老的辘轳从水井中摇出甘甜的井水时发出的声响。现实生活中就是这样，当需要的时候，精神的力量甚至可以超越一切。为了回到玫瑰身边，小王子牺牲了自己的肉体，让毒蛇咬了自己。在最后时刻他对我们说道："我看起来像是死了，但这不会是真的……"

我们都为书中狐狸的言论所震惊，"如果你想和我交朋友，那么就驯服我吧"。学到这些之后，小王子最终开始理解他对玫瑰的那种情感。"我认为她已经将我驯服了。"小王子意识到通过"驯服"，可以从芸芸众生中寻找一个人，并将其变成世界上独一无二的人。通过这些文字，安托万·德·圣埃克苏佩里想让我们理解：仅仅靠眼睛是远远不能感知到个体或客体的特殊性的。人或事物的本质都深深地隐藏在他们的外表下面，只有通过"驯服"他们，我们才能开始了解并领会他们精彩的个性。

"当然啰，我的那朵玫瑰花，一个普通的过路人以为她和你们一样。可是，她单独一朵就比你们全体更重要，因为她是我浇灌的，因为她是我放在花罩中的，因为她是我用屏风保护起来的，因为她身上的毛虫（除了留下两三只为了变蝴蝶之外）是我除灭的，因为我倾听过她的怨艾和自诩，甚至有时我聆听着她的沉默，因为她是我的玫瑰。"正是由于小王子的所有这些努力，才使得那枝玫瑰变得独一无二。正因为如此，小王子才开始爱上了她。通过一年的旅行时间，小王子理解自己对于玫瑰的深深情感，意识到了相聚的快乐以及分离的痛苦。驯服一种存在首先要承认它的存在，而有朝一日这种存在又将消失。正是由于玫瑰面临着消失的危险，才让小王子陷入深深的忧郁之中，为了能够回到B612星球，他最终选择了让毒蛇咬自己。

随着年龄的增长，孩子们失去了让他们能与这种精神和谐相处的天赋，他们成了仅仅关心"功利主义"的成年人，被物质、世俗、自己的自负伤害，被贪婪和精神上的懒惰困扰。

成年人往往通过他人穿衣打扮的方式来评价他们，以房子的价值衡量房子的美观，以其父母的收入来决定是否与其结交朋友。然而曾经的孩子并没有死，他只是被埋葬了。一次类似飞行员偶遇小王子的经历又让曾经的那个孩子活了过来。

因为这种精神不是肉眼所能看到的，而是在"驯服"某人的努力下，并与之建立某种联系进而体会到的，因为在本质上，它就是我们的一部分想象加之我们所投入的爱，简单地阅读本书我们就能获取这些信息。

当我们打开这本书时，小王子就成了我们的好朋友，不仅因为我们在他身上花费了我们的时间，更因为我们"驯服"了他。安托万·德·圣埃克苏佩里的童话不是一个教训，而是一个邀请。

毕竟，J. M. 巴里如是写道："什么是天才？天才就是任意返老还童的能力。"

在法语版的《小王子》中，安托万·德·圣埃克苏佩里从未曾使用过"成年人"去描述所谓的"大人"，他用"伟大的人"即"大人物"去称呼他们，从未给予他们任何别的称号。

这不是一个巧合，这是一个关键的区别所在。最终，态度是最重要的，而不是年龄。你可以让孩子们变得很伟大，正如你可以让成年人变得一无是处，问题的重中之重在于你看待世界的心态，与年龄毫无关系。而到目前为止，人们普遍认为年龄会给我们带来稳重的态度。

心态是灵活的。我们不必非得成为成年人，即使我们已经步入成年人的行列。正如故事中的安托万·德·圣埃克苏佩里一样，在荒无人烟的沙漠中修理飞机时，我们一样可以很成熟、稳重；在远离家乡千里之外的沙漠中，我们也要有严肃的追求；尽管是一个崭露头角的插画师，但是依然可以将威胁星球安全的猴面包树和睡在盒子里的羊群画得栩栩如生。那就是心态的力量，只要我们想，就有能力去改变心态。

小王子到底多大了？我们无从考证。我们只知道他有一头金色的头发，他的爽朗的笑声像铜铃般悦耳，他喜欢一棵玫瑰，他驯服了一只聪明的狐狸并与其结交成为好朋友，等等。当白天行将结束的时候，所有的这一切还重要吗？

21世纪世界公民素质教学

罗森安娜·瑞思伯格

(美国 圣约翰地区学校教师)

我是在美国长大的,但我是一个全球公民,我的父母有意大利籍。关于21世纪世界公民素质教学,我希望给大家介绍,作为一个世界公民应具备什么样的素质。

我们可以设想一下,社交媒体经理,还有数据研究的挖掘者、云计算服务、可持续发展专家、App研发者,他们有什么样的共同点呢?可以给大家一个小的线索,这些职业在10年前均不存在,而如今在教室里坐着的每个孩子都很有创造力。21世纪,我们面临新的现实形势。我们有数字时代,有快速发展的网络,有全球的信息系统,现在的学生可以比我们这一代人更加快速地获取信息。我们的孩子该怎么做才能让他们能够为全球的工作做好准备?因为我们都不知道未来是什么样的、未来有什么样的可能性,如何来培训他们呢?学生们会面临这些挑战,还有政治、经济、文化的全球化。我们还有很多新生职业,所以这都是新趋势。

可以说,我们生活在一个知识经济的时代,在知识经济的环境之下,要求我们有创意、有创新、有合作。在我之前,很多专家提到的一个词就是全球能力。到底什么是全球能力?所谓的全球能力就是要有全球背景下的思考能力。我生活在美国,我的生活方式可能和德国人不同,和意大利人也有差异,但是我们有共同的目标和利益,甚至也有共同的经历,我们调查了解这个世界,找到我们的共同愿景,交流思想,传递语言文化。这是远远不够的,我们老师的职业应该是指导孩子们利用这些信息改造这个世界,让世界变得更加美好。

简单来说,我们要有能力在不同文化之间进行有效沟通,而且关注共同问题,这些问题是无国界、无文化界限的。我们作为教育者,探讨世界公民素质教学,实际是在提高我们的全球素质,进行国际交流,在帮助下一代将世界建

17

设得更加美好。

我们是教育者，我上午给小学生上课，下午给初中生授课。那么在早上的教学中，面对六七岁的孩子，如何教授全球技能呢？这是个问题。当前市场经济所需要的技能，现在就需要在课堂上通过课程的设置，在这些方面培养孩子。在美国，如果你去书店或图书馆，找到经济类会发现很多类似的书，如《合作智慧》《全球经济变化趋势》《如何成功》等等。合作、交流等是市场的需要，这要求我们未来的公民，也就是现在的学生要具备这样的全球技能。作为教育者，我们要培养孩子们成为未来世界的积极参与者、有效合作者、具备独立创新思维的人。在课堂上，我们要求学生阅读文本，获取信息，这是不够的。学生们应该利用从文本中获得的知识来创造新的知识，即运用已知创造新知。我们要引导孩子们有创意和有创新，这样的教育才是有思想的。

我们知道有这样一种共识，实验室专家有了一个惊人的发现，倘若与世隔离，再伟大的发明也无益于人类，只能供个人消遣罢了。只有通过分享、交流，全球才能受益。如果说不能共享的话，那世界会是什么样子？现在的科学家就是要把自己的科学成果和他人共享。在这个基础上，他需要知道怎样来实现商业转化——需要记者把自己的科学成果有效传播出去。

再回到主题，培养孩子们全球素养的最佳途径是什么？那就是思维转化、迁移的训练。当将已有信息和现有信息结合时，我们的大脑工作最高效。而这种关联也是解决问题、创新思维及所有更复杂有序的思维训练活动的核心部分，这也是艺术创作的重要思维活动。这种关联也是教育、学习的终极培养目标。

在教学过程中，我们要培养孩子跨学科知识的迁移与运用能力。我们不能只教授理科，只开设理科课程。要让孩子们将理科思维及知识运用到阅读中来。比如说孩子们看到一本新的书，他们能够了解作者是谁，了解书里说了什么内容。在读的过程中对内容进行不断的预测，收集数据及信息，建立自己创造性的理解，不确定时再次回读确认。这种理科思维在阅读过程中的运用是我们需要培养的。这种我们需要培养的跨学科技能与市场经济形势下21世纪未来领导者所应具备的全球技能是一脉相承的，即社交能力、思考能力、科研能力。

在美国，学生们能够通过电脑网络、媒体等方便快捷地获取信息。我们需要教给学生们如何辨识这些信息，哪些是和我们相关的，哪些是准确的，如何判断信息的重要性、渠道等。如何整合利用已知信息，更好地创造新知识、生成新的信息，这是我们应该指导和教授的。作为阅读课老师，就像我，这意味着什么？在教学的初始阶段，我们需要教给孩子如何阅读，如何获得信息，体会文本语言，并尝试写作。那么具体怎么做呢？我们需要教授各种阅读策略。

其实阅读什么样的文本并不重要，文本来自哪里也不重要，重要的是我们应该如何指导孩子们积极地将书中的内容与已知的信息结合起来，沉浸其中；或者结合个人的经验抑或与家人的经历，更好地理解甚至形成更多更丰富的认识。比如，我今后如若读一本关于中国的书，我就会结合这次中国之行有更深刻的体会和认识。因为今天我亲身驻足了这片土地，来到了中国，亲口品尝了贵国食物，我就会有更多真切的体会，与书中的观点有共识，甚至会提出不同的观点。

我们希望孩子们建立这种文本关联。当学生在阅读某个文本时，他们会突然想到："哦，我之前读过这样的内容。"当他们在阅读报纸时，突然会喊道："我在社会科学课上了解过这方面的信息！"那么最终达到让孩子们通过阅读建立相应关联，实现更多跨领域的甚至跨国界的体验。

我们也需要培养孩子们的想象力和推理能力。一本书的作者不负责提供所有信息，我们老师则需要指导孩子，把已知的信息或经历与作者想要传递的信息进行关联，从而提炼我们自己的观点。我们可以把这种关联比作"思维图片"。如果我读到一篇关于口红的文章，我要在科学课上了解如何制作口红，那么我的脑子里就会联想到口红的生产过程，对我来说，阅读就更有意义，也更有意思。

我们也需要教会孩子，通过提问的方式检测个人的阅读理解。在阅读时，孩子们需要停下来确认：我真的读懂了吗？如果没理解，什么样的方法能够帮助我更好地理解文本呢？在我的词汇里，哪些其他的词汇更适合用在此处呢？我们需要让学生在阅读中积极地自我提问。阅读时，他们如果这样惊叹："原来是这样呀！那如果换一种情况会怎么样？为什么作者会这样认为？"拿故事书《三只小猪》举例，他们会这样发问：如果故事发生在沙漠中，三只小猪会是什么样子？故事情节会发生怎么样的变化？如果人物换成男孩子，情节会有什么不同？

我们还要教会孩子如何决定信息的重要性。孩子们面对所提供的各类信息，我们要教给孩子们判断什么是重要的，什么是必须得知道的。最终的目的就是让孩子在汲取各学科知识的基础上进行整合，从而创造性地形成新的观点。

如果你想了解如何教授阅读策略，我想推荐这本书《奏效的战略》。这种跨学科的过程其实超越了过去的学科分类。当孩子们遇到一个数学难题，不要只把它当作数学问题，或者遇到文科问题也不要只运用文科思维。虽然是文学的题目形式，但不一定只是一个文学问题，可以跨学科思维、跨学科应用。这就是跨学科技能培养的过程，下面进行具体实例解释。

我来自美国首都华盛顿北部马里兰州。2012年的10月，一场超级飓风影响到了我们的生活。我们暂且称它为"超级飓风"。飓风引发了洪水，很多动物流离失所。孩子们回到学校后，讲述了飓风来临时的情形：飓风如何影响到自己的家庭，周围的人是如何应对飓风及洪水灾难的，等等。作为老师，做这些我是有目的的。孩子们通过描述自己的亲身经历，体验灾难、应对灾难，通过分享、交流，懂得了如何协助家人应对灾难。这就是跨学科技能的习得过程，也是我的教学目的，而孩子们的学习过程也是生动的、真切的。

我跟大家分享一下我们的最后成果，这是我和学生、老师合作完成的一个作品，是飓风之后我们完成的。我的学生当时就想：那是一个什么样的情形？所以我就了解到了这些，这是两天之前的飓风。如何收集材料呢？通过报纸、网络、电视等。飓风如何形成的呢？其实纽约也有很多人受到飓风的影响，有的家庭遭受了重大损失。还有一个重灾区，总统奥巴马说任何一个部门都无法帮助他们，全区抗灾工作基本上是通过所有人的共同努力完成的。灾害过后重返校园，这些孩子虽然仅有7岁，但都对我讲，自己是怎样在灾难中做好自己的。其实，当时我们并不确定我课上能做什么。尽管在课前做了一些调查，其实也没有太多的教学内容，我也没有太多的备课准备。毕竟是刚刚灾难后的第一堂课，但我知道方向是什么。

孩子当时求知欲非常强，家长和孩子们也提供了一些帮助。所以我们就看到了当地社区的应急设备。一个孩子的家长刚好就在联邦应急管理局工作，他结合气象学家和科学家提供的飓风方面的资料，以图像的方式给学生讲述飓风的形成过程，同时还向孩子们讲解了其他气象知识。学生们听得很入神、专注。

然后我们又在想，不同的人群在灾难面前，如何发挥作用呢？全国每个州都会面临灾难，都会面临类似灾后重建的工作。各行各业的人群如卡车司机、普通工人，他们在灾难面前是怎样做的？他们之间需要交流、协作，他们要做出很多的个人牺牲和让步。借此我们反思，我们具备什么样的技能，什么对于孩子们来说是重要的、什么是不重要的，因此我们一起创作了这本书。这本书从孩子们的视角出发，详细描述了灾难发生时的状况，人们如何进行灾前准备及灾后重建的。出书的目的也是来指导帮助美国其他人甚至其他国家的人应对自然灾害，因为自然灾害在很多地方都会有。于是孩子们在整个写作整理的过程中，使用到了各种各样的资源。

最后他们决定了展示内容，即飓风的成因是什么、怎么做灾前准备。这些研究不应该藏在实验室，而是应该拿出来跟大家探讨分享的。整个过程中，无论是写作，还是图片，大家都一起协作、交流，并最终完成，这就是分享，而且都是孩子们独立完成的。书中每一页都包含孩子的不同参与。最终，孩子们都明白了：如果飓风来临，该如何自我保护。

　　写作过程中，我们也讨论了医生的角色，我的祖父就是医生。学生们表达了自己的观点，如去灾区义诊，去诊所服务。他们还希望了解更具体的实例。为了让孩子们更好地感知这一点，我们又举出了实际案例，给动物义诊、救助灾后患病动物，这是当时的实事。

　　我们还参加了一个名为"孩子们是作家"的全球竞赛，这是一个年度的比赛。最终有两位胜出者，一位是小说类的，另一位是非小说类的。冠军可以获得5000美元的奖金，他的作品会在国际书展中得到展览。令我们高兴的是，我们的孩子在比赛中被提名。也就是说，孩子们花了5个月的时间调查了解自己感兴趣的事，得到了认可。这个过程就是我们授课的一种方式。虽然有时与孩子们沟通还有一些局限性，但我们都认为我们需要这样做，也只有这样做，我们才能培养出应对未来需要的21世纪人才。

俄罗斯教育学中针对阅读参与问题的解决方法

卡拉努瓦·塔蒂安娜

(俄罗斯　圣彼得堡国立大学语言学院教员)

圣彼得堡大学是中俄两国之间友好往来的一个重要桥梁，而且在学术方面，它在俄罗斯的高校中是做得最好的。我这次演讲的主题与阅读有关，旨在利用我对阅读教学阐述的这种方式，来介绍俄罗斯的历史，也能够让大家进一步了解俄罗斯在教学中是如何解决各种教学法中出现的问题的。

曾有一位俄罗斯文学家说："毫无疑问，阅读是非常敏感的、非常可靠的，从某种意义上说它是整个社会的一个发展指标，因此阅读是非常重要的。它不仅可以帮助我们进一步感受某种文化，了解这个社会的精神生活，还能进一步协助我们分析整个社会的发展过程。我们完全可以此为背景，来进一步了解整个阅读所展示的方方面面。"这段表述很中肯，同时它也高度概括了我整个演讲的主题。接下来，我将依据这个理念，为大家阐述从16世纪到21世纪，我们阅读中出现的不同的典型阅读模式以及它们的发展历程。

从16世纪开始，我们的阅读模式被称为新兴模式。这种模式主要是针对对教育非常顺从的一些学习者，通过阅读使他们能够进一步保护和发展传统的教堂、宗教以及其精神理念对我们的巨大影响。到18世纪早期，我国又出现了导师制发展模式这一新的阅读模式，目的主要是为人民大众提供一种教育性的、能提升人们阅读素养的方式。之后，在伊丽莎白统治时期，也就是在18世纪中期，我们开始着重加强学习法国教育文化。这是一种快乐主义的学习模式，主要特征是在教育当中加入了快乐主义的思想。随后，阅读模式又演变成了教育和教学相结合的模式，这种模式可以培养一些接受高等教育、掌握文化并具有一定社会背景的专业人才，这是18世纪末演变的结果。直到19世纪早期，我们又开始专注通过阅读来为现实生活做准备的研究，并且发现对阅读的渴望能让孩子成为有思考能力的现代公民。接着，从19世纪中期开始，以人文主义为核心的自由阅读模式融入整个阅读思想当中，一直持续到19世纪后半期。

从上述演变过程中我们发现，主要存在两个相对立的阅读模式，一种是传统的模式，它主要专注于了解书本、书籍，从而进一步保持皇室的传统和对宗教的忠诚度。另一种阅读模式是以变革为基础的民主化模式，它帮助我们引导出变革性的理念。那么，在俄罗斯历史上到底哪个模式更加受用，或者说更得民心呢？

首先，阅读指导模式在20世纪前叶也是一个重要模式。当时有一半的人口都是文盲，我们把阅读当作一种工具，来帮助所有的人能够读书写字，从而进一步打造出社会框架。随后，在20世纪30年代又出现了这种阅读指导模式，当时有越来越多的人开始利用阅读来改变社会。到了20世纪40年代，社会上便产生了一个阅读的管理模式。它的主要目的就是让学生能够通过阅读，增强一种爱国主义和拥护国家团结的意识。到50年代，社会上出现了非常严格的禁读政策，导致出版的书籍越来越少，同时在阅读和一系列视频、电视节目的较量之后，又出现了一些相关的阅读限制。直到20世纪五六十年代，人们的精神生活才进一步得到释放，于是激发了人们对诗歌的兴趣。人们开始阅读各种杂志，可以说这是一个社会阅读的解冻期。到后来又产生了一种将阅读当作娱乐的阅读理念。时间又到了70年代，教育的目的主要是为了培养"新苏维埃人"，但是此时出现了对书籍的匮乏现象，甚至有了书刊黑市。另外，人们会用书来换取废纸，这也是当时的一种现象。之后，社会上又出现了君主制的阅读模式，人们开始对一系列教学法进行否定，他们要有自己选择的自由和读书的自由。到了1985年，人们视它为阅读的鼎盛时期，这时候的人们通过阅读可以重获失去的信心和自尊，然而当时的这种局势是非常不稳定的。

那么21世纪阅读的模式又有怎样的特点？概括而言，它是一种注重对话的阅读模式。那就意味着，阅读教学时要进一步考虑孩子们的需求和兴趣点，帮助他们学习各种各样的阅读方式、分析和理解信息、解决不同的问题，同时也帮助他们进一步培养能够自由探索世界的能力。

当今是一个多元化的时代。第一是地域音调的多元性，第二是复原性，第三是共建合力。面对现代生活的挑战，我们必须寻找一个解决方案，而这就意味着我们要找到一种新的对话形式，要在教育和娱乐之间找到很好的结合点。在这种对话模式当中，激情是非常重要的，但这也是需要逐步进行的。必须有爱好才有意愿，然后转变成一种需求，最后成为一种常态，从而意识到阅读是自己生活的常态。

当然，我们也需要老师的指导，期待在教学过程中找到适合自己的方法。为了有助于老师教学，我们进行了不同的改变，根据教学的不同内容选择不同的方法。因为在班级教学当中，老师是需要有一些必要工具的，并从中选择适合自己的工具。同时，为了营造激发学生读书的氛围，我们给学生们提供了很多支持，让他们学会使用名人名言、制作海报等，并对读书感兴趣。其实在现实生活中，大家在书店里、互联网上、学校里，都可以看到我所讲内容的例子。

在营造良好的读书环境同时，另外重要的一点就是课余活动。比如我们有一个从小学起的针对不同年龄的特定项目。其实小学是发展阅读习惯的黄金期，从五年级开始就要有家庭的读书习惯。六年级就要聚焦科学和阅读，看到了什么东西要能给出解释。七年级要读现代文学，同时也要学会读广告。八年级就要读诗，了解现代音乐。九年级就要有更高一级的要求，也就是要找到自己专业的阅读。

我们希望找到一些特定的资源来帮助教师教学和学生的阅读，我们把它叫作"读者文件夹"。我们可以使用这些资源，督促孩子完成每一阶段的任务。当然，我们不仅是对学生，对老师也要给他们提供一些建议，例如教会他们怎么把这个过程落实到实际当中。我们不仅要让学生阅读，喜欢阅读，还要教他们读完之后获得信息，并有所收获。于是我们针对相关主题在网上做一些测试，我们称之为"网上诊断材料"，让我们对学生的阅读能力有一定的认识。

总之，我们团队希望找到志同道合的人，一起致力于有助于孩子阅读的新方式。

"遍及全球"（PIA）项目的影响

石川伸二郎　杰弗里·辛德

（日本　鹿岛学园高中副校长　鹿岛学园高中国际课程顾问）

大约三年前我们决定要开始研究一些新项目，于是我们的老师、课程、教学项目都挪到了亚洲，并在这里建立了新校 PIA——亚太区国际培训中心。PIA 学校是主要教授英语的学校，校园建立了全球研究课程，我们的整个团队都会住在这里。从初中到高中，我们会非常全面细致地教授学生。此外，来自亚洲的一些学生也来到 PIA 学校，并且每年大概有 500 名学生会到波特兰学习。

有人问过我是如何在中国教课的。我们给出的答案是，给学生一些压力，最终用一些相关的测试来督促他们的学习。此前，我在日本的高中和大学进行了很多国际项目，从中发现了整个国际教学的趋势。我也经常和学生就课程进行紧密的沟通。比如，一般情况下，老师和父母经常会问孩子得了多少分，而不是问孩子能不能进行英语对话。其实这样给学生带来很大的压力，使得学生只能想到去提高他们的分数而非能力。

当然，学生在高中时拿到高分是很重要的，因为这样一来他们就可以申请非常好的大学。当他们进入很好的大学，好的公司就会寻找这些好大学毕业的学生作为员工。如果你从好大学毕业，你可以获得很好的工作，就职于好公司。可是我们却发现了一个问题，就是这些去好公司工作的员工并没有做出应有的贡献。而这个问题很关键，我们应该为经济的发展、为我们的国家培养出适合未来社会发展的优秀人才。

我们还是孩子的时候就开始读书了，会在文本当中学习到很多词汇，由此我们逐渐培养出好奇心和创造力，这当然可以帮助我们更好地和团队进行合作。不得不承认，我们确实要面对应试的教学压力，但这种教学方法并不会帮助我们培养出最佳的学生，因此，我们的 PIA 项目就是一种全新的概念。在日本，我们就在坚持发展这种项目，现在人们已经认识到，这种以文本为基础的项目应该发生改变。比如，公司说，我们希望能有更好的员工，不管他们有没有在考试时取得很好的分数，如果他们能为公司做出很好的贡献，我们就需要他们。所以我们就教育他们读不同的书，这样可以帮助我们培养出更好的思考者，这就是我们整个项目的初衷。

今天我们所讲的主题是阅读，那么如何来完善阅读技能？首先，我要说一下教学当中所面临的挑战。我们在教授英语课的时候也会面临这些挑战，最大的就是如何进一步启发学生。日本是一个发达国家，很多日本学生感觉，英语好不好无所谓，只要有一个稳定的工作就可以。他们没有太强的动机去学习，他们对于阅读并没有兴趣，因为阅读是需要花费时间的，所以当我推荐他们读一些好书的时候，他们会说书好又怎么样呢？

其实我的很多学生都对阅读不感兴趣，那么我就要思考如何让他们对阅读有兴趣。在阅读过程中，很多陌生词汇和语法、过长的文本、不熟悉的文本内容以及不感兴趣的话题等，都会减弱他们对阅读的兴趣。比如我在课上告诉学生们，这本书是非常好的一本小说，里面的故事情节非常美妙，可能回应我的学生很少。相反，我的另外一个同事讲的是如何帮助学生拿高分，便有很多学生都喜欢听他的课，因为这可以帮助他们进入很好的大学。我在教学上遇到了很大的挑战，便想如何能够激发学生阅读的兴趣，于是想出了一定的解决方案。首先，要尽可能提高阅读量。我会对学生的兴趣做一个调研，问学生喜欢的话题有哪些，有些时候他们是不会说实话的，那我就只能不停地尝试，慢慢知道他们到底喜欢读什么。我们也会有所谓的调研、阅读、复习，同时也会把自己的阅读活动再细分成其他主题。所以我们有的时候会给他们看日本的漫画，因为大部分的学生到日本，就是因为对日本的漫画和动画感兴趣，然后他们就会对阅读有兴趣。他们会思考日本人的行为方式、思维方式和西方人有什么不同，要想在日本的社会生存下去，首先要对当地的行为和思维有所了解。对于留学生来说他们得学会日语，那就得看他们喜欢的是什么体育运动，喜欢什么时尚元素。东京对于年轻人来说是时尚之都，女孩子穿得特别时尚，乐此不疲，因为他们的世界就只有流行文化，所以不管是高中生还是大学生，对这个都特别感兴趣。那么，我就会从流行文化和流行音乐入手，比如足球、当地最时兴的话题等，目的就是找学生比较感兴趣的话题内容来了解他们，然后根据他们的兴趣量体裁衣，这样学生慢慢有了兴趣，也就愿意读了。

我们也做一些有目的的阅读，比如做一个项目，或者是一个发言报告，而它们是与期中或期末成绩挂钩的，这样他们在阅读的时候就等于做一些阅读检查。因为年轻人都争强好胜，很多人面对演讲也不想做得特别差，所以这些方式还是比较奏效的。

有时我会请日本的学生去做助教，与我们一起做一些诸如做游戏、教词汇等有意义的事情。学生最感兴趣的活动是互相了解各自的国家文化。当地的学生和国际交换生坐在一起，他们对彼此都非常感兴趣，在交谈中互相学习、互相了解，甚至下课了他们还在继续。这有着非常惊人的效果。我希望给他们埋下兴趣的种子，促使他们能自主地学习下去。当然，这些游戏中学习的课程是需要提前做许多准备工作的。

全感官阅读与全学科给养

王 蕾

（中国　北京市第一六六中学校长）

作为一个学校的校长，我必须要思考两个问题：我们究竟要办怎样的学校？我们究竟要培养怎样的学生？接下来，我将从这两个方面展开论述。

我校的办学理念是：秉承育人本真，构筑教育生态，为学生的一生幸福服务。

"秉承育人本真"就是学校的教育要立足学生终身发展的需求，要尊重并适合每个学生生命成长的规律。"构筑教育生态"就是要将影响学生发展的诸多要素，建立起良性的互动关系；就是要整合教育的资源，拓展项目的空间，创造开放的、没有围墙的生态学校；就是要通过构建不同科学间的教学关系、不同学段的教学连接，以丰富延长教育的生态链，进而实现教育生态的稳定持续发展。"为学生的一生幸福服务"，就是要立足学生发展为本，让学生在学习生活中懂得自我、自然与社会之间的关系，实现教育与幸福之间的正向循环。因而我们要把创办一所具有国际视野、高品质，以博雅教育为特色、可持续发展的优质学校，作为我们的办学目标。

一所学校的文化与品质，可以通过这所学校走出来的学生来验证。我很喜欢下面这段话，这也是我们的学生用来总结他们自己的：或许我们说不上是最优秀的人才，但是走在人群中你会发现，我们就是有那么点不同，能被你一眼认出来。无论我们身居何处，无论我们从事哪项工作，母校的教育赋予了我们对祖国的尽心竭力、对学习的精益求精、对工作的认真负责、对他人的友善真诚、对生活的乐观情趣。这就是我们孜孜以求的教育理想，所以我们把它概括了两个字来形容这所学校走出的学生所具有的特殊文化品质——"博雅"。我们在不断地丰富"博雅"的内涵，丰富它的诠释。我们这样认识博雅：心胸博大，知识渊博，博采众长，具有世界意识、国际视野和博爱的精神，修养身心、从容和谐。当然这只是我们目前对"博雅"的解读，随着时间的推移，我想我们还会不断在师生共同的历程当中一起去丰富它、去滋养它。

第二个问题我就想说阅读，阅读是学生的核心技能，是最最重要的一种素养。我们要关注三个问题：究竟我们对阅读有怎样的期待？如何理解阅读与素养的关系？学校该为提高阅读素养提供怎样的生态环境？

我想阅读不仅仅是为了获取知识、给予知识，更重要的是通过阅读扩展视野，借助他人的生活感悟来丰富个人的生活体验，从中获得应用这些经验、知识和理论解决生活、工作和学习中问题的能力，进而养成终身学习的兴趣和习惯。所以阅读为了什么？阅读为了继续学习、阅读为了生存、阅读为了一生的幸福。

阅读好像是种子，如果这样说，素养就是果实。经过阅读的积累、温润，才能滋养成相伴一生的素养。在这个过程之中，阅读能够帮助学生不断地寻找自我、丰富自我、成就自我。

当然，种子萌发、形成果实的过程当中需要方方面面的条件，有非生物的条件也有生物的条件，这些条件还会因为种子的个性而有差异。提高阅读素养的生态，学校要做的就是延长、丰富阅读的生态链，整合优化阅读的生态资源，使阅读回归学生、回归实践。这其中学生的阅读与各学科知识的融通，与校内外师生教育生活的互动，与国内国际社会、政治、经济、军事、文化发展的同步等等，都应该成为阅读生态的必需和必备。

所以我们提出了全感官阅读和全学科给养。全感官阅读我这样理解：它就是调动人的更多感官来参与阅读，比如听觉、嗅觉、触觉，共同来为阅读拓展、为阅读注释、为阅读验证、为阅读消化。这样阅读的完成路径不会是单一闭合的，而是交错叠合的；阅读具象不是二维点平的，是3D的，甚至是ND的；阅读的成果不是信息存量、数量级的剧增，而是品类的丰富；阅读的源点不是外表、压力的细胞侵入，而是个体内心的趣味生长。全学科给养，我们力求能够以语文为本，但是在阅读素养形成的过程当中，需要打通学科进行融通，重点打通人文社会科学与自然科学这两个非常重要的生态。

这是基于语文做的我校学生的语文读本。这里面给大家列了目录，我只是把初一年级和高一年级的目录给大家列出来，从里面的内容当中，大家能够体会到什么叫学科的融合、融通。这是高一年级我们在做的读本，基于语文学科为主的团队而形成。我们在学校当中，还要以其他学科为主，联动各学科进行读本编写，这样读本会非常丰富。这是很重要的阅读素材，也代表了我们对阅读的一种追求。

在我们指导学生的阅读当中，希望给学生一种更开阔的视角。假期作业是让学生自主阅读很重要的途径。我们每个学期的假期作业只是很薄很薄的一本，里面一定会有这样的篇章，叫作"资源共享篇"。在这里面有学生、有老师、有家长，我们共同来为学生提供在假期中的多学科给养，包括网站的推荐、书目的推荐；北京人民艺术剧院、国家大剧院、电影院，有一些影剧观演的推荐；还包括博物馆资源，像故宫博物院、国家博物馆、首都博物馆等等。所以阅读绝对不仅仅是文本，阅读还有一个很重要的途径，就是实践。

在这里，我拿一次寒假作业当中的一个小题目跟大家分享。在寒假的作业当中，我们布置了一个叫作"防霾治霾我能行"的作业，我们希望学生根据自己的个性特长和兴趣来完成这一作业。所以学生完成的作业有漫画作品、宣传诗歌文本、科学论文和报告等。在布置这个作业时，我们给学生提供了很多的网站、书目等，让大家去做延伸的阅读。我只给大家播一段很短的视频来说明。

这是一个高三的孩子，一份很薄的作业。作为老师，我们很担心假期中学生完成的质量情况，但让我非常欣喜的是我们的作业回收率100%。特别是这样的作业，我们对毕业年级没有要求必须要做，而让我特别诧异的是，这样的作业连毕业年级都参加了。这是在我办公桌上摆的一个我特别得意的学生作品。学生自己发明的一个防雾霾神器，或许它很简陋，或许它不漂亮，但这是通过学生阅读实践以后所形成的一个作品，我也希望我们能够帮助他不断地去完善，像这样的作业还有很多。布置这个作业时正是这位学生高三年级第一学期的寒假，大家知道，这个假期对高三的学生非常重要，但是他空出了他的时间，饶有兴趣地完成了这个他很得意的雾霾神器。这个孩子最后以非常优异的高考成绩如愿进入了他第一志愿的学校——北京航空航天大学。所以我想，它与成绩是不相悖的。

这个作业之后，我们又引发了很多的延伸阅读。我们延伸的阅读通常都是利用午间，由学生一个一个地去主讲，整个活动的组织、动员、宣传到演讲等等都是由学生自己来完成的。虽然每天中午只有20~30分钟时间，但是通过这样的活动，可以让学生自己去发现更广泛的兴趣。兴趣就是学生阅读能够持久的一个很好的前提和保障。我们所营造的生态是最重要的。虽然这个活动是中午的时间，但是座无虚席；虽然在台上只是一个一个小小的学生，甚至是初一的孩子，刚刚入校，但台下坐的听众，有学生、有老师，作为校长，我也是他们的听者之一。我愿意跟孩子一起分享阅读的感动。

综上所述，我们给阅读提供以下途径：第一是建设开放的生态课堂；第二是提高教本课程的丰富度；第三是让学生参与国际交流与合作；第四是探索各学段之间的统筹、衔接；第五是延伸学生的评价生态链，从小学、大学乃至于就业以后的跟踪性评价和指导学生的发展，来检验我们现在对学生的阅读对策是否有效；第六是构建学校、家庭、社会融通的复合化优质的课程资源。

从学校本身的课程体系，我们希望我们的学生具有"博雅"的特质，所以我们的课堂叫"博雅"课堂。在课堂中，我们希望呈现的是生态化。生态化可以用十二个字来总结，"低碳高效、互动互控、动态持续"。"博雅"课堂里有"博学"和"雅行"两个系列的文化课程。"博学"系列指向六个维度的素养：文学、艺术、健康、媒介、公民和科学素养，其核心就是阅读。"雅行"课程的六种课程体系包括传统文化教育课程、博物馆和特色基地课程、社区志愿者服务课程、长短假期实践课程、小导师课程、百名专家进校园课程。

我用两个166来总结我们对阅读的观点：第一个是关注一个核心，博学雅行；开展六种阅读活动：引领阅读、自主阅读、创作阅读、分享阅读、反思阅读、生命阅读；组织六种实践：欣赏一部精美的电影、观看一次优秀的戏剧、参观一次文化场所、探寻一次城市文化、进行一次文学创作、聆听一次大学课程。第二个是达成一个目标，多元多维；提升六种能力：审美鉴赏能力、表达阐述能力、媒介信息能力、协同合作能力、调查研究能力、综合实践能力；达成六种连接：多元主题间的连接、课堂内外的连接、学科间的连接、校内外的连接、多感官的连接、穿越时空的连接。

我们希望通过阅读的滋养，透过百年老校的文化，折射出治学之严谨、人文之关怀、艺术之品位、审美之感动、创新之激情、儒雅之风范、理想之追求。这是我们对阅读的理解，也代表了我们对166文化的解读。

西班牙语言与文学新的教学法

若法尔·马丁·罗德瑞

(西班牙 阿尔卡拉大学教授)

我们大学是1293年建校,是世界上最古老的大学之一,历史悠久,在全国甚至世界上都占据着非常重要的地位,特别在西班牙语教学方面是屈指可数的一流大学。大学成立之后,在欧洲文艺复兴时期和西班牙人文主义思潮中扮演了先锋者的角色。它不仅为教会改革培养神职人员,同时也为西班牙王室输送迫切需要的优秀人才。在16世纪和17世纪期间,阿尔卡拉大学发展成为伟大卓越的学术研究中心,很多知名学者都曾在这里的课堂中学习或授课。我们有着非常丰富的教学经验和优秀的教学方法,是世界上五大西班牙著名学校之一,被联合国教科文组织作为非物质文化遗产保护。虽然我们的大学很古老,但是我们的教学方法是现代化的。

在我们学校,我的教学任务是解释西班牙语的意义,也就是教授外国学生西班牙语。不言而喻,外国学生来到一个陌生国家的时候,他会不知道这个国家的很多东西,从某种程度上讲就像一个婴儿,特别是当他学习一门外国语言的时候,的确是所知甚少。

不同于世界上的其他学校,我们学校并没有在市中心,而是位于距马德里30千米的阿尔卡拉德赫纳雷斯市,那是一个非常有朝气的城市。我们拥有36000多名学生,其中6000多名是外国学生,这个比例是庞大的。在大学语言教学方面,我们向学生提供正式学士学位课程以及多领域的研究生和更高级别的教育。在西班牙语教学方面,我们大学的教学品质一直广受赞誉,每年国王都会在阿尔卡拉大学礼堂颁发西班牙文学的重要奖项——塞万提斯奖。这些都足以体现我们学校的出色地位和卓越成就。

因为我们建校久远,所以我们有一些古老的地方,当然我们也有一些现代的建筑。这里融合了古老科学和现代技术,同时也是我们国际关系的研究所。

我们的外国学生来自四面八方，他们来这里攻读硕士或博士学位，参加我们的国际部项目，大家相处融洽，现在我们就有中国的留学生在国际关系部工作。面对这些来自十几个不同国家又不太理解西班牙语的学生，在教学的过程中，我们首先要知道学生的问题在哪里，他们学习西班牙语的问题在哪里，他们认为西班牙语很难吗？西班牙语相比于中文来讲还是比较简单的，但是开始学习时非常简单，要深入的话就出现了难度。所以你要考虑语言的背景，要把学生带入语言的背景当中，要让他们进行交流，这会是一个非常好的教学方法。比如说你想要进行语言训练的话，你先要想象一些东西。有些时候我们觉得很难，因为这个教学方法是英语教学，但是世界上很多的外语教学都和英语差不多，英语的语法比西班牙语语法要简单，西班牙语语法比较复杂。如果你仅仅能读西班牙语还不够，你必须要不断进行练习，经常说才能够达到熟练的程度。针对种种情况，首先要学习，同时听说读写都不能偏废，当有了基本的技能之后，这些学生就能够加入 C4 课程做不同的练习，这就像是一个有机的交流沟通系统。比如说我们首先学习，然后进行激励，再组成小组学习，这是非常重要的。在西班牙，学生总是进行小组学习，也就像石家庄外国语学校这样进行小组学习。但对于一些国家的学生来说，这是很难进行的，他们只是习惯于听老师讲，不习惯积极表达自己的观点，所以我们需要在教学过程中加入很多方法，我们也会激励他们，想办法使每一个学生都能参与其中。

我除了教授西班牙语之外，还教授历史，还有外国留学生文化方面的知识。对于我们本国学生来说文化方面的知识并不难，但是对于外国留学生们来讲是比较难的。毕竟西班牙语不是他们的母语，但却要用西班牙语来学习西班牙历史，所以肯定是非常难了。而我们的学生要同时去学习这些语言方面、文学方面、历史方面和艺术方面等多方面的知识。你可以想象它的复杂性，尤其在让学生们学习西班牙文学之初时，那是很复杂困难的。于是我也开始去做一些尝试，也就是说，把这些语言的内容，比如说语法和文学历史结合在一起。我们可以想象一下，当我们打开一本语言学的语法书时，里面有很多像英语书一样的内容，比如说皮特去购物，一个店员就会问皮特你想要什么，皮特就会回答他要什么，这是一种典型的语言教学里面的对话形式。我就想除了这些以外，加入一些历史的内容，这样也许学生们会更有兴趣。第二，他们也可以在同一节课上，既学到语言，又学到历史、艺术，两全其美。这就首先要求老师进行语法的解释，做一些词汇和听力理解的练习，还要把一些文化的元素加入这些练习内容里面去，把单纯的语言能力练习变成有历史文化内容的多元化练习。

单一老套的教学方法在这里是行不通的，因为我们的学生来自不同国家和不同语言文化背景，所以我们还会把学生分为几组，让他们进行小组学习和小组活动。比如说有些组扮演心理学的病人，这些病人需要去仔细阅读他作为病人这个角色需要注意哪些事情，然后他要写下来他有哪些问题，他的身体有哪些不舒服的地方。每一个病人都会到其他扮演心理医生角色的小组那里去咨询，这要求他要清楚地表达，自己有哪些问题要去找这个医生咨询，医生会给他建议，然后接到另外一个问题的时候，就到另外一个组咨询，这样地循环。通过这样的练习，可以让语法的形式变得更加容易。其实有的时候一些语法的形式或者词的变化形式会比较复杂，但是我们就是通过让学生真正应用的方式来让他了解在什么样的情况下，他应该用什么样的语法形式去表达清楚各种情况。

我们就是把传统的教学形式放在类似这样的一个非常活的材料里面，让学生们在一个非常相像的语境里面去互动练习。这就需要学生去自学，去亲身体验第一个病人、第二个病人、第三个病人，每一个扮演病人的学生都会用各种词汇和语法来说明各自的问题，练习对话。再比如说四个学生一个小组，他们可以去分析一些战争的发展地图。在这个过程中，他可能用一个或者四个时态来表达战争的过程，学生们就需要去倾听，也需要去表达，也需要写下来。这个实际操作过程是不难的，每个学生都可以做到。最后一个任务是要改正你的文本，一般大家做小组练习的时间是 20 分钟，或者我觉得最多半个小时。老师会到每一个小组去进行指导，20 分钟之后，他们还要再系统地学习语法，去学一些特别难的东西，甚至有些对于西班牙人来讲也是比较难的语法，这些则是需要老师引导的。

虽然我在大学教学，但我仍然把大学生视为孩子，特别是外国留学生来到异国他乡的时候，我觉得他们更像是一个孩子，所以我们也在不断地努力，让每一个孩子都能在一个比较合理的教学环境下有所收获，希望他们能够通过小组合作学习这种方式来真正地学好他们的专业，学有所成。

儿童阅读兴趣缺失的解决方法

乌科娃·玛瑞娜

(俄罗斯　圣彼得堡574中学校长)

在我们国家——俄罗斯，教育始终摆在最主要的位置上，也是所有人最重视、最关心的问题。五年前我们通过了新的国家教育标准，这项标准不仅强调了学生学习体制本身的变化，同时也强调了数学教育的发展、外语学习（主要是英语和汉语）的研究，以及如何提高孩子对科学和阅读的兴趣。新标准的主要设想之一就是发展学生终身学习兴趣的能力，而要实现这一目标就离不开熟练的分析阅读的技能。

当今社会，孩子阅读兴趣的不断下降是大家在教育过程中特别关心的一个话题，圣彼得堡乃至整个俄罗斯都为培养学生阅读兴趣做了很多工作。圣彼得堡是俄罗斯的文化之都，因此我们积极举办各种丰富多彩的活动来提升孩子的阅读兴趣，比如国际俱乐部、作家见面会，为作家和作品主人公举办节日、儿童竞赛等。

除此之外，还有许多与俄罗斯文学相关的参观路线。在圣彼得堡有很多博物馆，其中有9所博物馆都曾是著名作家的公寓住所。在我们城市还有提高居民素养的规划项目，比如"圣彼得堡公民说家乡"。此外，在公共场所张贴的海报上也能看到一些复杂单词的正确发音规律，或者一些词组的含义。

城市做了如此多的工作来提高阅读兴趣，作为学校，我们更不会袖手旁观，更不能对提高阅读兴趣和修养这个议题而无动于衷。作为圣彼得堡574中学的校长，我的工作信条是给孩子提供尽可能多的学习机会，培养他们迅速适应瞬息万变的社会的能力，因此我们有许多课程，可以在课后帮助学生提高这项能力。我们学校有60多个不同方向的小组，对学生来说不是强制性参加的，他们可以根据自己的兴趣和能力自愿选择项目参加。有一些学生喜欢深入学习数学和物理、组装机器人、学习编程；有的学生喜欢体育、唱歌、跳舞、绘画、舞台表演；有的学生喜欢研究理论和实践中的经济和商业基础；有的学生喜欢制造轮船模型并学习海事；有的学生则喜欢学习外语和其他国家的文化，向往着能和来自中国、意大利、芬兰、立陶宛、保加利亚等国家的同龄人交往。由于项目种类繁多，因此我们很难将所有的项目名称一一列出。

事实上，我们学校能为每个孩子提供这种发展个性才能的机会，这一点与我们学校雄厚的物质基础以及老师们对工作的满腔热情是密不可分的。我们俄罗斯的学校从一年级到十一年级都开设有文学课，每周三到四节，毕业生需要撰写毕业考试论文。但是无论课程进行得多么精彩，都不可能保证激起每个孩子的兴趣。因此为了弥补这一缺陷，我们在每天下午会积极开展一些其他的活动，试图寻求一种激发学生课外阅读兴趣的方法。

我们学校目前在实施一个"Reading+"计划，圣彼得堡的其他几所学校也在实施。不同的年级根据不同的大纲来学习，比如对于五年级的学生，我们要求他们能列出家庭喜爱的图书清单，这不仅有助于孩子们提高阅读的兴趣，还可以通过书的纽带作用，根据他们对某些书的共同的兴趣和爱好，把整个家庭紧密地联系起来。对于八年级的学生，我们将现代摇滚乐作为学习诗歌的基础，那些原来认为古典文学老套枯燥的青少年就会惊奇地发现，他们的音乐偶像推崇诗歌，于是他们仔细阅读诗歌作品的兴趣也开始慢慢提升。对于高年级的学生，我们使用的是通过阅读自主决定职业系统，我们建议学生们阅读和讨论具有争论性的文章，这些文章是由科学和生活各个领域的专业人士撰写的，内容涉及医学、教育学、化学生物学、经济学、程序设计学等。在和学生们共同分析探讨文章的时候，老师会借机给孩子们答疑解惑，帮助他们清楚哪种职业会成为未来的生活选择。

此外，我们学校还有一个文学咖啡屋，每周四次，对所有的文学爱好者开放。放学以后孩子们可以来到这个咖啡屋，每天的菜单是一个新故事，他们可以挑选不同国家、不同时期、不同作家的文章。但这些文章都有永恒的主题：爱、友谊、自觉和道德选择。我们挑选简短形式的作品，因此孩子们可以在40～50分钟之内欣赏完。他们在喝茶的时候就故事交流思想。最主要的是这些不同年龄段的孩子，包括老师在内，在表达自己的观点时是平等的，不存在对与不对，这与课上是不同的。孩子们积极参与、热烈讨论，有时候会表达一些相反的观点，这种讨论的结果就形成了道德准则，从而提高了他们的阅读兴趣。作为惯例，讨论结束后，他们还独立阅读一些熟知的作者作品。有时候在这个咖啡屋里也会听到孩子们讨论一些由文学作品改编而来的电影。他们会努力找到作家和导演在看待问题时的相似与不同，设置这种问题使孩子们都想阅读原著，尽管一些情节他们都已经非常熟知了。

培养阅读习惯的重要性

格林·爱德华兹

（英国　英国派尼布莱恩小学教师）

我今天的发言和引言都说明，不管你是读虚构小说还是写实小说，看漫画还是浏览互联网，这些行为都可以提高你的文化素养。我们现在通过互联网获得的语言和阅读的材料，比互联网出现之前获得的材料要多得多。可以说在过去的20多年，新词的创作速度和传播使用速度，已经超过了过去几百年的总和。我们能看到，大多数孩子都在读书。但现在的问题就在于：我们如何帮助孩子养成良好的阅读习惯，让他们以建设性的方式进行阅读。所以今天我就想跟大家来谈谈，如果说学生没有受到很好的引导和刺激的话，会养成什么样的习惯，而且养成良好的阅读习惯的重要意义表现在哪些方面。

我给大家展示三种不同的公式，来计算每本书籍适合的阅读年龄。大家花上20秒的时间，猜一下这三本书的适合阅读年龄分别是多少，当然你可以使用这三个公式。如果你用上面的三个公式，你会发现计算出来每本书的适合年龄都是不太一样的。一个公式计算出来《维尼熊》适合6岁，另一个公式算出那是适合10岁孩子的。有人说《约翰·拉卡雷》适合10岁的孩子阅读，有人就说这本书适合6岁的孩子。

上个学期，我在图书馆里上了一门课。以前那些书只是陈列在那边，不是按照特定的分类，比如以作者和主题分类。但是后来学校推出了一个新的系统，就把书籍分成适合不同年龄的孩子阅读的系列。后来我发现11岁的阅读这一系列里面有《傲慢与偏见》这一本书。11岁真的适合读它吗？再天才的孩子也不应该吧！因为孩子们理解不了它的语言和理念，所以这本书并不适合11岁的孩子阅读。我们必须要意识到：让11岁的孩子读《傲慢与偏见》的话，他们可能会对阅读产生恐惧感，所以我们一定得让孩子们能够在合适的年龄读适合的书籍。

一个来自英国的社会网站说，7岁的孩子，有些掌握了7100个词汇，而有些只掌握了3000个词汇，他们的词汇量是不一样的，造成这个差异的最主要影响来自他们的父母。在英国的学校里，他们面临的主要问题是掌握3000词汇量的学生。这些7岁左右的孩子熟悉并且经常使用的词汇只有800个。16岁的孩子经常使用的词汇还是800个，他们可能只会使用800或1000个词汇，甚至在生活中、在找工作的过程当中也是。这说明，学生离开学校之后，他们的阅读素养并没有随着年龄的提高而提高，也没有掌握更多的阅读技能。所以，作为教育者的我们要意识到并且在我们的教学中避免这个问题。

词汇到底是什么呢？请大家看一下我手中的这张纸，这是以A为首字母的一些重要词汇。这张图片上的词汇，我们能认出多少呢？我们看一下这本字典，大约有1000页。这本字典上所有的词汇量是多少？还有这本词典中包括的所有词条是多少？我们大家可以计算一下。词汇可以有从1万到10万之间的不同，一个人掌握的词汇可能会有一个很大的跨度，他可能认识10万个词，但是只能熟练使用1万个词。

英国语言学家戴维·克里斯特尔有很多关于词汇方面的著作。曾经，英国政府聘请他担任国家的阅读素养顾问，但是他指出政府的许多做法是错误的，所以政府就把他解雇了。后来戴维·克里斯特尔教授提出了阅读素养方面关于词汇的问题。我们都知道文学家莎士比亚，他熟练掌握的词汇有7万~8万。在现代社会，我们有许多新生词汇，这些词汇将我们每个人的词汇增加到2万~3万或者更多，但是我们必须要知道这些词汇的背景，以及如何使用这些词汇。

为了能够进一步提高孩子们的词汇量，我们必须要帮助学生进一步掌握第二阶梯的词汇。第一阶梯的词汇是指16岁的孩子基本都能掌握且熟练使用的800个相关的词汇。我们要做的就是鼓励学生进一步使用在第二阶段词汇当中熟悉的一些词汇，让他们学习第二阶段词汇的拼写方式，并帮助他们熟练使用这些词汇，之后根据这些词汇来进一步扩展词汇。他们有能力也必须要掌握这些词汇。比如说在存款的时候，他们需要熟练地掌握并使用与银行和存款相关的一系列词汇。同时我们也需要父母来辅助孩子，帮助孩子阅读和理解，因为孩子自己是很难理解这些词汇的意思的。

我们最近进行了一项研究，这个研究进一步展示了一个人能够熟练使用词汇和语言的重要性。如果你不知道这个词汇，你就没有关于这个词汇的任何想象力，你不知道如何使用这个词汇，也不会产生关于这个词汇的理念。所以，对于词汇的正确理解和使用能够帮助我们进一步提高自己的阅读素养。所以，我们需要培养所有的人，让他们有足够的词汇去提高自己的阅读素养，去读懂和理解《傲慢与偏见》。

对于16岁的孩子来说，在他们离开学校之后，如果他们掌握的词汇量很少的话，他们未来的职业生涯都会受到限制。但是，在这些孩子于学校学习的过程当中，如果我们能够教会他们思考，像在座各位这样思考，他们就能够继续提高他们的阅读素养。在未来的生活当中，他们才能够进一步专注于自己的工作，并且逐步完善自己。我也希望我的孩子们能够有这样一种建构性的学习方式。

请看大屏幕，蓝色的部分主要指的是一些阅读的特点和目的，绿色和橙色的部分主要是和写作相关，红色主要是和听说相关的。目前我们已经意识到培养这些阅读素养的重要性：它能够帮助我们开启很多学科的大门，也可以帮助我们进一步开创许多孩子的未来。我们要进一步使用第二阶段的词汇，也要让学生能够进一步继续学习，我们可以给他们提供一系列作业等，让他们进一步提高自己，也可以给他们展示一系列类似词语以提高他们的词汇量。

我见过一些20岁左右的年轻人，他们并不知道 PAR 和 PER 在意思上和拼写上的区别。例如，有一个词是 PARA，来源于拉丁语。PAR 这个词来源于 PARA 这个词根。这对于不了解这个词根的学生来说很难。我们可以通过词根的学习来进一步确定单词正确的拼写方式，所以我们一定要帮助学生进一步分析词根，这样的话才能帮助他们更好地拼写出不同的词汇，不是说简单地告诉他们这个词怎么样写。

还有非常重要的一点，我们也要培养学生正确的阅读态度。对于一个年轻人、一个十几岁的青少年来说，在读一些诗歌的时候，他们会觉得比较恐惧。显然读诗歌并不是一种非常有趣的阅读方法，所以我们在给学生布置阅读作业的时候，要让他们进一步拓展，并给他们提供比较有趣的一系列文本，还要给他们找一些图片，让他们通过图片帮助理解。其实我们也可以把一些照片贴到教室的墙面上，这样可以帮助他们更好地理解，也让他们更加有兴趣阅读。我们要让课堂上所有的学生自愿成为读者，让他们在以后的生活工作中能够有兴趣读书。其实背景和文本对于阅读理解来说也是非常重要的。通过阅读，我们能够学得更多，精神上更加愉悦，对我们的未来更有自信。我们要进一步改变自己的教学习惯，通过评估学生是否具备不同的素质，来进一步确保他们将来能够从事一些工作。我们要让他们不断地检查他们自己的课业，看一下他们自己是不是做得很好。我们可以让他们跟他们的朋友和同学来共同评估，通过彼此互动学习进一步提高他们的阅读素养。

我们可以通过让同学之间彼此校对的方式来进行评估。这种方式不是评分，而是让彼此能够通过校对的方式看一下彼此的作业，可以问一下为什么这样批注。下一次在语法上、拼写上，他们就可以有更好的选择，在词组上能够有更好的完善。没有词汇我们就不会有更好的理念，所以我们必须让学生先抽检他们自己的词汇，让他们进行更多的讨论，让他们讨论关于整个世界的词汇。这一点非常重要，能够帮助他们在未来创造出更好的理念。为了让学生能够更好地理解一些正式的问题，可以让他们读报纸、看电视，通过这些方式进一步扩展他们的词汇。我们可以让学生进一步通过兴趣，理解更多的词汇。记得我有一次下课的时候，一个学生说自己有一本很好的书，然后我就让他解释一下这本书好在哪儿、有多么的好。如果我们能够鼓励学生专注他们所掌握的精髓，进一步通过他所读到的有趣读物来彼此分享，这对他们的词汇学习也是非常有帮助的，同时也能够提高他们的阅读素养。

我们并不是说一定要沉溺于阅读，而是要不断地提醒学生多读好书，通过读书提高自己的词汇和阅读素养。如果我们能够告诉学生，通过阅读好书能够获得进步，他们一定会对阅读充满兴趣。我们不仅要为那些优异的学生选择一些很好的读物，还要给所有学生提供一些适合他们的书。我们也可以在孩子们读完一本书之后表扬他们，给他们一些小的奖品。恰当的方式方法可以帮助孩子提高词汇和阅读素养，使他们在日后的生活、工作和学习中能够游刃有余。

侧重阅读叙述性文本

鲁伊萨·格兰德桑

（意大利　威尼斯旅游职高西班牙语、意大利语教师）

我们希望能够鼓励学生加强其阅读的能力，主要是基于两个故事。这两个故事探讨的主要问题都是美好的愿望最终成为现实，但同时带来了一些非常意想不到的结果，有时甚至是灾难性的结果。我们教学的目的正是培养学生不同的能力，比如听、说、读、写，以及批判性思维的能力。在阅读方面我们把焦点放在活动上，通过组织各种各样的活动，希望学生能够分析文本的内容，了解故事的背景，有时需要对故事做摘要，而且要学会用PPT来阅读。这样的阅读形式贯穿我们课程的始终，我们也让学生对一些文本的内容做摘要，对流行文化有所了解。我们课程的核心就是对于文本材料的分析，在这方面我们特别强调的是学生对于语气的判断，对于细微内容的区分辨别。通过各种形式的阅读，希望学生能够真正读懂文本，并且在此基础上对既定的话题表达自己的观点，对特定的问题表达自己的想法。

以下是我们一个教学单元的标题，叫作"小心你的愿望"，言外之意就是没事不要瞎祈祷、瞎许愿。这个主要是针对中学三年级的，适用的等级是B1，也就是欧洲适用参考标准CEFRB1等级，换言之就是中低级。要达到此标准，学生需要具备一些先决条件，比如说对于分析小说的方法比较熟悉，要知道短篇小说的特定结构，要有能力写一些比较短的论述文，然后对于一个论点要给出证据和说明，而且要有一定的文学评判的词汇，对于一些常用主题和在流行文化中反复出现的主题要有足够的理解。我们还会包括很多不同的目标，如逐步培养批判思维的能力，来进一步提高我们的词汇量，深入理解文本，理解它包含的主要信息是什么，也要了解在整个视频介绍当中所包含的主题信息。我们也可以根据一个既定主题来做即兴的口头演讲，也要进一步了解到整个语音、语调，还有特定的术语，也可以进一步分析整个小的故事以及它具备的主要特点，学生要进一步反映出整个阅读的内容和方法。我们也要对同一主题的不同文本进行分析，要学习到这种阅读素养，需要使用全新的技术进一步做不同形式的演讲，这都是根据既定的主题来进行的。

我们也需要更多的资料，这主要取决于老师的风格、学生的风格。资料是更传统的纸质文本，或是通过大白板、互联网和投影仪等等，目前我们的学生在课堂上不使用 iPad。我们也会根据不同的课堂风格来进行授课，把课程进行细分，当然不可能把所有课程完全很详细地和盘托出，但是我们会给它进行分解，进行重点的突破。一个单元分为五课时，每节课 55 分钟，我们会使用传统的课堂教学模式来展示文本，从热身运动开始，有时候在黑板上写出来"你有三个愿望"这样的词组，如此一来学生就可以思考他们所联想到的图片，或者说和这"三个愿望"相关的词组。此外我们也要进一步调查一个学生所掌握的词汇量，特别是与愿望相关的一些词汇，我们也可以给大家展示一些俚语，比如说愿望实现、希望成为一个明星等这样的词组。我们也会给学生阐释一些重要的词组，比如说对你的理想要非常关注、非常小心等，如此关联，学生就可以进一步关注他们的理想和与此相关的场景。之后我们会就第一文本进行演讲，或根据特定的顺序分发出来一些相关的纸质资料，也称之为第三体材料，然后让学生把文本资料正确排序。

我们还有第二节课。先做一个介绍，之后给学生展示一个 1992 年的动画片，叫《爱特利民》（音译），这是迪斯尼的一个动画片。观看后让学生根据这个动画片和我们之前讲的文本关联，来进一步充实学生的词汇。之后给学生分发第二个文本，就是那两个愿望，会给大家整合这些词汇。

到了第三节课，学生要对学习细节做进一步介绍，在稍后的工作中，我们会把学生分为两组，两组有不同的任务，让他们对整个故事进行分析。

在第四节课上，由学生做演讲，每一小组都要展示。通过讨论分给他们的任务，最后通过演讲的方式呈现出来。引导他们使用不同的词组，这样他们就能够更加有灵感，学生也可以使用这种互动性大白板，把最后结果以幻灯片的形式投到屏幕上。每一小组会简单地介绍一下他们自己讨论的结果，做一个口头演讲，最后的文本会上传到我们共享的网络空间，这是我们课堂上共同使用的硬盘，比如谷歌的硬盘。

最后第五节课，我们要进行最终评估。我们还有另外一个文本，学生会拿到一个小的短篇故事，这是 1902 年出版的一个小故事，学生要将这两个文本进行比较。在第三节课的教程当中我们详细地介绍了，我们会有三个学生小组，第一小组他们会使用文件 A 当中的文本进行合作学习，这个是指导性的分析，来分析那两个愿望；第二小组学生会使用我们给他们提供的文件 B 当中的一些资料进行比较学习。他们的任务就是进一步通过所得到的图片来准备一个简短的演讲。最后呈现出来的演讲会遵循一定的模式，之后我们再总结内容和结果。

我们还会有一系列大白板的呈现方式。首先第一组学生要进一步呈现，在短篇故事当中主要的不同阶段是什么？它的结构是什么样的？在这个短篇故事当中，最早先的情况是怎么样的？之后冲突出现在哪儿？转折点在哪儿？高潮在哪儿？整个收尾处在哪儿？此外我们也会让学生对这个文章进行定性分析，他们要进一步描述一下这个短篇故事当中的主人公是谁，这里边提到了哪些人物，这里边主要关注的梅琳娜的特点是什么，她是怎样的一个人，作者是如何描述梅琳娜给读者的，梅琳娜这个角色的特点是什么。我们也要专注一系列背景。这个故事发生在什么时候？它产生什么样的效果？时间地点是什么？之后学生要使用叙述文体，进一步根据标准的分析方法——从外向内的分析方法，进一步确定作者对整个叙述人物的决策是什么样的，他对整个事物的态度是什么样的，他对整个人物的特点有一种什么样的呈现，等等。此外我们也要进一步了解这篇文章的题材，是说明文、叙事文，还是对话？我们还要进一步讨论文章的结局是什么？它与读者产生了一种什么样的情感共鸣等等。

此外我们要专注语言的风格，在分析整个文本的词汇和语意之后，要进一步确定这个语言是不是复杂，是不是直白，是不是简单？它主要是使用什么样的语言，具体语言是描述性的，还是模拟性的？我们要进一步讨论它在文本中的语气是什么样的，用一些形容词来描述这些语言，它是一种愉悦性的语言、讽刺性的语言、批判性语言，等等。我们要进一步讨论整个短篇故事的意义是什么？主题是什么？这个故事是正常的小短篇故事吗？我们会邀请学生讨论小说的这些风格，最后确定它是一个长篇故事，是一个恐怖故事、黑色幽默故事，还是一个传说，这是一种什么样的体裁。我们还会引导学生进一步探索，这里边存在哪些经典的例子，最后还会对这两个文本进行比较，考虑一下它们之间的共同处是什么，不同处是什么。比如说在文章的长度上、结构上、语气上、最终的结尾上、表达方式上等等。我们还会有第二组的讨论结果，要让学生总结一下，并且让他们找到这些文本之间、图片之间的共同之处。我们给他们分了两组图片，让他们找一下相同之处、不同之处。

培养一生阅读激情

凯西·丹·威廉姆斯

(美国 迪弗莱斯特学区教师)

阅读对于每个人的发展，以及整个社会的经济、政治、社会、文化的发展都是非常重要的，因此在学生的教育阶段，我们应该高度重视如何培养学生的阅读能力。对于学生来说，我们希望阅读不要成为一项他们必须要完成的作业，而是成为一种我们给他们提供的获取知识的礼物。我们学区一共有3500名学生，学生们的家庭背景也有很大不同，有些来自城市，有些来自农村。在美国也有很多比较贫困的地区，当地的孩子生下来是不说英语的，英语只是他们的第二语言。所以学生们的阅读水平也是参差不齐的，但是我们对待这些学生都是一视同仁的。与此同时，我们也在不断地平衡两方面的工作，一是要满足全国统一标准的学科要求，二是要尊重学生的个性化发展。我们需要满足每个学生个性化的需求，同时也要满足国家和州政府的相关学术标准。

一直以来，我们都把因材施教作为最基本的教学原则。所有的学生都是有差异的，有多元化的学生就应该有多元化的教学方法，即因材施教。我们的教学模式也从以前比较传统的课堂授课模式，转变为一种新型的阅读研讨模式，即通过开展阅读研讨会来培养学生的阅读兴趣以及提升学生的阅读能力。现在我来为大家详细介绍一下阅读研讨模式。

首先，我们会把一个班分成几个小组，并且给各个小组不同的选择权，让学生能够自主选择他们感兴趣的书刊读物。其次，我们除了按照传统授课模式教授学生基本的阅读技巧之外，还会让学生进行分组讨论，即给学生足够多的时间去讨论他们所阅读的内容，大家一起讨论相关的话题，就像一个研讨会一样。以此鼓励学生把他们在阅读中所学到的知识与技能应用到具体的学习中去，但是每个学生的阅读水平也是高低不同的。针对阅读方面比较薄弱的学生，我们也会给予他们相应的指导。阅读研讨模式也有很多的优点：第一，学生自己去选择他们愿意读的书刊，有利于提高他们的阅读兴趣。我引用一个儿童作家写的一段话，"我们任何时候都不能让学生感觉到阅读是一项义务，是一项老师布置的作业，而是让学生把阅读当作一份礼物、一个愉快的过程，这样就会激发他们的阅读兴趣。"

　　第二，自主选择书刊为学生提供了自主决策权，锻炼了他们自己做决定的能力，提高了他们的自主意识。比如我们在带自己的孩子时，一开始只是给孩子念书，然后和孩子一起读书，最后我们指导孩子自主阅读。在这个过程当中，孩子一开始是没有自主选择书刊的权利的，但是慢慢地我们会鼓励他们去选择自己愿意阅读的书刊。这就提高了孩子们做决定的能力与自主意识。

　　第三，通过小组讨论的方式，能够提高学生在阅读当中的成就感，也有助于培养学生良好的阅读习惯。把学生分成很多的阅读小组，并且在阅读之后鼓励他们畅所欲言，积极表达自己的感想与所得。我相信学生之间共同分享阅读心得与经历的阅读研讨模式，会使孩子们在阅读的过程中获得十分愉快的体验。

　　总而言之，阅读对于每个孩子的发展都是非常重要的。孩子在读书的过程中，能够把他们所阅读的知识和已掌握的技能联系起来，这是任何现代化的技术或者应用软件都无法替代的。对于一个孩子来说，在他睡觉之前你给他读一个故事，比给他一个晚安吻更加重要。

在芬兰如何培养高中生掌握阅读技巧

米伽·润塔拉

(芬兰 芬兰斯凯勒达特高中校长)

学习阅读就是学习生活。在2016年新的课程体系下,芬兰高中是如何利用多模态识读方法教学生新的阅读技巧,以达到最基本标准的呢?即多模态阅读技巧,鼓励学生使用动态的评估技巧,最终掌握新的学习方法。阅读是一个过程,在这个过程中,需要一些技巧的支撑,如:自我评价、分析、应用、理解以及回忆。随着其他产业的发展,我们的教学模式、教学方式不得不做调整。对此,芬兰教育要改革,创造新的课程表。

学会阅读如同学会生存一般重要。因此,学生必须学会阅读,这对于他们是最不可或缺的一种学习技能,影响他们一生。

2016年课程表改革有一些最基本的原则。除了推动学生创造力外,还有评估、研究、理解、信息总结等。虽然这不是一个新的概念,但从一个高中校长的角度,这又有了新的意义。比如高中老师主要是以教为主,五个星期教授,接着一个考试周。这样,学生很容易遗忘所学知识。因此,我们要更新教学模式,从而改变学生的学习流程。

21世纪是一个信息时代。为了生存,我们需要学很多新的相关技能。比如学生不能只是消费网上的数据,更要学会创造信息,即如何去管理这些信息。然后从这些信息里得出自己的结论。因此,学生需要具备良好的信息技术和交流技术方面的技能,这也就是我们所说的一种多元化的教育。

从2016年的秋天起,学生开始用电脑在网上进行考试。除考试外,学生的日常学习也离不开电脑。在上课前,学生会收到老师布置的任务,然后以小组的形式进行学习。学生有可能会用iPad或者智能手机、电脑等作为学习工具。在芬兰,我们的目标是在未来三年完全取代纸和笔,让学生全部用手机来完成学习。此外,整个的硬件设施也在转变当中。例如多功能教室,非常方便就可以更换这些书桌椅的排布还有教学工具等,方便教学,提高学习效率。

21世纪的学习我们更注重:独立学习向合作学习的转变,培养孩子们合作、协作的能力；创造优异的自主学习环境；确立个人学习目标；学习共同体；评价方面，让学生得到更多的同伴间的反馈和支持。

在教学过程中，学生能获得更多正面的评价，这是为了发展学生自我评估和互相评估的能力。这样可以帮助他们提高协作能力，提高客观评价他人和自己的能力。同时，学生可以根据评估指南来客观地判断自己处于哪个阶段，距离学习目标还有多远。将评估变成动态的体系，大大提高了学生的积极性，激发了学习激情。这是过程性评价，在学期末根据学生是否达到课程目标，还会有结果性评价。

芬兰制定了关于学生阅读技能最终要实现的一些目标，所以学校的课程目标也据此制定。比如学生文本的分析能力、搜索信息的能力、采集信息的能力。此外，还有一系列电子学习的要求，包括利用新技术来学习一些方法。同时，配有相关的基础设施和服务来帮助学生实现这些目标，包括笔记本电脑、iPad等。为了培养学生适应步入社会后工作的趋势，学校也要求学生带自己的电脑来上课。因为现在公司员工上班都是用自己的电脑。

芬兰很多小学教师都是硕士，即便如此，学校仍为他们提供了教师培训、校间交流等，满足了教师继续教育的需求。学校对于教师文化氛围的培养形成都是非常重视的，包括培养团队合作的精神、调动教师工作的积极性。在基础教育阶段，以及在高等教育领域，学校也会和高校、科研机构甚至企业进行合作。目的是帮助学生提高相关技能，让他们能够为未来进入社会做好准备。

在信息时代，学校对学生需要掌握的基本技能提出了更高的要求。除了通常意义上的读书识字以外，我们也对学生提出了关于信息技术设备使用的一些要求，包括iPad、笔记本电脑的使用。学校重视电子图书阅读，所以相关技能和方法，包括如何在网上查阅维基百科、如何在网上收集相关信息、如何使用虚拟环境中的工具，来形成网上的学习平台等，都会教授给学生。此外，我们会教学生在高中如何做报告，如何演讲，如何利用现在的技术编辑视频、编辑照片、制作PPT，如何写作出版等。这些工具无论是从学习的角度，还是从未来工作的角度，都是学生非常重要的技能。在芬兰的很多高中，老师都使用游戏，包括电脑游戏来进行教学，实现教学的目标。有一些游戏在实现教学目标的提升方面效果非常好，因为它比较直观，而且有很强的互动性，这个是21世纪教学过程中我们必须接受的现实。

最后，跟大家分享一句我非常喜欢的话，"一个真正的好老师能够创造出一个环境，鼓励学生去自学"。在芬兰我们认为一位优秀教师能达到的最高境界，就是创造环境让学生自主学习。让学生真正具备自学的能力，是我们所有老师最重要的工作。

最热门的阅读

汉斯约恩·瑞思

(丹麦 锡尔克堡市教育局官员)

当学生结束学校学习时,学校对学生会有一系列的评价方式,其中一项最重要的内容就是阅读。今天,我要跟大家分享的主题是"终极阅读"。学校是学生获得知识、培养能力的主要途径。那么,学生如何通过阅读获得更多知识,如何通过阅读培养更强能力,如何建立自信和目标,这些都是我们作为教育者值得探究的问题。

"阅读能力"是一项受益终身的能力。但这项能力应该怎样培养呢?又通过怎样的方式来评定呢?打个比方,孩子们在玩电脑游戏的时候,游戏会不断升级,孩子的兴趣点也会不断提升。我们做的阅读能力级别其实和游戏级别一样,可以通过不同难度级别的书籍、故事、小说来界定阅读的能力等级,以此来判断学生的阅读能力达到了怎样的一个水平。

对于小学生来说,我们一般都是从三、四年级开始培养"阅读能力"。学校会研究出各种各样的方法来帮助学生培养阅读能力、阅读兴趣和阅读习惯。学生阅读能力强,可以更好地养成自信心、专注力等。

我们在培养学生阅读能力方面做过很多研究,研究表明"会读书"是其中最基本的一项技能。这项基本技能对个人能力发挥有着非常基础性的作用。而阅读能力是和学生的个人人生目标、家庭教育紧密联系在一起的。父母的阅读习惯、对书籍的态度直接影响着学生阅读习惯的建立与培养。

因此,无论是学校、家庭,还是个人,都要有目的性、针对性地开展"阅读活动"。在良好的阅读环境中,提高学生的阅读能力和阅读兴趣,要让学生坚信"阅读可以像打电脑游戏一样,能够上升到更高的级别"。

2015年有哪些关于阅读的热点话题呢?丹麦每年都会就阅读做一次问卷调查,虽然并不是一个科学性的调查,但是会有不同职业、不同文化背景的受访者作为调查对象。不同的受访者为我们提供了不同的答案,比如,教育工作者会比较关注哪类书籍，可以帮助学生提高阅读能力。

和主题相关的阅读、写作同样是大家非常关注的问题。在丹麦，老师会在学校带领学生们进行主题阅读、写作。比如，和数学相关的、和科学相关的、跟生活相关的。同时也会教会孩子们具有认识在现代图书或数字化材料中出现的图标、图例、动画、声音、链接等内容的能力。说到现代图书，现在发展得非常快，在丹麦我们同样非常关注如何把更多的纸质图书资源转化成数字化的图书资源。这对于老师和学生们都是有挑战性的。

另外，我们还非常关注孩子早期的识字教育，我们认为"读书认字"是孩子们应具备的"解码"能力。孩子有了这种能力，就可以让他们学会阅读，这就是阅读能力的最基本要素。

既然阅读能力如此重要，那么影响阅读能力的因素有哪些呢？研究表明，学校环境、学校教学理念、班容量、老师的教学水平、老师的语言水平等，都会影响教学质量，进而影响学生们的阅读能力。实验表明，学生们在一个有爱、有安全感的学习环境中，对阅读是非常有帮助的。因此在丹麦，学校会要求老师们非常关注学生的健康成长，老师们要把和家长的沟通放在首位，这样可以更方便家长们及时了解孩子们的阅读习惯养成情况。

在丹麦，国家也会组织专门的阅读评估测试。学校会根据国家发布的测试结果对相关内容进行评估。在评估的过程中，会暴露出一些有争议的问题，比如：孩子读一个正面主题的故事和一个负面主题的故事，对孩子的影响是不是有差别？最终，我们会有统一的标准：满足孩子的求知欲。如果教育可以帮助学生"做真正的自己"，那教育才更有意义。

在丹麦，有很多童话故事的结局是严肃的。这样比较真实的故事结局可以帮助孩子们理清自己的思路，让学生明白接近生活真相的事件发生会有什么样的结果。一个好故事、好的文学素材可以起到积极的作用，可以帮助孩子们清晰地认识这个世界。

和阅读相关的活动还有哪些呢？首先，舒适的阅读环境，会让人有阅读欲望。在丹麦，我们会给孩子创造一个温馨的、有效的、高质量的阅读环境。其次，对于年龄较小的孩子，我们还会组织一些和阅读有关的其他活动，比如，数一数文章有多少字、有多少单词、读一读文章中的插图、办阅读比赛、带孩子上街去认识路标……让孩子们的阅读环境更有趣，这对年龄较小的孩子非常有效。

现在，我来给大家展示一下如何使用新媒介工具来阅读。这是一本专门给识字量不大的学龄前儿童看的。这本书中的文字是可以活动的，我们通过这样的形式来鼓励孩子们阅读。当孩子拿到一本这样的书，他们会非常有阅读兴趣，注意力也随之高度集中起来。孩子通过这样的形式可以自行完成阅读，同时还可以培养孩子们的自信心和成就感。还有很多书可以选择用"点读笔"或"点读机"读给孩子听，不同的阅读形式可以不断激起孩子们的阅读兴趣，从而培养孩子良好的阅读习惯。

发展阅读技巧以及在芬兰
如何提高学生阅读

萨杜·瓦卡玛

（芬兰　伊劳雅韦学校校长）

今天我演讲的题目是"孩子如何学习芬兰语，教师如何提高他们的阅读技能和素养"。

本次会议主要议题是关于阅读素养，基本上所有同事都谈到阅读素养以及不同种类阅读素养的培训。芬兰的教授知识水平很高，文盲率几乎为零。在整个学校的培养当中，我们非常注重对学生阅读素养的培训，老师的授课也是以有指导性的教学方法来指导的，通过这些我们得以进一步满足学生的学习需求。

在芬兰的考试中，主要是进一步确定学生理解整个文本的程度，每天生活中接触的文本是不是可以接受，比如说阅读速度等。我们还会进一步考查学生是不是能够理解文本，是不是能够诠释或整合出整个文本的思想。在这个考试当中，芬兰的学生表现得非常棒，以至于我开始都不敢相信。

通过数据我们可以知道，在整个阅读素养上，芬兰在 2000 年到 2003 年当中，都是考试第一，但是后来考试结果的趋势不断地下滑。为什么我们现在的趋势是排名下降了呢？因为现在全球各个国家都在关注整个阅读素养的问题，他们非常鼓励学生来进一步学习。此外，在芬兰我们还比较担心的另外一点，就是女孩子和男孩子在阅读技能上的区别是剧增的。

在如何提高学生阅读素养方面，我们又进一步完善了各个方面的技能和步骤。首先，我们会进一步确保与幼儿园和学前班的合作，同时还会进一步关注学前班和学校班的合作，比如说书、练习册等。我们还有很多的图书馆，找到了很多方式来进一步鼓励这些学生，来指导他们如何选书。此外，我们也会确保学校和家长之间的通力合作，这也是非常重要的一个环节。

我们有一本非常重要的书，这是我们的第一本阅读书，也就是让所有孩子入学之后阅读的第一本书，这是本非常好的阅读材料。当然我们也有非常好的老师和科学家，他们都在帮助学校来培养学生的阅读素养。

在教授芬兰语时，我们会从首字母开始练习，让学生读这些相当于AAA这样的一些词，学生会跟老师一起来阅读，之后可以进一步扩展阅读材料，从字母到单词。比如说有一个驴在那里，这样的话学生就可以跟着一起阅读，他们可以进一步猜测这一个词是什么，之后我们再继续，通过这些图片，给学生拼写出这些字母，我们有很多很多诸如此类的材料。这个小例子，就是我们通过游戏的方式来进一步培养学生的阅读技能。我们主要在学校使用这种技能，这种方式会帮助提高他们的阅读能力。

当然，图书馆也是我们在整个阅读素养上非常好的一个因素。在每个市政系统当中，在学校的操场上会有图书大巴，学生可以借书阅读，这一服务是免费的。我们都非常喜欢图书馆，图书馆当中有很多国际的书籍，学校和学生有很多机会使用这些书籍。我们会利用这些书籍作为很好的基础，进一步提高老师和学生的阅读能力。

在芬兰我们有不少项目，其主要目的就是增加孩子们的阅读量，这个项目就叫作"读书的快乐"。其实，在课堂里面教师有很多工作可以开展，帮助学生扩大自己的阅读量。有一些做法我觉得还是比较有效的。给大家举个例子，一个叫作读书文凭或者读书认证的活动，即根据对某本书的阅读的练习之后，就可以获得这样一本证书。有时老师会遴选一定的教材让孩子们来阅读，他们选择的这些书会在我们的图书馆里公布出来。每一个级别大概都会有20~50本，每个孩子可以选择5~6本自己比较感兴趣的。选择了之后他们就要阅读，阅读之后要做一定量的练习，这些练习就是我们设计出来的，帮助孩子们来巩固他们所阅读的知识，比方说关于主要人物的、主要情节的。孩子们一旦完成这些练习，就可以获得相应的文凭和证书，这是很好的方式。另一种是书籍对话，也就是当地的图书馆管理人员会到我们这里来，给孩子们推荐一定的书籍，鼓励孩子们阅读新书，阅读之后推荐给其他人。我们还会有一种读书圈，让一群孩子相互推荐。这是我们在当地做的一个项目，它也是我们"快乐读书"项目的一个组成部分，因为在这里面，当地的教师和家长联合参与，他们跟孩子一起演绎他们喜闻乐见的童话故事。

关于如何提高阅读能力，从学前班就已经开始培养孩子们的阅读能力了，我们有一个在学前班或者幼儿园之间的很好的学习机制。我们也会根据孩子们的能力来做规划，同时老师也会给学生分成小组，找到适合他们阅读的材料。每个组都会有不同的任务材料，这是根据他们自己的学习能力确定的，而且会有专门的教师对孩子进行辅导，帮助他们提高阅读能力。这些老师还会定期举行教学研讨会，商讨如何提高孩子们的阅读技能，同时我们还会有教学法的支持团队，讨论每个班需要什么，或者说哪一个学生碰到了什么状态，在这些讨论当中我们就可以共同决定对某个班或者某个学生的具体辅导，在这些讨论当中也可以决定是不是可以制订针对某个学生的个人学习计划，是不是可以特殊教育，同时还要讨论学生和家长之间如何进行互动。

在芬兰，我们的教学大纲也在进行改革，我们希望在阅读之后不只是记住内容，而是把更多的精力放在如何阅读上，渐渐地，我们有了一套比较广泛的能力培养方案。其中一个叫作多方面的阅读理解，换言之就是改变大家简单看待阅读的方式。

高级阅读技巧：激发兴趣、练习精确度

吉斯派娜·斯凯勒

（意大利　加瓦尼中学高级英语教师）

我是加瓦尼中学的高级英语教师，英语为母语的一位老师，而且我也是另外一个课程的联合教师，教授的是地理、生物、物理、数学等，授课的语言也是英语。我今天发言的主题是"高级阅读技巧：激发兴趣，练习精确度"。

在发言开始，我想谈谈我们学校的独特之处，它是一所男女生合校的高中，成立于19世纪60年代。当时教授的科目主要是意大利语和拉丁语，我们很荣幸地成为第一个在学科教学中使用双语教学的学校，这归功于我们在当时先进、开放的教学理念，且我们拥有经验丰富的优秀教师，法国和德国的政府为他们的语言在当地传播提供了支持，而意大利的政府也为英语的双语课程提供了支持，其实这对于意大利的国立大学来说是比较少见的。

高级的阅读技巧和阅读理解，在我们加瓦尼学校学习中显得非常重要。首先，我们的课程强度非常大，期望以此来激发学生对于阅读的长期参与，无论老师还是孩子，都对挑战中取得高分有很大的期望。其次，如何能让我们的学生在参加剑桥大学的各种阅读考试中取得好成绩。后者其实对我们有一定的压力，因为我们的学生阅读量虽然很大，但在双语课程当中，外语的阅读压力也还是比较大的，学生们需要一方面准备自己的课程作业；另一方面从16岁到19岁参加各种外部活动，会比较忙碌。

之前跟大家提过剑桥考试，GCSC是在5~10个科目当中举行的，我们的学校学习的内容对于所考科目还是比较适用的。这是一个高级的英语考试，但只是适用于英语科目，对于学法语的学生有法语考试，对于学习德语的双语学生他们也会参加各种各样的德语考试，最后他们在我们这边学习了五年之后，每个学生都必须参加意大利国立的证书考试。其实几年下来，学生要参加的考试还是相当多的。

我今天发言的重点是鼓励学生的参与，在学生进行阅读之前帮助学生预先学习,这对他们非常有帮助,因为这种做法首先可以降低难度系数,让学生更感兴趣。其次,可以从词汇方面给学生提供相应的训练,让他们有相应的预测能力,减少理解方面受挫的可能性,同时渐渐增强他们的自信心和成就感。一般我们会花5~15分钟做练习,而且我觉得这是非常有必要的。做法有很多种,今天我主要跟大家谈论两点,第一,让学生对讨论的话题感兴趣,让学生发挥自己的想象力和好奇心,同时还要激发学生彼此竞争的心理。比方说这里放的这只鸡,学生就想这个跟今天的话题有什么关系呢?其实它有助于营造合作探究式的而且比较有意思的氛围。第二,要检查学生对现有知识有什么程度的了解,让教师对今天的课程有一定的心理预期,知道哪里会有难点、哪里会有语言上的障碍,其实这就是一些词汇的游戏,网络上到处都可以看到,比如说乒乓,首先让学生结成对子,让学生立刻说出一个词,而且是和这个话题相关的,谁先犹豫了,谁游戏就结束了。比如说我上物理课讲的是核能,我会让一个学生说我们今天讨论的是核能,谁先想出第一个词,第一个说质子,第二个说原子核,等到第五个学生答不上来了就输了。在文学课上,若我让他们读一个篇章,会先让他们想有哪些修辞的方法,谁说不出来就输了。这都是非常简单的游戏,可以使学生在娱乐中快乐学习。此外,我们也会使用相关的问题帮助学生进行阅读。

这里面是一些列表,举了一些例子,学生会努力从题目当中进一步猜测全部的内容。以下是一个小的测试,我们会让学生写出三个问题。此外把主题告知另外一个小组,之后老师会让学生写出关于阅读的例子,学生会说对和错,然后学生要再写出相关的问题,老师看完问题后会选择一些核心词和核心意思,加入教师的讲课中,这样可以让整个阅读更加流畅,也可以让学生更深入地参与进来。

第二个非常重要的方面就是做演讲,旨在进一步提高学生的阅读能力,让他们能够进一步提升阅读素养。这个是在欧洲非常受欢迎的测试,学生都非常愿意参加,这能够帮助他们更好地进入学校。我们可以看到,在理解能力测试当中,学生理解能力很强,知道它引申的含义,也知道微妙的细节、态度及观点;他们也知道文本的结构、连续度,还有简读、阅读以及一系列信息。从而我们可以看到,若学生进一步培养多种阅读技能,就可以提高阅读精细度。那么我们如何培养高年级阅读的精细性呢?我们会选择和使用不同地方的资料,会在书本当中选择一些段落、选择一整个系列,比如说报纸上的文章,或者说一系列访谈段落、一些报告等等。我个人觉得非常有趣的一个环节,就是让老师和学生在网上找出同一系列的演讲。如果我们上网的话,可以输入这样一个网站,这样就可以找到很多很多鼓舞人心的演讲,都是来自世界各地的嘉宾,我们可以给学生用这些演讲,这样也可以帮助他们提高阅读素养。我们可以先看一下演讲稿的整个写作模式、视频,演讲者的声音、肢体语言是如何在一起展示的。我们还会使用另外一种材料,选择文献当中的段落,进一步帮助学生学习不同的写作方式和技巧,中式的、西式的均可。他们可以从不同的文档中区分开来,在整个阅读测试和文本中,我们会选择剑桥的一种模式,就是在一定的时间限度之内选择使用剑桥的模板。为什么呢?因为当我最开始教授课程的时候,我也希望使用剑桥的课程,但这并不适合每一位学生,有些学生不一定是母语级别,我们需要进一步选择适合他们的语言。考虑到他们的理解难度和能力,我们要进一步制定各种战略来选择时间、时段给学生做出这些测试,也要给学生适合他们的文本,让学生能够进一步适应整个测试;还会给他们不同的选择,让他们能够快速地填词填空。从开始到最后,给他们进行一系列填空题的设置,如此这般,我们才可以更好地帮助他们了解篇章,提升理解力。

我再举另外一个例子,剑桥的第二种测试方式,是让学生读一个非常复杂的文本,且会告诉学生文本缺少一些段落。比如说一共有6段,让他们把6段放在正确的文本当中,使得整个文本的段落完整;有时候文本当中缺6段,我们会给学生7段,其中一段是不需要的,看他们是否能选择正确。有时学生觉得很难,不知道哪一段放在哪一处合适,有时学生也会稍微有些紧张,但我们会引导学生关注核心句、核心词,这些都是解决难题的小技巧。此外我们也会有填词的小板块等等,学生通过训练,会逐渐适应这种测试。另外,我们还会在学生完成整个阅读理解后,在后续写作中给他们提出一系列演讲任务,这是我们学校经常使用的活动,会给他们选择角色扮演。昨天有嘉宾也提到了这种形式,很多学生也非常喜欢这种表现方式。

最后我想总结一下,我们通过什么样的方法来进一步提高学生的阅读素养能力。他们主要是以第二外语教学方法为基础,可以让那些非语言学科的专业用这套方法。此外,我还想补充一下,起初我在这里教授英语课时没有任何问题,但是物理、数学、生物的老师却觉得在教课过程中很难,因为之前这个职业整个都没有职位描述。但作为老师,我当时就问自己,我不仅仅教语言,还教很多学科,我觉得可以试着使用一些方法,例如把教英语课的方法用到物理课中。虽然我的想法并没有得到同事的强烈认同,但是我觉得随着我的不断实践他们会逐渐认同的。

最后,我想强调的一点就是,我们可以把一个学科的技能应用到其他学科当中,学生可以非常愉悦地学知识。我们可以不断地鼓励学生,通过不同语言的方式,在不同学科当中进行授课,激起他们的阅读兴趣,也可以因此让他们摆脱陷入五年枯燥的学科学习的困境。

书在大脑中形成图片

罗伯特·菲尔可

(美国 迈克弗兰德学区教学主任)

阅读是一种愉悦,阅读是一种快乐,阅读是我们自我概念形成、打开生活大门的途径。选择正确的文本并且和整个文本进行互动,这样能够在未来的发展当中帮助我们扩大视野。

读写素养非常重要,我们终身都需要培养读写素养,这是迈克弗兰德学区的所有老师阅读的理念和哲学。我们相信并且希望阅读会参与到孩子们的写作当中,能够有所应用,鼓励读者和写作者来帮助学生进一步提高他们的素养,这对他们的未来大有益处,这是我的专注点。

为给参与的孩子创造并让其沉浸在真实的阅读和写作环境中,我把学生组成小组,告诉学生:如果你们给很多人做演讲,在读和写方面你们会说什么?所有的信息都是由我们比较年轻的学生和高年级的学生群策群力的一个展现,我要感谢他们。这是三年级的一个学生在他学年的最后一天写的文章,"我今年实现了这一目标,因为我在家读了很多书,我喜欢读书。电视、照片能投射到你的演讲当中,但是书可以投射到你的脑海里,书可以把图片呈现在脑海当中。我现在非常热爱阅读,因为阅读能够带来那么多的乐趣。"我就非常喜欢阅读,年轻的时候,我们就需要培养这样的阅读习惯,喜欢阅读并且越来越热爱阅读。

我们校区的核心使命是要不断地向学生提出挑战,帮助他们成为未来专业职业者,我们相信学生是我们工作的核心和驱动力,我们要他们愉快地成长。

我们的老师也必须要和孩子们一样是学习者,我们要肯定孩子们的努力,要讲究合作精神、团队精神,要懂得思考。反思、爱文学、爱知识要体现在我们每天的工作当中。现在我想请大家回顾过去的三年,你在三年之前是什么情况呢?其实在那时候,我们的多元性可能太多了点。我们有自己的工作记录表,而且教室里摆放着各种各样的手册。结果在一年级的孩子,一个班和另外一个班阅读的材料可能都是不太一样的,我们有必要坐在一起,共同推出一个根植于自己信仰当中的教学理念，也可以帮助我们选择具有连贯性的书刊。

我们的教学理念的中心就是要培育孩子们爱读书、对文字鉴赏的能力，这根植于我们建立起来的平衡的阅读框架。每天让孩子们阅读真实的材料，教师会给孩子们提供读书的机会和系统的阅读技能的指导。

为了使学生阅读有更好的连贯性，我们保证学生从一年级到高年级每天有90分钟阅读的材料，保证阅读更加充分，理解的准确度达到98%，这不仅仅是基于考试的，对于孩子们的成就我也是非常看好的。这些数据反映出我们真正的工作。而且今天我跟大家讲的，不是统计上的数据，不是体现在文字字面上的东西，而是我们在真正的工作当中是怎么做的，怎样体现出来自己的透明度、责任和共担的精神。从这段当中摘出五个要点，基于每个要点，跟大家谈谈我们会为学生们共同选择哪些活动，他们对哪些感兴趣，来保证他们会一直阅读下去。

培养学生阅读鉴赏的能力。作为一名读者，首先就是他们有不读的权利，比方说对哪个方面不感兴趣可以不读，哪个章节无聊可以不读；读到一本书觉得好看可以看，不看也没有关系；想读什么读什么，看到书里面的内容是真实发生的没有问题，浅尝辄止是可以的，深度也是可以的；大声朗读是可以的，默读也是可以的。在我们的训练当中，有的时候会有一些商业合作伙伴、社区合作伙伴、学校管理者，还有一些高年级的学生，他们都会和我们年轻的读者坐在一起，花些时间和他们一起阅读或陪他们阅读。这些成年人会带上三四十本书，对于学生最重要的一点就是听成年人流畅地阅读，因为这有助于学生提高背景知识、对故事的体会以及对文字的鉴赏。当然也会让成年人现身说法，让孩子从他们身上了解什么是比较好的阅读习惯。为什么成年人给孩子们做示范？这种方式也是希望孩子们将来能够学习东西，而且我也知道举行这个活动，最原初的目的就是让孩子们觉得读书是好玩的事情。我选择了一本旧书《纸袋公主》，特别适合小孩阅读。因为这里面有王子，他看着是个白马王子，但是很笨；有个公主，实际上是救世主，公主救了王子。有个二年级的小孩子说：你一定要给我们加点图片，王子什么都不穿；你看这个龙吐着火焰，孩子们看到这个之后乐得不得了，激发了孩子们的兴趣。这就让读书成了一件好玩的事情，到夏天，孩子要放暑假，我们不希望他们9月份一开学都忘了。夏天我们有一个读书俱乐部，每年都会有老师和家长共同选择出30个年轻的读者来选择书籍。桌子上放满了书籍，孩子可以选择将这些书带回家，等他们回到校园，会一遍一遍跟大家讲自己读了哪些书，选择内容的重要性，选择材料的重要性，提高他们的预测能力。我们会希望他们增加阅读量，但又需要他们的精确度提高，感兴趣了之后，就有助于他们的理解。我们选择出来的材料既适用于他们的选择，也适应他们的兴趣。我们告诉他们，就是为了兴趣阅读，不是做报告、调研，想回来跟我们分享就可以跟大家分享、可以跟成年人分享，可以跟小伙伴谈谈，你觉得它讲了什么，完全是关于书籍内容的对话，这种做法也是根植于我们的理念的。当然上了高中并不代表读书就不重要了，我们还有SPARTY读书俱乐部，通过这样的方式能够继续保持他们对于读书的热爱和好奇。一个学生营造出了这样一个俱乐部，也就是在我们的体育馆里面，高中生和初中生在课间做读书分享，有旧书也有新书，选择的类别都是根据学生代表给我们推荐的，根据过去的传统，还会选择出来一些非传统的内容，比如他们会选择一些跟固有观念不太一样的。如《纸袋公主》《公主不是王子》。我们还会有一些非传统家庭的，两个爸爸的家庭、两个妈妈的家庭等，效果还是非常好的，但是还是为了兴趣阅读，你们想来就来，不做要求。

我们希望让年轻的孩子继续读真实的材料、有真实的写作的体验。对于我们来说，除了诗歌之外，当然还有其他的材料也很重要，但诗歌自然是非常重要了。这位女士是一个著名诗人，大奖得主。在这里读自己的诗，一首也可以，几首都可以，之后我们会把学生的诗全都收上来，编辑出版，并且发到各个班里去，这就让孩子们对文学感兴趣，分享营造了文学环境。这首诗是两个四年级的学生在三四年前创作出来的，即便是年轻的孩子也都知道诗歌的重要性，会改变生活、远离灾难。他们每年都会做这种分享，这些也反映出了我们的理念。

抓住发现和指导的机会，帮助提高构建、批判性阅读和实际应用的方法和技能。每天90分钟写和读是分不开的，因为写和读本来就是不分家的，我们认为你要真正地写出原创性故事，就要有原创性地阅读，而且要体现他们批判性思维。过去在课堂上只是老师一味地传输知识，但现在是询问式的、质问式的。比方说你会问读者，你最近读了什么，结局跟以前有什么不一样，而且留作业的时候也要注意这一点。当孩子们真正开始写自己关心的问题，他们就会主动学习，因为他们希望自己的朋友看得懂自己写的，在措辞的时候就会特别小心，因为他们选择怎样的措辞就会有相关意义的表达，什么时候断句更加合适，哪个句子什么时候开始，什么时候结束，应该用怎样的措辞和标点表达感情。有了这种感觉之后，他们就会更加重视语法和标点。

创造独立阅读的机会。我们也希望孩子在成长过程中有独立性，每天至少独立阅读90分钟。我们希望把这个精神带到中国，它过去是一个竞赛活动，孩子们会通过参加竞赛得到自己的积分，但现在我们已经不再只是一个竞争，而是更加注重合作，老师在读书，学生自己也在参与读书，这是一个学习和分享的过程。

发展学生在工作中竞争的能力，培养他们成长为21世纪的阅读者和写作者。高中生的阅读图书都是根据学生做的推荐来选择的。之后我们会给他们一些选择，每年夏天我们都会选择相关的问题，再告诉他们我们所选择的书籍，学生再选择这些书籍。我们现在还让学生来完成表格的填写，提交我们让他们所做的工作，让他们来阅读、沟通、分享他们对整本书的激情。还会有相关的分数，我们反复强调这些分数，他们也进一步提到了关于能够熟悉的词组数、数字和分钟数，是每个学生每天、每年阅读的时间里掌握的词汇数，对整个人生都会产生影响。

对于最早提出整个阅读素养的团队，他们并不是根据这个来选择阅读素养材料的，而是选择了一种研讨会的模式，即写作研讨会和阅读研讨会。因为整个职业生涯的发展非常重要，嵌入了发展当中，他们会反复实践，使用一系列可行的反馈，学生通过实践方式提高写作素养，我们通过进一步行动去改变，这是非常重要的。可能需要很多时间，可以让我们先从自我做起，但要进一步改革整个校区的阅读素养，需要通过不同的路径。

我们一共有五个协调师来专注小学方面的工作，他们会写一系列关于写作研讨会的新闻之后，跟其他人分享。当我们谈到能力拓展的时候，不仅仅是学生成长需要能力，作为老师也需要这样做，要大胆阅读、勇敢挑战写作，进一步了解学生所处的弱势心理状态。这其实也是一种成长的经历，把老师的工作、恐惧和焦虑，以文本的方式共同分享。我们现在正在进行针对整个学区老师的项目，目标就是要确保整个校区的目标，通过实践让所有的团队，包括幼儿园的老师，也包括英语、数学等各个教课部门的团队，彼此沟通，共同回顾他们的对话，进一步加强整个学校的读书识字能力。我们也会有一些针对老师团队的书籍，至少每周要有一次阅读，提高他们的整个写作能力，要彼此分享这些写作；我们还有很多不同的小组，彼此分享所有的写作内容，同时给学生提供咨询和帮助，提高学生的能力，和学生共同成长，希望所有的老师和学生都能够寓教于乐。

我们在校区里面也有很多并不是特别完善的地方，我们会尽力提供良好的环境，不仅要有国家的评估，还有老师的评估系统。在整个校区，我们希望老师要鼓励学生。这是一个不断完善的过程，也希望能够不断地从更多的资源、找到更多的经费来支持学校图书馆项目。

阅读提高生活品质

崔 琼

（中国　石家庄外国语教育集团高中部语文教师）

　　阅读不仅是一种技术、一种能力，其终极价值是提高我们的生活品质，为我们的终身发展服务。在石家庄外国语教育集团15年"一贯制"人才培养模式之下，对阅读素养的培养也采用15年"一贯制"。从幼儿园、小学、初中到高中，我们对"阅读素养"的理解始终如一，即能够使阅读成为陪伴我们终生的一种能力、习惯和品质。针对不同学段的学生特点，我们有不同的针对性培养方案。在统一的目标指引下，分阶段、有步骤、系统化的培养即是我们的特色。

　　我们石家庄外国语教育集团由4个学校组成，包括幼儿园、小学、初中和高中。从3岁进入幼儿园，到十二年级毕业走向大学，一名学生会在这里度过15年。3岁到18岁是一个人从懵懂的孩童变成一个有鲜明的人生观、价值观的成人的过程，所以这15年是受教育者巨变的15年，这15年对于教育者是机会，更是挑战。进入石家庄外国语教育集团的学生在这里接受到的是培养目标始终如一的"一贯制"教育，从幼儿园到高中对阅读素养的培养理念始终一致，但是方法各异。在我们心中，阅读不仅仅是理解语义、获得知识、提炼观点的过程，阅读的终极意义在于提高我们的生命品质，为我们的终身发展服务。阅读能够使我们既抬头仰望星辰，也能低头看到脚下无数细小而蓬勃的生命，对生命保持着敏锐，对世界保持着感动。阅读虽然不能改变你生命的长度，却能增加你生命的宽度和厚度。"已识乾坤大，犹怜草木青"。阅读使我们变成一个柔软的人，中国先秦的哲学家孔子曾经说过，"知之者不如好之者，好之者不如乐之者。"我们认为阅读素养恰恰就是使阅读者能够知读、好读、乐读，阅读素养就是能够使阅读成为伴随他终生的一种能力、习惯和品质。

　　下面我从三个层次，将我们对阅读素养的理解进行阐述。

　　阅读素养首先是一种能力，也就是刚才所说的知读，即知道该怎样去阅读。阅读者不仅要能够理解所读文章的内容意义，还应该具备通过阅读获取知识信息并以此满足目的需求的能力，所以我们的学生应该知道怎样去把握一个文本，怎样通过字、词、句把握作者的观点，并将观点为我所用。

第二个层次，阅读素养更是一种习惯，即好读。要使阅读者习惯于阅读，乐意去读，在长期的养成教育中，学生将阅读变成一种习惯，他们会习惯于随时随地读，习惯于读各种书，习惯于用各种方式读。

第三个层次，阅读素养最终会成为一种品质，即乐读。我们在阅读过程中会得到一种难以言说的幸福体验，阅读如影随形，伴随我们终生，这既要求阅读者有一种执着的意志品质，更要求阅读者能够乐在其中。我们都会对自己有兴趣的事情坚持一生，所以我们希望培养出来的阅读者，不仅是因为自己的意志品质顽强而能够一生读书，更多的是因为自己乐在其中、享受其中，才能够使阅读陪伴终生。为了实现这样的目标，为了培养将阅读变成一种能力、习惯和品质的人，我们用15年的时间，分四个阶段进行培养。

理念统一，方法各异，无论是幼儿园、小学、初中，还是高中，都以乐读为最高目标，引导各阶段的学生享受读书，从而形成终生读书的品质。我们统一的理念就是使阅读素养成为陪伴他终生的一种能力、习惯和品质。由于各学段有着显著的年龄差异和身心发展特点，我们又针对性地进行教育和培养，在阅读培养的过程中，幼儿园主要体现出来的特点是杂，小学的特点是广，初中的特点是专，高中的特点是深。

幼儿园阶段的"杂"，就是让孩子们什么都读，以各种形式读。我们为幼儿提供丰富多样的阅读材料，利用不同形式的活动激发幼儿的阅读兴趣，让幼儿喜欢阅读，爱上阅读，什么都读。他们所读到的内容，所看到的书籍、体裁是多样的，从幼儿的日常生活到风云雷电的自然科学，从亲情、友情到克服困难经历探险，各种不同的体裁都让幼儿去接触，满足不同幼儿的喜好。文体是多样化的，包括儿歌、故事、散文、谜语、科幻和童话等，这些都能潜移默化地激发幼儿对文学作品的兴趣，不同的文体也更容易被孩子们接受。来源是多样化的，我们在幼儿园的孩子所看到的书既可以由教师提供，也可以由幼儿自己动手制作，这是我们学校幼儿园的一大特色。如果学生对某些主题感兴趣的话，教师会给他们材料，引导他们自己动手去绘画、去剪切，然后由老师把它制作成一个属于他自己的绘本。

这本书还可以由老师和孩子共同完成，由家长和孩子亲子制作，让幼儿充分体验到自制童书的乐趣，家长也会带书到学校，放到班级阅读区供学生阅览。

最后，学生们拿到的材料形式多样化。有视觉类的，如图书、图片、影像和他们的自制书；有听觉类的，比如故事、儿歌、散文配套的音视频资料；有操作类的，图文配对材料；表演类的，比如提供头饰、纸偶的道具，供幼儿表演用的书籍，等等，题材多样、文体多样、来源多样、形式多样，满足幼儿不同层级的需求。

62

幼儿在看到各种形式的书之后会产生非常浓厚的兴趣，我们鼓励孩子们用各种形式去表达他的兴趣。可以是听，可以是看，可以去做，可以用嘴巴讲出来，可以去表演。老师们会以他们自己的方式鼓励孩子们，用最大胆的方式说出对书的理解。

进入小学阶段之后，我们在广泛的阅读过程中培养良好的阅读习惯。"广"是我们小学阶段在培养阅读素养的一个关键字，广泛的阅读过程中培养良好的阅读习惯。如果说幼儿园给孩子们提供了阅读兴趣的话，小学会使学生见识到更广博的阅读对象，逐渐培养出阅读的习惯。

首先，书目种类广。小学生因为识字量增大，已经具备了基本的阅读条件。在阅读过程中，我们注重给学生推荐不同类别的书目，扩大学生的阅读面。每个学期我们会为每个年级的学生推荐4本必读书。另外，我们以虚拟书库的形式，每学年给孩子推荐20本选读书，这种阅读量对于小学低年级学生来说是比较大的。在我们推荐的书目中涉及的类别也非常广泛，包括童话、故事、科普、小说、历史、名人传记、自然科学。

第二是阅读群体很广。学生是阅读的主体，教师是阅读的助力，同时还有家长的参加，亲子共读。

第三是阅读的时间广。学校以课程设置作为保障。从一年级到六年级，每个班每周都会有固定的两节读书课，还会有隔周一次的阅览课，同时我们还以课外阅读作为延伸，小学每个班级都有自己的班级书架，学生可以在非上课时间随时借阅书架上面的书。除此之外，学校图书馆为学生购买的图书，学生可以带回家阅读，这样在读书课的课程保障之外，大量的课余时间为阅读提供了有力的支撑。同时，我们小学还有一个特点是将每周三定为读书挑战日，这一天小学的各个学科、各个年级都不留任何作业，唯一的任务就是去快乐地读书，所以我们用了自己最大的努力，去保证学生能够在校内校外尽情地阅读。

第四是课程的类型广。小学的读书课类型很多，针对比较难懂的深奥的图书，老师会上引读课，以吸引他们的兴趣，引发他们的思考。经典的书老师会上精读课，深入探究；浅显的故事，上泛读课，多多益善。一本书阅读完毕，我们会开设活动课，进行情景剧展示或者知识竞赛。一系列的书阅读完毕，我们会开设主题课，总结这个系列书籍的特点来确定主题。

在小学广泛阅读的基础之上，六年的时间过去了，学生们会慢慢形成热爱阅读的习惯，他们每天都爱看书，都要看书。

在大量阅读之后，学生们进入了初中，初中对阅读素养的培养核心是一个"专"字。在专项指导下，实现科学阅读。如果说刚才的阅读是广泛的阅读，是发自本能的阅读，在初中阶段，在知识和阅读水平更进一个新台阶之后，我们就要对阅读方法进行科学的指导，而这一指导是由专业教师进行的。

首先是阅读内容的专项推荐。这是我们学校的特点。我们在给学生推荐的时候，要考虑学生的身心特点，进行不同年龄的推荐。然而，初中部还有一大特点，会针对不同性别、不同思维方式进行推荐。我在此举几个小小的例子，比如说给女孩子推荐故事性比较强的，充满浪漫主义感受的《城南旧事》和《简·爱》；给男生推荐充满英雄主义的人物传记。会给文科性思维的学生更多推荐散文和小说，偏重理性思维的学生，我们会给他推荐一些属于自然科学的书。所以老师的推荐是针对性很强的，能够更好地保持学生的兴趣，使他将阅读坚持下去。

除去在阅读内容专项推荐，还会有阅读方法的专项培训。我们在初中所实现的最后的阅读教学目标是以下四个方面：第一，学生能够读懂不同类型的文本，包括中英文的文学作品和实用类文章，包括连续性文本和非连续性文本。第二，学生能够品味文本的内涵，包括章句式的、鉴赏式的、信息式的和批判式的。第三，学生应该在阅读之后能够体味到作者丰富的情感，同时能够用顺畅的语言表达自己的观点。最后是一个进阶目标，如果三年的初中结束之后，学生能够根据自己的喜好形成系列书目的阅读，这一点更能够对他的成长有指导价值。以上是对阅读方法的专项培训。

因为到了初中，学生要面临的是中考，所以我们的阅读不仅能够为学生奠定基础，也为他们进行语文考试奠定了坚实基础。

高中阶段，我们对阅读培养的核心是一个"深"字。通过研究性的深度阅读，提升品位，涵养生命，这个"深"字从以下四个角度进行理解：

首先，进入高中阶段以后阅读的内容加深了，增加了很多专业系列的阅读。比如探究性的深度阅读、原版著作、异域文化、经典读物以及与时俱进的畅销书导读。

其次，学生思考要深入。我们会鼓励学生进行个性化的思考，在专业系列阅读之后，学生会形成他们鲜明的个人思考，这一点在一系列活动中都有丰富的体现。学生会因为他自己的独立思考，而撰写出不同的文章。

再次，我们高中部开展了选修课，除去正常的课堂教学之外，10年级、11年级和12年级由自己的老师开设了不同的选修课。语文类的课程当中，包括《红楼梦》、诗歌、影视欣赏，《论语》赏析，古代文化，书法艺术，话剧演讲等，内容非常丰富。通过选修，学生能够对他感兴趣的某一方面进行更深入的探究。

最后，高中的深入体现在学生最终将自己的思考和阅读形成了具有深意的文字。我们有很多学生在高中毕业之前，自己集结成专著出版，他们将这15年的学习体验，尤其是在高中深入的学习体验之后的个性化思考形成文字。

分阶段的教学针对性强，为学生阅读能力的培养以及阅读习惯的养成奠定了坚实的基础。但是每一个阶段的教育终极目标都始终锁定在培养学生乐读的品质上，每一个阶段都在为下一个阶段打基础、做铺垫。我们这15年的教育，是一条龙式的教育结构，它使我们的分阶段教学不是各自为政，而是有步骤地为学生搭建上升的台阶，最终实现唯一而核心的培养目标。

我们在这15年中，从幼儿园到高中，集团都配有适合不同层级孩子阅读的多个图书馆。从幼儿园到高中每个学段都有固定时间的阅读课，每周至少两节。

从幼儿园到高中，每个年级都要参加集团的阅读活动。这些阅读活动包括点亮童年读书节、点灯人教师荐书、英语艺术节、星光讲坛、人生讲堂。

点亮童年读书节是每年的4月份，学校会组织一次大型的活动，这个读书节要持续一个月以上，以体育项目＋知识竞答＋图书漂流为方式，给学生的书籍提供一个平台循环利用。

点灯人教师荐书活动也在每年的4月份，每一位老师要将一年中自己所读书目中最有收获的一本通过PPT的方式推荐给大家。老师会在这个推荐活动中拿出自己喜爱的书，并且要完整地介绍书的内容和意义。

英语艺术节在每年的12月份，学校会设立一个大的主题。在这个大的主题之下，每个部门会有小的主题进行系列的活动。

人生讲堂是家长志愿者来进行的。由家长志愿者走进学校，为孩子们做相关的读书交流，每个月至少两次。

星光讲坛是每周一期，这个活动由学生自己组织承办，他们可以自己上去讲，也可以请人来讲。讲座涉及文学、历史、地理、常识、军事各个领域。学校提供专门的场地，每次讲座都会有百余名的学生来听，这些小听众来自不同的年级和班级。因为这些是我们集团共同的活动，所以大家资源共享。

这些活动贯穿了一个孩子从幼儿园一直到高中的每一个时期，他们每年去参加，每年有收获；每年有遗憾，每年有改进。家长将牙牙学语的幼童交给我们的时候，期盼的是15年之后接走一名健康、乐观、积极、拥有良好德行和品质的少年，而阅读是实现这一期盼的最好途径。在中考和高考的压力之下，我们不仅没有压缩学生阅读的时间，反而千方百计想办法，帮助我们的学生找时间，使阅读陪伴在他们身边。当我们的学生在世界粮食大会上侃侃而谈，当我们的学生可以坦然地去面对高考和中考，当我们的学生在世界名校的面试中自信满满的时候，我们倍感欣慰。

阅读是伴随终生的能力、习惯和品质，我们对学生的培养着眼于他的一生。

浅谈指导性阅读

保罗·麦德卡

（加拿大　圣尼古拉斯天主教小学副校长）

指导性阅读在加拿大作为一种义务教育模式，受到所有教师和学生的广泛参与。它是指在一个90分钟的阅读练习中，老师指导一小群阅读习惯和水平相似的学生进行阅读的教学方法。

接下来我将主要阐述指导性阅读的使用方法和如何借助它帮助学生进行阅读。

学生在学习知识的过程中需经历多个不同阶段，而各个阶段皆存在一个主要问题，即教师应该如何满足学生学习需求，并帮助他们提高学习能力。为解决这一问题，很多教师都会选择一种指导性的阅读方式来教育和帮助学生，即通过小组的方式让同类型的学生共同学习。

指导性阅读也可以定义为一种策略，它通过小组合作学习发现学生们在复杂题型阅读、建立文本间关联度等方面的问题，而后教师可以以此为依据指导教学，通过提供支持和指导，并综合学生不同个体对于阅读的需求，找到一些核心词汇以协助他们学习。

之所以选择指导性阅读作为教学的主要策略，是因为通过个人参与，学生将大大提高他们在阅读适合自己的文本时的理解力和自信心。此外选择适合学生阅读的文本，还可以帮助学生解决在阅读期间遇到的难题，并以此让学生成为真正的阅读者，更好地理解文本内容，这是一种比所有指导项目都更加有效的策略，但同时它也需要学生和教师的共同努力。我们也曾做过针对性阅读的实验，首先教师将五六个学生分成一个小组，而后教师通过图片给学生以线索，在学生大胆猜测的过程中，教师和学生可以同时进行信息的传递和获取。可见这是一项非常重要的策略，以用于帮助学生远离阅读困境，之后还可以让学生们反思他们是否理解所阅读的内容，或是这些内容是否合理。

为保证学生真正获得阅读的益处，我们必须让他们遵循一些原则，即学生应该把大部分时间用在阅读连贯性材料上面，如此一来，学生可以在读书的过程中不断思考，以此提高自己的能力。阅读的文本除了是有意义的内容，更重要的是这些文本一定是学生感兴趣的，学生们知道阅读它和自己有什么关系，和外部的世界有什么关系，和以前读过的文本之间有什么关系，这些阅读原则对于他们是影响重大的。

同时，学生们也需要得到来自外界的支持。其中很重要的一点是需要教师对学生的能力做出评估，通过这些评估，学生可以知道自己的水平达到了什么程度，进而阅读更多适合自己的文本，并因此逐渐喜欢上阅读。

学生的认知基础是需要从小就开始建立的，而认知基础包括三种获得信息的方式。第一种是学生们的现有知识储备。举个很简单的例子，每个人的现有知识构成都可以看作一个自己的背包，而背包里的内容就是你自我储备的知识，随着年龄增长，其知识储备量也会不断增长。第二种是视觉性的信息。它可能是来自口头的，也有可能是看到的图片信息。第三种完全就是来自语言方面的。

进行指导性阅读的方法其实并不复杂。我们将学生分成4~6人的小组，并通过对他们进行诊断和测评，知道他们最了解的是什么，最需要知道的是什么。而确定他们的需求内容后，教师就要提供最合适他们的阅读文本。这个小组的构成应当是灵活的，组内学生成员都可以进行调整，比如一个学生的能力通过学习有了提高，他就可以被调到更大难度的组别。同时教师对于"合适"阅读文本的选择也是极为重要的。所谓"合适"，就是当学生们看到这些阅读文本的时候，可以看懂大部分而又不全懂，还存在问题有待解决。学生们参与阅读的过程其实就是和阅读文本对话的过程。学生应该学会提问，教师也应当对流程有合理的预期，对每个组别的结果进行测评，并保证这个环节长期持续进行，而后通过分析测评结果，对学生的组别进行调整，以保证每个学生的能力在一个小组中都是相似的，阅读的文本也是相似的。教师应该在学生正式的课堂阅读之前，发给学生阅读文本和其他相关性的材料，以保证学生对阅读内容有大致的了解。比如阅读的文本是一个关于农场的故事，而学生们从来没有在农场里生活过，这时候通过教师提供的一些背景知识，学生们就可以更好地阅读。此外，教师需要知道学生们的语言能力和知识程度在什么层面。在学生们进行完成文本的阅读后，教师要提出一两个问题并让学生们思考，之后再给出问题的答案。而在阅读的过程中，学生们也应该做好笔记。其间教师要注意观察他们的阅读情况并做出评估。这种师生互动的过程是必要的，它更有助于及时发现问题并解决问题。教师选择合适文本的时候也应考虑以下几个方面：首先要考虑学生的阅读水平，也就是之前对学生做出的评估。大致的标准就是指老师想要传达的知识能不能被学生们所理解，语言的难度即句子是不是过于复杂。教师应当保证学生们阅读的文本是合适的，而不是仅仅提供一个学生们看不懂或者说看懂却觉得没意思的阅读文本。其次，教师还需要考虑一些问题，诸如学生们的知识储备目前是一个怎样的程度，学生们的阅读方式有哪些是合理的，又有哪些方面是需要改进和有错误的，还有更重要的问题是学生们真正感兴趣的阅读文本是什么。在阅读之后，教师需要和学生们进行交流，通过问他们问题，了解他们都学到了什么，知道这些新获得的知识是仅从阅读文本里学到的，还是综合自身其他阅读经历联想到的。如此一来，教师就可以对学生们的理解力和研讨能力做一个评估。此外还可以通过其他非纯阅读的方式让学生们更感兴趣，比如表演节目、写作、美术作品等。

　　文本阅读完成之后，学生和教师还应该继续做好以下后续工作。学生们应当学会对阅读内容进行复述，并对比自己阅读前的预期和阅读内容是否一致，反思回答教师问题的时候有哪些有问题的地方。教师应该在后续给学生提供指导，并总结学生们对哪些内容更感兴趣，并在以后的阅读中作为参考。此外还应该给每个学生一个文字性的反馈，他们在收到反馈之后可以更好地发现自己的问题并及时做出调整。教师对于学生的整个阅读过程需要做出记录，要知道整个过程中学生们哪些地方存在问题，阅读能力是怎样得到提高的，怎样的阅读文本可以更好地帮助学生。

　　学生进行语言学习的方式应该是多样的。刚才所提到的指导性阅读只是语言学习的一种方式，且存在着一些弊端，虽然教师需要负责的只有4~6个学生，但也无法保证学生百分之百地学习到教师所传达的知识，因此就需要其他方式的协同作用，比如使用计算机、谷歌教室，甚至运用游戏的方式来提高阅读能力，还有写作中心等等。通过提供多种语言学习的方式，学生们可以根据自身兴趣选择适合自己的学习方式，这同时也有助于培养他们养成终身学习的能力。

科学教育的目标与实践

王海玲

（中国　中国人民大学附属中学地理特级教师）

人大附中创办于 1950 年，是教育部的直属学校。它位于北京市海淀区中关村的高教核心区，也是北京市的首批示范性的高中，是一所享誉中外的著名中学，也可以说是中国最优秀的学校之一。

人大附中的办学理念始终贯彻到我们教育工作的方方面面。

首先，尊重个性，挖掘潜力，一切为了学生的发展，一切为了祖国的腾飞，一切为了人类的进步。从人大附中的育人目标来看，我们希望培养的学生是具有道德心、中国魂和创新力的未来国家的建设者，要求他们全面发展，又具备突出的特长、创新的精神以及高尚的品德。同时，我们根据这一教学目标制定了课程建设的基本理念，可以概括为四个要素：第一，要以课程来创造适合每个学生发展的教育，着眼于每个学生发展。第二，要以课程满足学生个性多元发展的需求，让学生有选择地、自由地发展。第三，要为每个学生搭建放飞人生梦想的舞台，让学生尽情展示自我。第四，要为每个教师搭建学科专业成长的平台。

具体而言，从学校角度上来讲，我们把国家课程、地方课程、校本课程，以及国际课程进行了整合，从而形成了五大领域、三十个系列。

综合来看，大致可以概括为三个层次的课程——基础类、拓展类、荣誉类（或者称特长类）。基础类的主要是促进学生全面发展的国家必修和地方性的课程；拓展类的课程主要是满足学生个性发展的国家选修和校本选修课程；而荣誉类，也就是特长类的课程，是满足学生特长发展和大学先修以及高级研修类的课程。我们的五个领域，既包括了人文素养、科技素养、体育健康，另外还引入国际化的课程，以及综合实践类的课程。举个例子：我们高中课程体系的框架，除了国家的必修课程之外，很多数量的课程都是我们开出的个性化的选择课程，包括国家的选修和校本选修，还有校本的必修，以及大学先修，还有各类研修课程。

　　因此，育人目标是我们的主线，在主线的基础上，我们有面向全体的基础类课程，有面向群体的拓展类课程，同时也有面向个体的荣誉类或叫特长类课程，每一个层面的课程都可以涵盖五大领域。

　　从人大附中的科学教育目标来看，我们按照两个层次进行教育教学工作的推进。一方面，作为我们的中学生来讲，他们要想将来成为一个在社会上有发展的人，就必须具备必备的科学素养。因此，我们的重点是培养学生的科学素养，换言之就是科学知识和科学技能。在这个过程当中，通过认识科学知识，激发他们的科学兴趣，从而完成科学素养的培育。另一方面，从培养未来科学人才的角度来讲，作为一所中国重点的学校，我们还要为国家培养未来的科学人才，而这些科学人才要具备从事科学研究的能力。所以我们要帮助有志于从事科学的学生逐渐培养起他们的特长和科学能力。在这个过程中，我们要组织学生，为他们提供开展科学研究、掌握科学方法、探索科学应用的平台。

　　当然，学校要想实现科学教育，必须采取一系列的方法和措施。我们将途径大致分为以下几个方面：第一，特色课程的建设。课程建设永远是学校进行教育的最重要途径，因此，我们利用开设必修课程和选修课程，为学生提供特色的科学课程。第二，教学方法的创新。实验教学和探究教学是我们着重进行创新的一个主要切入点，这两个方面都是在课内学习当中重点加强的。与此同时，在课外学习或是课外活动中，我们也把它们作为发展学生特长的主要方式。实践能力的培养，主要通过实践活动或社团活动，给学生提供丰富多样的进行科学实践的机会，从而培养学生的科学兴趣。我们将会为特别优秀的学生提供提升科研能力的机会，包括进行科研项目的研究以及进行科研的实践活动，保障他们的特长得到充分施展。

　　为了方便理解，简单介绍一下我们科学教育的课程体系。从学校的课程体系来看，主要包括科学和技术两个方面，在这个基础上又有学科的课程体系，还有一些跨学科的课程类型，并且每个学科的下面又包含了基础类的课程、拓展类的课程和特长类的课程。从学科角度上看，我们每一个学科按照学校课程的框架结构，相应地建立了自己的学科课程体系。比如物理学科、化学学科、生物学科的课程体系，第一部分是国家的必修和选修的课程，这是跟高考相关的一类课程，还有一部分是我们开发的国家非必选的选修课程以及我们的校本选修课程和研修课程。另外，我们还有面对特长学生开设的大学先修研究性学习以及各类竞赛的课程。在这种学科体系里面，属于高考考试的课程实际上占到三分之一左右，而三分之二的课程都是和考试没有直接关系的，目的是发展学生的兴趣，发展学生特长。

地理学科在理科学生当中并不是高考考试的内容，它是文科考试的内容，但是在课程体系建设中，我们仍然把它作为一个科学的重要学科来进行建构。

又如，信息技术课程的设置。可能在很多学校里信息技术不被作为一门重要的课程，老师的数量也很少，开出来的课程数量也很少，但是我们的信息技术、通用技术的每一个学科，任课教师都将近20个人，而且大部分是有硕士和博士这样的学历背景。因此，他们能够在课程的开发方面充分给学生提供选择兴趣爱好的平台，同时也可以为课程的开设提供不同的层次性。

当然，有人会问：学校开出这么多不同层次的课程，要靠什么呢？第一，要靠学校的一个整体规划。从学校的整体规划来讲，我们有一个整体的科学课程建设框架。各个学科每学期按照学校的课程计划开出相应的课程来，具体开什么课程由各个团队来决定。这个课程方案确定之后，各个学科组建自己课程的开发团队，一般都是集中学科的优势资源，哪个教师擅长哪个学科或者哪个课程，他们自愿进行选择。由于老师是处在一个循环的课程当中，有些老师可能进入了毕业年级就没有时间来开发这个课程了，所以这个团队还能保证这些老师在不同的年级分布，每一年都可以得到持续开发。第二，要靠一个强有力的教师团队。从师资队伍的角度来讲，在近五年里我们大力度地进行了师资特别是跟科学项目研究相关的师资队伍建设。最近五年将近有200个来自重点大学的博士和硕士毕业生，加入我们科学教育等学科教育团队中来，因此师资构成发生了根本性的变化，为我们在进行科学研究和大学先修深度的科学教育方面，奠定了非常雄厚的基础。

其次，在科学教育、教学方式方面的改变。中国的科学教育是比较重理论、轻实践的，这些年来我们学校在这些方面做了很多积极的探索。当然这些探索还是在不断改进和提升的。

第一，在教学内容方面，这些年我们意识到我们的科学教育从教学内容以及把理论和实际进行紧密联系方面，与发达国家还存在一定差距，在课程的理念以及所聚焦的教学内容方面有差距，所以我们在这些方面实现了一些中外教学内容的密切融合。第二，在教学方式上，我们着重增加实验教学和探究教学活动。第三，在学习方式方面，我们更加注重网络和现实课堂的紧密结合以及通过网络来开展一些项目的研究活动，让学生利用项目研究，加深对科学理念和科学技术以及科学技能掌握和了解的深度。当然，在评价方式方面，我们更加注重过程性评价和多元的评价。第四，从教学的目标角度上来讲，过去的科学教育可能更多地注重学科的基础知识，过度强调"双基"，而现在则要求老师把更多精力放在注重创新思维与能力的提升上，要求老师们不要把主要时间和精力都完全放在学科的基础知识方面。例如，我们的物理老师所建立的物理学科的能力框架中，这包括学习理解能力、创新迁移能力和实践应用能力。要想达到这样的目标，老师需要通过课堂的互动讨论、加强实验训练，以及开放性的项目学习来保证。但是，可能很多老师会提出疑问：哪有那么多时间去完成呢？的确，课堂的45分钟是远远不够的，所以就需要我们去创新方法。

总之，在教学内容方面，我们关注学科的发展史，培养学生的逻辑和前瞻性思维，通过学科的交叉和渗透训练学生的发散思维，利用对学科本质理解和教学，培养学生具有科学的探索意识。与此同时，通过将学科与现实的热点问题结合在一起的方式，来激发学生的兴趣、培养形象的思维以及增强他们的动手实践能力，从而增强学生的学科应用意识。

举个例子：前不久，太空授课的地面课堂就是在我们学校进行的。当时其中一位是我校的物理老师，而我负责地面课堂和宇航员的沟通工作。此次沟通情景让很多的学生对科学这门学科产生了非常浓厚的兴趣。又如我校高中的物理备课组就在他们的教学工作当中加入了大量的物理文献阅读，并把它开设成了专门的讨论课，在每个单元当中设定要阅读文献的相关内容。同时，这些阅读任务都有相应的作业进行反馈检测。

再比如，我校化学教学会更加紧密地联系化学在生产生活中的一些应用事例，然后把它引入课堂当中。举个例子：航天飞机的一个解剖图，前面是它的一个密封舱，密封舱会有一个环境控制系统，包括生命交换系统、生命支持系统。然后老师给学生提出一些探究性活动，如密封舱需要对哪些环境指标进行控制？如果你是密封舱的环境控制的工程师，你会如何设计这个系统？怎么去解决这个驾驶员在里面生存所必备的氧气、二氧化碳、湿度和温度问题？怎样产生氧气和消除二氧化碳等。最后让学生用化学的方式来解决这些问题、制订方案。当然，这些方案还要再次让他自己去评价，谈谈在这个过程当中产生的利弊是什么。

在教学方式方面，我们一直在倡导把学生被动学习变成主动学习，把以教师为中心向以学生为中心转变，由过去的学生低参与度变为学生的高参与度，由过去的强加记忆转变为强调知识构建的过程。但是，正如老师提到的，转变所遇到的最大问题就是怎么解决时间问题。其实很简单，我们现在强调的就是一种互动式教学与翻转式课堂教学的密切结合。互动式的教学，需要我们把课堂上基础知识的教学时间压缩，而把更多时间用于加强学生的深度思维和创新思维方面。那么，也就决定了我们需要把基础知识的学习放在课前，让学生一定要事先进行自主学习，到了课堂上老师便对自主学习的成果进行简要的检测，然后继续进行小组的合作学习。而合作学习的重点就是对课堂上培养学生深度思维的重点难点问题进行讨论学习，通过师生激情互动，期待实现思维的碰撞。

此外，课下还可以通过自主探究进行学习，这样翻转课堂就成为一个必然。自主学习需要在网上布置学习计划，利用作业进行课前预习，并通过网络进行课堂检测。还有一些探究性的学习也是通过网络布置的，完成之后即可提交。显然，这种创新的教学方式是我们非常重要的一个方面。同时，我们也建立了一个网络课程的学习平台，这个平台实际上是现实课堂和网络课堂的一种密切结合。例如这次的暑期教师培训，我校地理组展现了他们的一个分享互联网式地理课堂。我们可以看到，他们由原来一开始只是在单节课堂上使用互联网的资源，到利用互联网进行整个课程体系的梳理和构建，再到在互联网上建立系列的地理课程，最后达成辅助教学的效果。目前他们探索了两种模式，第一种是独立应用互联网的虚拟课程，开设网络课程，也就是选修课程，完全利用互联网来进行选修，学生进行学习。第二种是必修课程，主要是融入互联网平台上的这些功能，加强现实课堂的教学。

再一个就是能力的培养，无论是在初中还是在高中，我们都在学生的能力培养方面做了很多的努力。像初中的制作、高中的自主探究，我们做了很多这样相关的作业，这些探究性作业很多是通过假期来布置的。

在评价方式方面，我们也倡导多元性、过程性的一些评价，像学生的常规实验报告，学生的动手和实践都成为很重要的评价内容。同时也通过网络去记录学生学习的过程，进行过程性评价。

同时，我们非常注重学生科学实践能力的培养，主要是利用学科的实践活动课程和科技竞赛、社团活动来进行，目的是满足大众能力和兼顾特长的相应要求。

我们初中实践的活动以动手制作为主，除了动手之外还要求学生研究在制作时遵循的原理，并写出相应的实验论文。而高中，我们给予学生更多、更有深度和挑战性的内容，比如青年物理学家的挑战就是非常著名的活动，也是最近几年在学校深受学生喜欢的活动。此项活动在 2013 年设立举办，开设了相关的课程，并且进行相关的研学以及鼓励学生写相关的论文。我们的努力也收到了很多的荣誉。比如：2014 年我们获得了北京市的挑战赛冠军，2015 年我们的队员进入国家队，赢得了国际金牌等。

此外，科技类的科学实践活动也是培养科学实践能力的一个非常重要的平台。我们的社团活动种类也非常多，这些社团活动依托课程来开展，能够激发学生开展科技活动的积极性。其中特别著名的就是人大附中的少科院，他们每年都举办全校型的创新大赛。

当然，我们从培养学生科研能力角度出发还做出了很多努力。此项工作主要是集中于高中生的研究性学习，而面向部分群体的，则包括了早培班的研修课。我们有一个实验项目叫创新人才的早期培养，还有一个高中的科学实验班，对特别优秀、有着比较强的研究能力的学生进行培养训练，甚至会送他们去各大高校、科研院所进行培养。

从 2001 年起，我们就把高中的研究性学习纳入了必修课程，并排入正式的课表，然后在每周五的下午来进行。我们的研究领域主要是对科学的研究，而且很多都是和科研院所进行对接的。另外，为了解决我们的科学实验室的水平较低的问题，我们也正在建设更加现代化的科学实验室，而且和美国的一些著名高中开展了合作研究的项目。比如说在教学内容方面，我们也进行了密切的融合，教学模式采用小班化的互动式教学；在学科综合方面，我们把物理和信息技术进行有效融合；在能力培养方面，我们培养学生自主探究的学习项目已经成为常态。我们这一届的 30 个学生所开展的科研实践项目，大部分都是在北大、清华甚至国家科学院进行项目研究的，并且这些同学绝大部分已经获得了非常突出的成绩。

其实在这里不是想说我们有多少学生荣获了光荣称号，而是想说，我们是不是应该更加关注学生将来的发展走向。我校的一位学生——吴天际，他是 2005 年的毕业生，十年之后，他已经成为一个非常著名的企业家，他的公司被美国商业杂志评为全球最具创新能力的十大公司之一。应该说这位同学是在人大附中启航的，而且我们也希望有更多学生能够在这里启航，放飞人生的梦想。

美国圣安德鲁学校对女生的优秀科学教育

萨德·简·桑尼克

（美国　圣安德鲁学校校长）

我们的学校在夏威夷分三个不同的学区：女生学区、男生学区，还有学前教育学区。我们在教育的过程当中，非常注重性别的区别。150 年前，夏威夷的女王就有重视女性教育的传统，所以我们也延续了这一传统。我们的项目展示了我们在外语教学方面的一些经验，我们希望有比对衡量的迹象，同时让学生能够真正有自主学习的能力。

我想简单介绍一下我们的三个学区。学前教育学区有 100 多名学生，设有很多游戏项目，尽管我们是学术性学校，但也是用这种游戏的方式让孩子们学习学术知识。另一个学区是 2~12 年级的学区，在 1867 年的时候由女王所建立，当时专属于皇家，只有拥有皇室特权的学生才能进入这个学校。我们还有一个圣安德鲁小女修道院，是普通公民学习的地方。除了学校之外，我们还有附属的医院，这些设施都是由来自世界各地的人们创建的。当时，来到夏威夷的传教士带来了英国的宗教思想，影响着这里的教育和文化，并与夏威夷当地的文化思想不断融合。

我们的女子学校有悠久的历史。全国的女性平均 16% 从事科学，50% 从商。我们在女性职业生涯方面做得很多，帮助她们全面学习，并且学习方式就如同女王学习的方式一样。她们可以自己决定去英国找好的老师，从而像伊丽莎白女王一样进行学习。伊丽莎白女王是一位伟大的女性，因为她改变了夏威夷女生学习的水平。至于男生校区，我们在几年前进行了一个战略性变革，从而使得那些没有获得良好教育的男孩获得了充分的学习机会。在美国，男大学生的辍学率很高，女生上大学的比例高于男生，男生的学术水平一直在下降。但是，这不是说男孩比女孩差，而是男孩受到的教育是不一样的。当女孩在玩篮球的时候，男孩只坐在教室里进行填鸭式的教育，老师滔滔不绝地给他们讲课，但问题是男孩并不爱学习。而我们宽松的学习环境能够使这些男孩喜欢学习，现在我们幼儿园小孩正在学习如何设计过山车，他们设计后会自己动手做一个过山车，我觉得现在美国男孩教育情况在逐步得到改善。

现在，女孩每个星期能够找到五六个小时的实习工作。她们在实习过程当中学习，学着如何着装，如何在医生的办公室里工作，如何在律师事务所工作，将来在大学毕业后，这些所学可以帮助她们在社会上更好地生存。

对于学生和老师而言，传统的教学方法非常枯燥，并不能让我们的学生为未来做良好的准备，也并没有教会他们21世纪必备的技能以及批判性的思维和创造性的能力，所以并不适应时代的要求，我们现在必须做出改变。

我们通过改变教学方法，就可能打造出不同的结构，我称它为从内向外的教学。以前，学生来到教室，老师只是做填鸭式的灌输，如果你记忆力超强的话，就会获得良好的学术能力。但是，你要问自己，为什么我们要学这些东西，特别是在数学和科学方面，我们并不是来学习一些研究的结果，而是要理解这些结果的成因，所以现在我们开始教学生自己做剪纸，培养他们的动手能力，让他们在花园中做一些工作，使他们具备一定技能，并教会学生更加有毅力、更加喜欢学习，这才是我们应该做的。

我们的学生大部分来自亚洲，有的来自非洲，有的来自美国，情况都不一样，我们必须要让每一个学生真正理解所学到的知识。所以我们根据学生背景因材施教，从内部向外部的教学是一个非常关键的点，也就是说，给这些学生提出问题，激发他们的想象力、创造力，并且让他们自己证明这些理论是真正有效的。我们通过这些教学，把这些男孩女孩真正领到活动当中，进而把这些知识传授给这些学生。

我们现在要做的就是帮助所有学生获得足够的技能和能力。从女生开始，我们致力于打造旗舰的教育品牌，对女生进行大规模谈话，帮助她们以科学的方式进行思考，通过实验的方法，提升对科学的切身体会，从而提高学生学习的效果。现在男生和女生有不一样的特点，但是我们在科学和数学方面并没有什么不同，我们要看到百分之百的女生进入四年大学本科教育当中学习，她们也能获得奖学金，从而证明女孩在科学学习方面并不比男孩差，这就是我们未来努力的方向。

丹麦的科学教育

艾瑞克·拉比

(丹麦 锡尔克堡市凯勒鲁普学校副校长)

今天的演讲我将从三个方面进行阐述：首先，我会介绍我们学校科学教学的总体概念；其次，向大家介绍"自然科学马拉松"和"微观装配实验室"(Fab lab)；最后，介绍我们学校的户外教育与体育活动。

凯勒鲁普学校是丹麦一所著名的学校，它拥有730名从5岁到16岁不同年龄的学生，远远超过了丹麦学校平均学生的数量，所以我们是丹麦最大的学校之一。丹麦是一个只拥有550万人口的小国家，正因如此，我们国家的发展在更大的程度上依赖于教育，只有通过发展教育才能够帮助提升并保持我们高品质的生活水平，因此我们特别需要更多年轻的杰出人才。

在丹麦，90%的学生是在公立学校学习，所谓公立学校指的是免学费、免考试的学校。我们的学生主要来自中产阶级家庭和一些低收入的家庭，这些家庭的父母很支持我们的教学活动，所以我们和学生以及家长之间的配合是非常好的。我们的学生不是最好的，但也不是特别差，他们的表现基本上属于平均水平。关于测试，我们只是进行一个期末考试，而没有其他更多的了。我们正致力于建设一个符合时代的现代化学校，同时我们也致力于培养具有"21世纪技能"的学生。

接下来，我要谈谈关于科学教育的话题。在西欧的许多其他国家，包括在本次会议中，很多人都关注到了我们国家关于科学的教育。科学教育、创新能力以及解决问题的能力是去年丹麦进行校改的很大一部分内容。我们努力寻求新的教学理念，并且积极补充可以投入使用的新的东西。我们的科学教育在政府的大力支持下，向前推进了一大步。

前些年，丹麦的科学教育在政府大力的支持与推动下做得还是非常好的，但我在今天上午芬兰代表的讲话中感受到，最近几年我们做得就有些一般了，我们也希望能够得到进一步提升。我们这个小国家的发展在很大程度上也依靠商业的发展,我们有一些世界非常知名的大型公司和企业,比如我们引以为自豪的乐高公司、号称全球机电产品及控制领域研发及生产领先者的Danfoss(丹弗斯)公司、世界知名大型扫描设备及相关软件公司Context公司和嘉士伯啤酒公司等,而这些公司的建立和发展也都基于科学技术和我们的科学教育。

在过去的十年当中,一方面,我们有更多的学生去师范院校读书,他们中很多希望成为科学学科的教师。这个是很重要的,因为教师的素质会影响到最终教学的质量,我们学校现在做得还可以,但实际上还有很多学校缺乏好的科学学科的老师;另一方面,前几年申请在高等院校就读科学专业的人的数量也有所增长。总的来说,我们是在一个正常的轨道上面,但是仍然有待提升。

我们的科学学科设置以及程度要求如下:数学全级、自然科学/技术1～6级、地理7～9级、生物7～9级、物理/化学7～9级。在去年丹麦进行的校改后,科学课程的数量有了一定量的提升,比如数学的课程数量提升了20%,自然科学/技术2～4级的课程提升了33%。其实在丹麦所有的学科中,我们都有国家强制性的一些指标或目标。我们是一个免考试的学校,但也不是没有考试,我们在学生满16岁的时候有一次考试,但是考试的成绩并不影响升学,基本上所有的高中对每个学生都是开放的,除非有学生坚持要到某一所高中去上学,那他就需要再通过测试来看他能不能去那所学校上学。有一件有意思的事是,我们从今年开始,在学生毕业时有了一项强制性的考试,那就是科学与化学的跨学科课程考试。那就意味着我们要对学生所做的科学和化学项目有一个综合的总结性报告,除此之外,我们在其他学科,比如数学、生物、地理、物理,包括体育和运动方面也有一些随机的测验。体育和运动也是我们科学教育的一部分,因为它蕴含了很多关于社会学的内容。

关于科学教育我们想要做的是什么?我们努力达成的目标是什么?其实就是我们要用很实用的方法来教会孩子们以科学的方式来做事情。那么我们首先要做的就是让孩子们保持对于学习科学的动力,让他们有渴求知识的积极性。我们在保持男生和女生都对科学有兴趣的方面,有一些和其他学校不一样的做法。

"自然科学马拉松"是我们的一个很好的做法,这是针对五六年级的学生设立的。他们在学习过程中有一些跨学科的活动,他们一起利用各个学科的知识去解决一些问题。他们会进行竞赛,还特别喜欢竞赛。我们会把竞赛获胜者的名字和照片放在学校的网站上面,然后这些学生再与其他学校的学生竞赛,对于那些没赢的学生我们就不管了,我们通过类似的活动来保持学生的学习兴趣。我们的学生活动和项目也总是能够得到一些大公司和企业的赞助,比如刚刚提到的乐高公司、Danfoss（丹弗斯）公司和Context公司等。

"微观装配实验室"是我们的另外一个做法，我相信美国的同僚们更加了解这个概念。Fab Lab的最初灵感来源于Gershenfeld教授于1998年在MIT开设的一门课程"如何能够创造任何东西"，这很快成为他最受欢迎的一门课。没有技术经验的学生们在课堂上创造出很多令人印象深刻的产品，如为鹦鹉制作的网络浏览器、收集尖叫的盒子、保护女性人身安全的配有传感器和防御性毛刺的裙子等等。学生可以制造任何想要的东西，他们为此而兴奋。第一个Fab Lab于2001年在波士顿建立，第一间Fab Lab由美国国家科学基金会（National Science Foundation）拨款建造。Fab Lab与不同文化背景、不同技术成熟度下的特定需求碰撞出的火花极具价值。目前，全球已经建立了30家遵循类似理念和原则的实验室。第一家国际Fab Lab建立在哥斯达黎加。截止到2008年，挪威、印度、加纳、南非、肯尼亚、冰岛、西班牙和荷兰等国家都相继建立了Fab Lab，并且加入了Fab Lab的全球网络。随着Fab Lab网络的延伸，个人创意、个人设计、个人制造越来越深入人心，进一步引发了全球创客的浪潮。Fab Lab所提供的技术环境涵盖开发的全流程：从设计、制造，到测试、调试、监控和分析，再到文档整理。尽管有一个基本的工具集作为基础，但根据特定需求，充分利用特定环境下的资源和工具同样重要。因此，Fab Lab也为用户提供了制造自己所需工具的能力，用户可以在Fab Lab的技术环境里自行创造实验过程中所需的特定用途工具。

我们学校所建立的就是这样一个Fab lab，而且我们也正在不断地努力去完善它的功能和作用。学生们在"微观装配实验室"中真正动手操作的过程中学到更多的知识，学生也可以制造出不同的东西。我们在自己的实验室里面有各种各样的项目，比如上个星期我在参观学生活动的时候，他们在印制自己设计的T恤衫，他们在制作过程中非常开心，而且制作完成后还可以带回家，这对于他们来说也是非常令人激动的。我们也尝试着建立更多类似的实验室，比如利用编程或者3D的东西来辅佐他们做一些事情。这样可以激励学生的创新性，他们希望能够去探索怎么样做、制作出什么能够改变其他人的生活。

当我们谈到"21世纪技能"的时候，总体的概念就是要转变我们的态度，而且我们正在慢慢地转变我们的态度。很多老师不再只是单纯的教学，而是走进"Fab lab"去做一些不同的事情，去寻求教学的乐趣，教学本身应该是充满乐趣的，尤其是科学教学。虽然老师们并没有总是这样去做，但是他们确实是在朝着这个方向努力。

而我作为一名校长，很重要的一件事情就是要针对教学目标，帮助并促进教师能够获得他们教学所需要的场所和设施,同时鼓励教师利用已有的场地和设施来做一些不一样的事情。比如在丹麦大多数的学校都有免费开放的网络,我们可以让学生带自己的电脑来上课,几乎每一个人都有自己的手提电脑或者智能手机。即便我们负担得起,也不可能给每一个学生买一台电脑,因为如果是学生自己带来的话,他可能会把东西保存得更加仔细一点。我本人只是用一台电脑,我是比较爱惜电脑的,我觉得学生始终用一台电脑去学习的话,他会更加认真。通过这样相应的设施,我们也能够更好地实施我们科学教育的课程。

关于我们的户外教育,首先我要介绍的是我们的开放课堂。我们试着把课堂设在户外,在不同的年龄层次我们都做这样的尝试,比如可以在花园里上课。我觉得不仅仅是科学课可以在户外上,还有很多课可以在户外。在我们的开放课堂上,各界商人会到学校进入班级,和孩子们进行交流,并有针对性地帮助学生去解决一些实际操作上的问题。其次,是我们的生活实践课程。比如在学校我们有一个蜜蜂墙,学生可以在蜜蜂墙养自己的蜜蜂,在一个阶段他们会在早晨和中午去观察蜜蜂的情况,通过这样的方法来学习养蜂等。

最后一个就是我们做很多体育的锻炼活动。我们希望孩子在从早晨8:15上学到下午的3:15放学的这段时间里,进行尽可能多的体育锻炼,这也是我们的责任。在之前,体育老师们就是让学生走路或者跑步,而现如今的教师会有一些不同的锻炼方法,比如说让学生在森林里面找一些东西,用他们的智能手机去找一些东西,或者做其他一些更有趣的活动。这些都是体育锻炼的活动,通过体育锻炼增加大脑氧气供应。除此之外,我们也教学生通过冥想、静坐等不同的方式来使精力更加充沛。我们要求每一个教师都花时间让学生去做这些事情,如果他们不做的话,我们会有专门的人员督促他们去做。

科学是非常重要的,所有问题的解决基本都依赖于科学,所以科学教育是至关重要的,我们希望能够为商业、医药和环境等领域培养出更多杰出的人才!

教学中科学与调查的应用

约翰·迈克里恩

(英国 派尼布莱恩小学校长)

我们经常会去学校考察教学的质量,当考察的时候,会看到很多令人很惊叹的内容。其实很多时候学校给我们指出了非常关键的一点,就是一定要关注学生。

学校可以给我们提供相关的文件,但是只有学生才会告诉你真相。可能学校展示的文件很好,但是在你和学生交谈的时候,你才能知道他们的感受是什么,他们是否有动力,是否受到尊重,是否愿意去学习。不是说不注重这些学校提交的文件,但是我更关注与学生的交流。我会感谢这些学校给我们做的一些展示,也非常感谢主办方给我们的平台做的展示。昨天我们也谈了很多关于教学的内容,我们需要观察,在中国也好,在世界各地也好,以知识为基础的大纲有很多局限性。因为当我们把这些基础大纲用到教学当中时,很多内容都已经过时了,我怎么去抉择?我们在教学的时候怎么能够让学生为未来的工作做好准备,因为这涉及将来。可能你只给他传授过去的知识,那是否适用于他们未来工作的需求?我们需要培养学生的思考能力,让他们能够去应对未来的问题。对我而言,我不觉得教授科学内容很重要,科学性地教授才重要。

在我们学校,我们会让教师通过体验学习的过程,换一种思维方式来从学生的角度去思考,同时我们作为董事会的成员,也需要从学校的角度促成目标的达成。我们有哪些科学的证据来证明我们的做法是否正确,这个也是我们作为管理者去衡量的主要内容。

我们在 2007 年做了一个研究,看看全球最佳的教育体系做得怎么样。发现在课堂里面表现最佳的教师,学生学习的速度是表现差的教师所教出来的学生学习速度的三倍,教师是最重要的,更多是要看对于学生的影响。老师表现得好不好,他对于学生的影响是很大的,这个教室的教师教的学生学习的速度,隔壁教室的老师教的学生学习的速度是他的三倍。对于各个不同的国家,也可以做很多测评，看它是不是一个表现很好的学校。这不是我们平时的指标能够看出来的，教师对于学生的影响到底怎么样，我觉得这个是很重要的。

这是最近的一个文件，威尔士政府的一份报告，其实我们这些优秀的教授和学生都是实践操作者。他们有很高的技能，同时又能够把知识和对于学习过程的深入了解结合在一起。如果你只是知道知识，不知道整个学习的过程是什么样，最终学习的效果就不一定理想。2009年，他们在全球做了上千种调查，总结出一种关于学习的影响作用值。这里面如果说作用值是达到0.4就是显著性的效果，如果低于0.4是没有效果的。其实很多事情，我们觉得这是我们一直以来做的事情，但是事实上对学习的成果并没有产生很大的作用。这里面对于学习的影响，有行程性的评价，有效的反馈，还有和小组成员进行的谈论，还有源于认知的策略等等，这些都结合在一起。我们经常会说我们学校很好，我们做很多认知的策略等等，但是你的这些真正策略对于学生的学习效果产生什么影响，才是最重要的。

赛中信托教育基金也做了一些分析，根据不同的月份，评估教学技巧对于学生的影响。这些理念关于元认知也是很重要的指标，同行间的学习起作用的时间达到6个月。如果你想要帮助学生学习知识的话，不仅仅是要教授他们知识，而重要的是如何应用学生自己的评估，来帮助学生进行学习。

另一个研究是关于科学教学的，这是一个科学调查，是2014年一个大学的研究结果。我想他们在这里做了一个很大的研究项目，他们调查了很多教学和老师，发现了一个同样的问题，就是我们今天早上一直在提到的重要观点——学习环境。如果我们没有学习的环境，什么都做不了。要打造正确的学习环境，就要对努力进行奖励，而不是对他们的能力进行奖励，我们要教会学生如何正确应对失败。人人都会犯错误，但是我们如何面对失败是非常重要的。

为什么我们要进行行程性评价呢？一个非常具有影响力的教育工作者说过，他的教学工作取得了巨大的成功，研究成果可以应用到小学当中。根据他的研究项目，在任何情况下让学生充分地做好准备是最强大的教育工具，让学生成为一生的学习者，重要的一点就是要进行行程性评价。

那么什么是行程性评价？在学校做的一些项目里，看一下学生展示出成长性的思维方式，就展示出了自信的这种学习环境，这能够帮助他们学习，帮助他们相信自己可以取得成功。很多时候你看到，有些学生说他学不了数学、学不了物理、学不了科学等等，学生说他考试失败就证明他能力不够。那么我们要教会他的是，一次失败并不意味着什么，失败之后再试一次，失败是成功之母，要不停地尝试才能获得成功，这是我们的教学目标，也就是说，学习是一个过程，失败是正常的。这也是我们教学当中一直遵循的理念，它是一个非常重要的理念。我们学习的过程实际上最重要的是能够把一切理念得以体现，把学习的知识付诸实践。

我们把行程性评价基本分成四个部分：第一，要有一个基础，也就是打造一种学习的文化，如果没有强大的基础，什么都是空中楼阁。第二，有效开始学校的课程，我们要教会学生的学习目标，他们成功的标准是什么。第三，要开发他们的学习过程，问一下学生的反馈。第四，让学生自己提出问题，让他们真正参与到学习当中。

今天我想重点介绍的就是发展学习的文化。昨天我看到石家庄外语学校的学生非常热情，他们非常愿意学习，一旦学生喜欢学习、相信学习，他才能做更多的事情，所以说学习的文化是非常重要的。

第一，成长性的思维方式。

第二，植入透视认知的策略。真正起到影响的东西就是学生的反馈。学生参加考试很重要，学生的反馈可以体现他们学习知识的程度，是不是他们学的程度，他们是否知道下一步该做什么，是否害怕做下一步。通过这种反馈，我们可以打造良好的学习环境。

大家都知道这位女士，她可能是我听说过最具有影响力的演讲者，对成长性思维做了很大的贡献，她的理论非常有说服力，是一个令人惊叹的女性。我努力把她的理论应用到我的学校当中，我一直在做这样的努力。她有一个非常简单的概念，让学生利用"YET"，也就是说，如果学生说"我不能做这件工作"，你要教会学生说"我现在还不能做这件工作"，因为这样的表达会给学生一个希望。虽然我现在还不能做这件工作，如果你帮我的话，将来我可以完成这项工作。

这是学习态度的不同，对于我和我的员工来讲，我们不是要改变学生，而是改变老师的态度。我们要把老师移出他们固有的想法，我知道改变教师的教学方式是很难的，但是你必须进行改变。我们可以接受教学失败，因为你在尝试新的东西，失败是很自然的。现在我们的重要理念就是，要有一个成长性的思维方式，而不是固化的思维方式。现在如果有固化的思维方式，大家会认为你的智力和天分是固定的，但是如果你采用成长性思维方式的话，你就会知道，你的智力、你的天分可以增加，是可以后天改变的，这一点我们要在学生当中给他们证明。

如果看一下我们成长性思维方式的话，会发现很多有趣的东西。我们有很多东西都是可以后天改变的，一切东西都可以改善。我们发现思维的问题，就要避免这种错误的思维方式，用全新的思维方式来考虑我们的教学。如果关上一扇大门，可能一切都不能发生。成长性思维方式就是要拥抱挑战、拥抱困难，遇到困难也不放弃，找到一条成功的道路。我们要努力，而不是说这个人一定要有这个能力去做，他才能去做。如果他们遇到一些不能解决的问题，他就不努力了吗？努力是一个最重要的事情。当一些学生到剑桥大学，他们也会遇到一些问题，这个很正常的。因为在剑桥大学当中，以前的学习尖子发现自己不是学习尖子了，因为在一个大学当中每一个学生都是才华横溢的，你到了一个新的竞争水平上，肯定会遇到新的挑战，所以能力是可以不断增长的，是可以变化的。

爱因斯坦说过，"如果任何人不犯错误，那就证明他从来没有尝试过新的东西"。爱迪生还说，"我现在没有失败，我只是发现了一万种不成功的方式"。爱迪生在做发明的时候，也经历了很多失败，最后才获得成功。在网上你会发现有很多才华横溢的人，他们其实不是天生就那么聪明，而是经过了无数次的失败、无数次的努力，最后才获得了成功，他们的成功秘诀是他们坚持不懈，他们有毅力。

那么现在我们做的事情是，我们在大学做了一个项目，如何教会学生对这些学习的过程有一个清晰的认识呢？大家可能会说，我们要教会学生了解大脑，这太难了吧，学生为什么会那么快接受这么多新的知识？我们对大脑进行了研究，发现大脑的不同部分，起到了不同作用。你可能会说，是不是我在学习当中，大脑运作正常呢？第一地方前额皮质会接受一些新东西，是做出决策的部分。是逃跑还是战斗？都是由这一部分大脑做出决策的。我们现在首先做出反应，然后再传输到前额皮质，再用海马体来做出信息处理。那么一开始我们在教学生知识的时候，觉得很难教会他们理解，在一些学生进行讨论之后，我问学生："你们是否知道我在教你们学会什么东西？"他们说："非常抱歉，老师，我觉得这个学习过程非常难，因为我大脑告诉我这个任务非常难，所以我很害怕。"这是一些小学的反映，我在小学的课堂当中和学生直接进行交流，你是不是用你的前额皮质进行学习呢？你要相信这些学生是非常聪明的，他可以学会深奥的知识，这就是我们要做的目的，我们就是要让学生相信，他们自己的大脑是可以训练的，通过培训他们可以改变他们的大脑。如果你想要提高你大脑的运作功能，必须要进行训练，就好像运动员进行肌肉训练一样。如果你不用大脑的话，大脑会越来越迟钝，如果你经常用脑的话，大脑会越来越灵敏。

我不知道大家是不是了解这位先生，他也是来自班戈尔大学的心理研究部。我们有好多老师教过学生进行冥想，来帮助学生消除日常所带来的压力。这个冥想的过程是一个非常强大的工具。现在我们要说的是，集中注意力意味着我们的认知能力要获得改善，也就是说，有一种特殊的方式来集中你的注意力、集中于你的目标上，这样的话他们就可以发展一种能够适应生活困难的能力，这称之为注意力。我现在怀疑，我们每天有40名学生来加入我们的注意力项目，就是因为他们想要集中注意力，打造他们良好的能力来解决问题。这就是我们想要给他们的能力。如果他们没有做好准备的话，仍处于压力之下的话，那么这个培训将会起到什么效果呢？我们称它为注意力的研究光线，你可以看到，你能够集中多久的注意力，注意力在这个幻灯片上就能维持多久。这不是关于你自己有多大的能力，而只是一个练习，如果你走神的话，你要把你的思想集中在这个幻灯片上。

这是11岁的孩子们，他们正在做这种注意力的练习，目的就是让学生感知时间，那么我们这个练习的目的就是集中注意力、不走神。我非常喜欢这个活动，因为它能使我安静，使我更加集中注意力，使我内心更加平和。现在你注意到，这些学生都非常安静，可以看到他们学习的压力得以缓解，这是非常有效的一种方法。这个技术在一些大学也得以应用，现在在全世界的一些中学也进行普遍应用。我觉得生活对于每一个人来说都是压力巨大的，这些学生每天都有繁重的学业，他们还需要做家庭作业，所以现在我们发现冥想的方式能有效缓解他们的压力，能够将注意力集中投入在接下来的学习任务当中。这种技术虽然很简单，但是对于学生来讲是非常有帮助的。

当然这是一个非常有效的办法，我们可以做一些尝试和研究，这些学生反应是非常积极的，这样的话使他们有更佳的状态来学习。因为这不仅仅是学生存在的问题，成年人也存在，如果这些压力真的发生，你要做什么呢？我们在教育方面，对集中注意力方面有一些工具箱，其中包括一些自控以及情绪的自我调控、拥有同情心及幸福感、集中注意力、解决日常压力、后事认知等，我们如何具有同情心？通过练习可以做到。目前据我所知，在很多地方都把这些工具放到一起，在班加罗尔，他们将孩子引入一开始大脑工作的六个阶段，通过这六个阶段慢慢找到了核心。我们首先让学生认识大脑，之后让学生解决困难，这些学生是不是会预想到困难呢？学生说今天我做演讲可能会失败，我的PPT可能不成功。在我们还没有做这件工作之前就把自己打败了，这些光照就是说决心让你了解到你现在是什么样的一种注意力。

在元认知上面我会讲得很快，它就是说怎么去学习，而且它是超越你学习之上的。到底当下发生了什么，是在一个更高的层次上去觉察当下的一些活动，比如我们的大脑其实就像肌肉一样，是可以被锻炼的，我们可以去找机会、找各种方法锻炼大脑肌肉。这些小学生未来发展一些战略，比如说他的专注力、注意力、集中性，有意识地去练习，还有在你不知所措的时候，你能够知道怎么去应对。其实当前我们面临着很多很多的改变，所以我们学生具有这些能力。因为你要往前走的话，我们过去的经验可能并不知道怎么去应对，但是你需要有这样的能力去找到未知的一些应对方法，在每一节课上，你都要从三个层面上去定位，确保学生能够去挑战所有的人，你要去组织一些活动来适应这三个不同层次的教学目标。我们并不能这样说，你做这个，你做那个。要让学生自己来选择，他到底想去尝试哪个阶段的练习，取决于学生自己。你可以介绍给他们这个阶段可能更难一些，这个稍微简单一点。老师并不能像专制者一样告诉学生你去做什么，而是让学生觉得，他自己有哪些能力去做哪个阶段的任务，他们就会做出自己的选择，他们经常也会选一些相对比较容易的，但是你也可以跟他去谈。

在我们的学校里面有八个学习的能量。其实还有很多的，但是这八个是我们让学生在整个学习过程中都能够关注的，能够去发展的。比如说你的注意力并不集中，但你不能够放弃，我们希望让学生立即去考虑这些事情，其实对于小学生来说可能稍微难一点，他比较会容易放弃，但是我们可以用一些具体的实例告诉他们，比如像这种小乌龟的例子。我会用小乌龟的例子告诉学生们不要轻易放弃的道理，之后，我会让他们各自挑选自己喜欢的一种动物设置让不同的动物，去应对不同的挑战，据此，让每一个人讲一个故事，这个故事会告诉我们什么样的道理，当这些孩子自己开始讲故事的时候，他就会先动用自己的思维，即使是特别小的小孩也开始动脑筋去思考。这些孩子会自己讲故事，或者更多的思考之后，他就会记忆特别深刻。

还有最后一点，我们不要低估任何一个不起眼的学生，他将来可能会改变这个世界。他们都会遇到一些情况，我们有责任给他们提供学习环境，让他们能够施展出自己的想象力和能力，而不是阻碍他们，要让他们有机会推动世界的进步，这就是我的演讲。

以探究为基础的科学，即为什么，怎么做

罗斯·瑞特

（美国　奥斯卡罗萨学区学监）

爱荷华州位于美国中部，而奥斯卡罗萨学区位于爱荷华州的东南方向，该学区一共有2004名学生。爱荷华州地势平坦，所以主要以农业与制造业为主，学校的课程设置也和农业科学技术还有制造业等相关联。在奥斯卡罗萨的高中学区设有180门课程，此外还和两所大学合作比较密切，我们可以通过与大学的合作获得学科方面的支持。高中的学生都有电脑，纸质的教材并不多。他们可以上网搜寻资料或者以小组的形式做研究。还有一些可以让学生自己制作电视节目的课程，他们可以成为电影的导演或尝试一些类似的工作。当地电视台甚至能够播放他们的节目，让家长观看直播及他们在学校的表现。

对于以探究为基础的科学，专家们都有非常有价值的观点。我并不是一个科学专家，我教授过历史、经济、社会科学和政府的事务。教授的技术越来越成熟，学生也会更受益。我花了很多的时间不是在教的内容上，更多是侧重如何传授，从而让学生吸收接纳这些知识。它是一个教师起到促进作用的过程，而最重要的关键点就是促进。真正的教学不是让学生们安静地坐在椅子上写，从而应付接下来的考试。真正的学习是包括记忆以及在不同的阶段进行应用，让学生真正掌握某些技巧和技能。

此项课题非常重要的两个点是"为什么"和"怎么做"。当我们教学时需要让孩子参与进来，让他们真正对话题感兴趣并且有动力去学习，学生要自己学会质问：为什么是这样的？它是怎样发生的？让他们真正专注于课堂。只有当教师真正做到这点，才能起到促进作用。有些时候他们因好奇而激发的提问会幼稚不成熟，但最重要的是让他们去提出问题，为什么会发生这件事情，在头脑中去思考，然后通过收集更多的信息找到问题的答案。

在关于以探究为基础的科学有八点需要注意：

第一，学生在整个学习当中将自己视为科学家。

第二，学生接受科学的邀请，参与到探索过程当中。

第三，学生独立设计并且实施探究的过程。作为一个教师应激发他们研究调查，学生要做一些计划并自己研究，比如化学、生物，或任何关于科学的学科。因为我们来自农业区域，所以会请一些农民，学生会参与到研究鸡蛋的课程里面去，让他们分享他们看到了什么，用各种不同方法去交流并做一些研究调查。

第四，学生通过不同的方式进行沟通。他们可以以小组形式或者互相交流。

第五，学生提出解释及解决方案，并且建立知识理念体系。教师首先已经确保学生掌握了基础知识，而在实验室教师要做很多的准备，从而应对学生提出的问题。

第六，学生对解决方案提出问题。

第七，学生充分利用观察能力。

第八，学生对自己的科学实践进行反思。

在学生参与的问题上，我们不能等到学生十一二岁时再尝试激发科学兴趣，而要从六七岁的孩子开始，不要阻止他们进行一些幼稚的行为。让孩子通过做很多有趣的事情进行探索，从而享受科学。

以这个实验为例，无论孩子在多大的年纪，都能思考这样的问题：把青蛙放进盒子里，看它能不能跳出盒子，是90度还是30度？在知道它以45度角跳跃后，盒子的高度应该是多少？类似的实验三四年级的孩子可以做，重要的是，教师们能够提出这样的课题，并且在课堂上做好充分的准备。我们需要让学生动手去做，让孩子去思考为什么会发生这样的反应，然后去实验并形成批判性思维。

在想象力的培养上，作为教育者必须要思考如何让学生参与到科学里面，我们要给他们经历与体验的机会，让孩子热爱科学。事实上许多学校都有科学老师不足的现象，我们也是一样。我们缺乏高素质的科学教师，最重要的不是专业技能，而是了解每一个学生，让他们更多地参与到科学方面来。

本校区在小学开始做的一件非常有趣的事情是利用电脑把科学拍成影片，并让学生回家观看。在他们回到课堂后，老师让这些学生描述所学到的东西，让老师和学生真正交流起来，让学生以一种探索的方式学习知识，最后成为科学家。伟大的老师让过程变得容易，教学的艺术就在于此。

不同学段，一以贯之，提升学生科学素养

邓保利

（中国　石家庄外国语教育集团高中部物理教师）

我国新课程的育人目标和国际上对学生科学素养的考量是前后相承和一致的，国际上考量学生科学素养的水平基本看三个方面：一是学生对科学知识掌握的程度，对应我国的"知识与技能"；二是学生对科学的研究过程和方法的了解和掌握程度，对应我国的"过程与方法"；三是学生对于科学技术、对个人、对社会所产生的影响的了解程度，对应我国的"情感和价值观"。石家庄外国语教育集团就是遵循新课程育人的三个标准来制定我们的育人理念，从人格曲线上来说就是要求学生遵从真理和科学，从治学精神上来说就是鼓励学生探索与创新。

石家庄外国语教育集团是集幼儿园、小学、初中、高中多学段的完全学校。学生年龄跨度大，在不同的发育阶段有不同的心理特点，为达到更好的育人目标，我们制定了不同的培养目标和学习形式。

在幼儿园，学生的学习形式就是游戏加体验。对于幼儿来说，最重要的科学品质是学会观察，所以我们教育的核心就是激发学生探究的兴趣，体验探究的过程，发展初步的探究能力。

针对此目标，我们安排了不同的活动。例如配对钥匙和锁、神奇的溶解、和面和垒积木，让学生通过触觉认识世界，培养孩子的动手能力。由于年龄特点，幼儿的一切知识来源于对自然的接触和感悟，所以我们非常注重让幼儿接近大自然，让他们玩蜻蜓、玩小昆虫，在玩的过程中他们认真观察，对他们来说，一切都是新奇和有趣的。每年6月份，我们在幼儿园也召开科技节，让幼儿学会观察。总之，在幼儿阶段，我们的目标是努力让孩子保持他们的好奇心和强烈的观察欲望。

小学的培养目标是广泛发展兴趣，培养科学意识。我们开设了科学课，例如在课上让学生了解电的现象，利用杠杆原理制作秤等活动。同时我们还带领

孩子走出课堂，参加社会实践活动、参观科技馆等。对于小学阶段的学生，我们的目标是保持他们的好奇心，保持他们全方位发展的科学意识。

中学的培养目标是重视科学研究的方法和实践创新能力的培养。和幼儿园、小学相比，中学增加了专门的物理、化学、生物学科的教学，在对学生科学素养的培养上，我们注重占领课堂教学主阵地，改变以往的教育模式，构建符合学科本质特点的课堂教学模式。在中国，中学理科教学的弊端是显而易见的，就是理论和实际脱离，造成这种现象的原因实际上是教学模式的问题，为此我们做了一些探索。

首先从学科特点来说，理、化、生是实验学科，学科的教学应该是靠大量的实验来支撑，但我国理科教学是课堂教学与实验操作相分离，国外理科教学与实验是一体的。从某种意义上来说，没有实验的物理课，不算真正的物理课，只会解题不会实验的物理老师不算合格的物理老师。这种分离直接带来的弊端是教学和实验不同步，不利于学生对知识获得过程的体验，不利于学生科学素养的养成。

从我国新课标的要求和教材来看，加大了实验的比重，并且绝大多数章节是从探究实验引入的，可以说每一节课的课堂教学都离不开实验。

我们对理科课堂教学的改革，包括数学、物理、化学、生物，涵盖了初中、高中，初衷就是构建符合学科本质特点的课堂教学模式，恢复实验学科的本来面目——知识的获得"从实践中来"，知识的应用要"到实践中去"。具体说就是抓好课堂教学中知识的"传授"和"应用"两个环节。在知识的传授中改变以往单纯的老师讲授，变为教师讲解与学生实验有机同步，注重学生知识获得过程体验；在知识的应用中，改变以往单一的文字题目练习，变为多指向知识应用和多维度能力培养。

在知识传授环节中，为了保证学生知识获得过程的体验和科学方法的养成，在知识传授环节上我们做到了教师的讲解和学生的实验有机同步，为此我们不光在教学的理念上，更在硬件建设上做了努力，建立了集教师授课、学生实验、学生创新实践活动于一体的专业教室，基本上取消了功能单一的实验室。在专业教室，学生可以做实验，老师可以授课，学生还可利用课余时间做科学创新和制作，让专业教室变成学生多视角感受知识的场所。专业教室的创建，为构建符合实验学科本质特点的课堂教学提供了物质保障和支撑。

以往的理科教学认为知识应用就是单一的文字性练习，这就造成了理科教学理论和实践相脱离。但我们认为知识应用应该改变单一的文字题目的练习，变为多指向的知识应用、多维度的能力培养。

第一，要让学生学会用所学知识解释生活现象。例如：不倒翁为什么不倒。实际上这个问题就是讲完重心之后的一个应用，只要这个不倒翁下边弧面的区域半径大于它和地面接触点的球面半径，它就不会倒，就好像一个鸡蛋竖在桌面上，因为和桌面接触的躯体半径小于接触点的球面半径，它就必然倒下。学生通过分析和比较，对这个重力的作用线和作用点也有了新的认识。

第二，让学生学完理论以后，要鼓励学生不光能解释现象，还能够自己来创造新的玩具，就是理论延伸下的创新设计。例如我们的学生制作了集望远镜和显微镜为一体的玩具，他利用两个粗细不同的纸筒，两端分别安装透镜，套在一起后调节两个透镜的距离，同时利用了望远镜和显微镜的原理。还自制了针孔相机观察小孔成像，效果都很好。

第三，利用实验或相关视频让学生验证文字题目。例如磁铁穿过铜管下降速度会变慢这个现象，在高考和竞赛中以文字题广泛出现，学生做题时往往通过复杂的推理和论证，能够推出进入排斥离开吸引这个理论，但他们心里可能并不相信。"纸上得来终觉浅，绝知此事要躬行。"如果老师们能利用科学实验视频教学，让学生来解释这个现象，他们的兴趣就能够更容易被调动起来。

第四，在知识应用上，可以对科学报道的现象进行深层的分析，科学报道往往是现象的一个描述，它并没有深层分析。老师可以采集视频，在理论上来分析它，引导学生养成科学分析问题的一个习惯。

第五，引导学生分析生活当中理论和实际偏差的原因。生活中大家都说握紧一根绳，两端用力，内部的张力处处相同，事实上一旦运动起来它是不同的。原因在哪里？实际上课的时候，教材有一个词"轻绳"，这个轻很关键，轻就代表着不考虑质量，而实际上绳是有质量的，它运动的时候，各部分实际上都要消耗一定的力，所以从首端到尾端，内部的张力是逐渐减小的。这样帮助学生把理论的结果和实际的情况偏差分析出来，也很重要。

第六，引导学生探索未知世界的深奥广博。

总之，在物理、化学、生物的课堂教学中，我们首先通过教师和学生讲解与实验的有机同步，使学生对定理、定律有更多的认识，然后在知识的应用上，我们注重这样六个方面的维度培养，根据课型不同进行调整。

另外根据中学学生的心理特点，我们也创设了大量的课外实践活动和创新活动，开展科技节等。针对新建的课堂教学模式，除构建新的教学模式以外，还针对中学生开发了大量的校本课程，组织了丰富的科技创新活动。比如说高中的数控技术，初中的机器人科学、初中的器械加工、初中的科学种植，航模科技，高中的电子控制技术等。从幼儿园到小学、初中和高中，学校统一把每年6月定成一个科技月,开展科技节,创设了多种形式的活动,进行评比和奖励。很多学生除了学校有实验室以外,还自己创设了家庭实验室进行科学和研究。

石家庄外国语教育集团是集幼儿园、小学、初中、高中为一体的多学段完全学校。由于我们在人才的培养上,坚持了"不同学段,不同侧重,目标逐级提高,理念一以贯之"这样的育人策略,使得学生随着年龄学段的增长,在科学素养的养成上得到了传承性的提高,使得从我们这里走出去的学生,在科学素养上受到了系统的全面的教育,为他们的未来发展打下了坚实的基础。

艺术和设计课——增长科学知识

索菲·索德

（瑞典　艾瑞克达斯学校科学教师）

在瑞典，科学融合了生物科技、物理、化学和技术四大方面内容。每一门学科都是一门独立的课程，我们将以上四个学科综合到一起，从而形成一个一体化的教育课程。

瑞典的生物科学分为"自然与社会""人体与健康""生物学与世界观"及"工作方法"四部分。在我们学校，一些学生研究人体生物学，并针对该学科完成某些任务；在生物学和世界观方面，学生的学习方式亦是多样的，他们既能够从事某些艺术创造，也可以看生物学相关的电影。在具体操作方面，艺术老师和科学老师会互相合作，共同教授每班25~30名学生。我将生物这一大学科分为几个不同的方面来介绍。

而教授物理知识旨在帮助学生运用这些知识，对信息、环境、社会等问题进行信息交流，在未来进行系统的物理研究，运用物理学的概念、模型和理论，来描述和解释自然界与社会的物理关系。

学生学习化学知识能够帮助他们检验信息，交流和讨论有关能源、环境、健康和社会的问题，在未来开展针对化学的系统研究，或者运用化学的概念、模型和理论来描述和解释社会、自然和人之间的化学关系。

对于技术而言，它为问题提供解决方法，具体可分为技术解决方案，开发技术解决方案的工作方法，技术、人、社会与环境几大板块。在我校，我们首先要有一个问题，随后尝试解决它。比如，用一堆火柴棍来搭建一座桥，要想找出这个技术的解决方案，就需要既包含操作技术、合作方法，又包含关于科技、人类、环境和社会的一些话题的训练。

我校一向重视艺术教育，在教学过程中，我校通常由两名教师借助电脑、iPad等辅助工具，引导学生探寻问题的解决办法，这种方法可能会对整个社会产生影响。不论用脑、动手还是记录都是学习能力的体现，因此针对环境，我们会启发孩子手脑并用。通过动手操作，表达其对科技和知识的掌握理解，将新的发现通过文字或其他形式记录下来。我们既可以通过笔试的方式去测试孩子，亦可通过孩子的展示，了解他们对知识的掌握程度，展示形式可以是视频、模型、图画、文字等等。

　　瑞典提倡学生进行户外活动，作为瑞典首都，斯德哥尔摩有许多树木和公园，我们鼓励学生坐车到真正的森林中去，利用自然环境激发学生，而非仅仅停留在谈论环境的层面。当学生真正融入自然之中，切实体会到自然对他的影响之后，他就会主动想办法，如何去解决环境问题，保护自然。

　　另外，我校有一艘大船，我们会将一大堆雪放进船里，将一部分雪搬到教室，另一部分雪搬到城市，对比在上述两个地点雪融化的结果有何不同，学生通过观察能够看出城市污染更为严重。我们也会带学生实地参观一些养殖场，让学生真正了解到实际的自然生物。

　　学生应当成为知识的主人，首先应当做到"明义第一"，了解自己正在做什么，为何需要拥有这些知识，该知识与他本人有怎样的关系，如何将知识应用到日后的生活中去，如何从知识当中获益。学生可以使用不同的颜色区分自己的目标，我们希望他们能够达成什么样的目标，为什么要达成这些目标，以及目标同他们有哪些关系。这一评价形式与形成性的评估十分相关，我们经常使用形成性评价。比如，利用便利贴进行评价，给每一个学生一个便利贴，在一节课结束的时候可以让学生回答本节课的问题，学生用不同颜色的便利贴记录对问题的掌握情况。如果学生了解这个问题，他会用绿色的卡片来标记；如果学生有点犹豫该问题的答案，就用黄色便利贴标记；如果学生确实根本没有理解这个问题，就用红色便利贴，教师通过这种反馈，在下一节课就知道如何关注不同的学生。我们不仅可以利用便利贴，表格、图形、报告等方式也都可以得到利用。我并不在意学生犯错误，但更希望每一名同学都能够参与到讨论之中，而非每次都需老师点名，学生才肯回答问题。

　　时间极其重要，师生合作、教师合作均需要为彼此留出充分的时间，才可确保彼此工作顺利完成，通力合作，铸就不凡。

构建本土化的学生科学素养综合测评体系

——兼介绍"北京市中小学生科学素养调查"项目

郭元婕

（中国　教育科学研究院教育理论研究中心副研究员）

"构建本土化的学生科学素养综合测评体系"是我们目前正在研究的一个课题。作为一个国家，一定会有对整个教育质量把控的需求，作为一名校长，同样存在这样的问题，二者的共同目标就是培养学生的科学素养。

现在在国际上具有很高地位的科学素养测评体系是 PISA。这并不是因为 PISA 的科学性很强或者理念很先进，而是因为用它可以做国际比较。在进行个案比较和综合性评价比较的过程中，除了成绩和国际排名外，中学校长更关注的是这个国际测试会给我们反馈如何改进教学，科学教育发展到了什么程度，还存在哪些问题。而 PISA 并不适用于中国，它对于中国学生而言过于简单，没有很好的区分度。中国学生动手能力弱、创新能力不足和想象力缺乏等问题，在 PISA 测试中得不到充分反馈。

我们传统用于科学素养的测评工具只有纸笔这单一的形式，科学是一个实践性很强的领域，这种缺乏动手能力的单一方式远远不能适应教育水平的发展。

在世界科学教育改革过程中，各个国家的教育课程不一样，改革的方向也有所不同，对科学素养的内涵还不能够达成一致，原因有二：一是它的内涵不清楚，每个人对此有不同解读；二是这个概念本身就是开放性的概念。科学本身在发展，科学素养的内涵也是在不断发展的。

现在课程要改革，教学要改革，评价要改革，国家的教育要进行综合改革。现在基础教育阶段增加了科学课，并在分学科的基础上综合，这就需要有与之相配套的测评体系，我们每个校长也希望对自己的科学教育进行诊断。

在国际教育科学改革的过程中，对科学素养的理解出现了很多概念：一是以知识为基础，二是以能力为导向，三是以胜任工作来评价。首先我们应该弄清楚这些概念之间的关系。例如，知识和能力之间究竟是什么关系？是怎样的配比过程？在做测评的时候，或者说在为学生进行诊断的时候，究竟应该关注哪些维度、哪些指标、哪些方面？我们了解学生的科学素养不是目的，最重要的是能够促进学生科学素养的形成。

科学素养处于什么地位呢？在学术领域出现了核心概念说、基础概念说、通用概念说。我们必须对它们有一个清晰的理解和界定。如果认为是核心概念，那么它就像一个果核，能够生长出其他东西来，你只要给它土壤就可以了；如果是基础，那么就像一层层盖房子，像金字塔一层层堆上去；如果是通用概念，这个概念不仅适用于科学领域，也适用于其他领域。那么科学究竟应该教给孩子什么？我们要理清这个模型中的一些基础概念。看PISA的调查，它似乎把这个弄得很清楚，比如说这些是科学的知识，这部分是关于科学的知识，而这部分是能力。那么知识和能力之间是什么关系？什么时候算知识？什么时候算能力？如果想构建一个泾渭分明的构架，两者之间是不能有交叉的。但事实上，这在理论上是存在的。换句话说，在构建科学素养模型的时候，我们应该考虑的并不完全是维度不要交叉，而是应该考虑从哪个角度来看科学素养，学生应该形成什么样的科学素养。

由于国家教育形势和科学界在科学素养及其测试方式还存在一些问题，我们接受中国科协的委托，进行《我国未成年人科学素养调查指标体系的研制》（2006年委托）和北京市教委的委托进行《北京市中小学生科学素养调查》（2013年第一次委托，2014年第二次委托，2015年第三次委托），来了解北京市中小学生科学素养现状与发展动态，分析校内外影响中小学生科学素养的相关因素，探索中小学生科学素养基本结构、发展脉络和基础教育阶段科技创新人才培养的规律，拓展纸笔评价的功能，开发新的评价方式和评价领域，研发适用于本土、适用于北京市的中小学生科学素养测评工具，为后续常态监测和"基准"的研发奠定基础。

项目任务就是开发"中小学生科学素养"调查工具，开发"中小学生科学素养"影响因素调查工具，探索科学素养内涵、结构和形成机制，探索学生科学素养培养的规律，组织实施相关调查，并形成调查报告和政策咨询报告以及数据库。

那么什么是科学素养呢？在我们的模型构建中可能包括所有的方面，例如知识、能力、方法、态度以及对科学的理解等等，是从不同的角度看科学。人们经常说老师不能只是给学生很多知识，而不注重他们的能力，这句话本身来说是一个悖论，在逻辑上是欠佳的。如果一个人没有知识，哪来的能力呢？如果在解决问题的时候，展示出了很强的能力，却没知识，这又怎么可能呢？所以什么是知识、什么是能力，我们应该关注它的源与流的问题。

让学生形成一定水平的科学素养，我们要看到外围的科学领域，例如科学与艺术的关系。如果大家去过英国博物馆的话，会看到一个很特殊的画展，用针在纸上扎出来了一个立体的阳光透视图。在这幅图中用了很多物理学知识。所以有些人说科学是人文的孩子，人文孕育了科学；从欧洲整个科学史看，科学像一棵大树，而人文像一棵藤，树长得有多高，藤就会爬得有多高，它们之间总是交织在一起。

那么科学与艺术之间的交叠在哪儿？或许是在美感方面。科学与艺术之间有关联。如果我们想让学生真正了解科学，可以提示学生去思考这些联系。所以在选择评价工具的过程中我们就要考虑，究竟要学生和老师得到什么？我们的评价工具并不要完全知道学生科学知识掌握到什么程度，而是应该去关注哪些方面的科学，或者还没有关注到哪些方面。

科学与数学之间是什么关系呢？在科学的发展中给数学提了很多命题，如果步入数学研究，就会发现自己缺乏前瞻性研究、提出问题的能力。因为需要数学作为工具应用的时候，它实际上是需要现实给它提出命题的，而提出命题最多的领域就是科学。

如何构建科学素养？从科学与阅读的角度怎么看科学呢？这也是我们在整个科学素养测评体系开发的过程中所要考虑的问题。例如有报道说，84岁的爱迪生有两千多项发明，其中1000多项获得专利。学生要有批判性思维的能力，能够判断出这是一篇不符合实际的伪报道。科学素养锻炼学生的是判断是非、明辨善恶的能力。

科学探索中什么最重要？那就是活着记录实验结果。富兰克林做风筝实验，之后的两个人做实验被雷击中而死掉了。所以我们在科学教学过程中，不仅教孩子去探索和认知，还应该教会孩子自我保护和认识科学的方式、方法。

我们的科学素养测评体系，是以学生为中心的，学生是分年级的，有小学的、初中的和高中的。这是调查结构图如下：

测评工具既有纸笔的测试,也有实验操作的测试。我们了解状况只是第一步,更重要的是了解学生科学素养如何形成,哪些因素对它造成了干扰,哪些因素对它有积极的作用,我们应该从哪一步进行改革。

测评小组经过学习国际中学生科学素养评价的经验,两年来多次研讨,决定从物理、化学、生物和地理四个学科知识综合的角度,把学生在日常生活、生产建设中涉及的科学素养问题分专题进行调查测试,并考虑到初中、高中学生的知识水平和认知能力的差异,命制不同认知水平的试题。科学素养调查问卷试题初中卷,面对的调查对象是初二年级学生。涉及的调查内容有:专题一,生命之源,有5个问题;专题二,环境污染,有4个问题;专题三,洗手产品,有4个问题;专题四,选购食品,有3个问题;专题五,旅行知识,有4个问题;专题六,面对危险,有6个问题;专题七,汽车常识,有5个问题;专题八,试图标值,有2个问题;专题九,综合决断,有4个问题。

高中卷,面对的调查对象是高二年级学生。涉及到的调查内容有:专题一,生命之源,有5个问题;专题二,环境污染,有7个问题;专题三,洗手产品,有4个问题;专题四,转基因生物,有2个问题;专题五,旅行知识,有3个问题;专题六,面对危险,有11个问题;专题七,汽车常识,有8个问题;专题八,试图标值,有2个问题;专题九,保暖用品,有4个问题;专题十,电与磁,有2个问题;专题十一,评价新药,有2个问题;专题十二,综合决断,有8个问题。

下面是我们测试的一个试卷例子:

北京市中学生科学素养测试题
（初中1）双向细目表

- **一、如何检测洗手产品的除菌效果**

问题1：

类型	□单项选择题　■多项选择题　□封闭式简答题　□开放式问答题
应用	■健康　□自然　□环境　□灾害　□科学与技术　□生活 □其他_____（填写）
难度	□容易　□比较容易　□适中　■较难　□很难（估测）
适用	■7年级　■8年级　■9年级　□10年级　□11年级　□12年级
背景	■个人的（家庭和同伴团体）；□地方的（社区、群体）；□国家的（国家的科技、军事、经济和政治发展）；□全球性的问题（世界生活）
领域	□物质系统　■生命系统　□地球与太空系统　□科技系统
学科	□物理　□化学　■生物　□自然地理　□工程与技术
知识	□1.内容知识：■事实知识　□概念知识　□规律知识和□原理知识 □2.历程知识：对科学事实、概念、规律和原理发展的过程的认识与理解。
核心知识	1.__设计对照实验的原则之一是设置对照组和实验组__；2.__设置重复组，减少偶然性的误差__；
方法	■1.探索路径：归纳法、演绎法、比较法、实验法、试错法、计算法和统计法等 □2.路径合理性分析：证实法、证伪法
能力	□1.发现科学问题的能力（说明：在现实的现象中，该年龄段中小学生应该或者可以发现的科学方面的问题） ■2.解决科学问题的能力 （1）□获取证据（□搜集和获取信息的能力；■实验方案设计的能力）； （2）□科学解释问题（□分析、解释和处理数据的能力；□建构和使用模型的能力；□用科学原理、理论和规律来解释相关问题；□表达与交流；□动手能力）
态度	□1.不封建迷信 □2.科学的生活方式与习惯 □3.对科学和技术的兴趣、好奇心、动机 ■4.重视探究的科学方法（PISA） □5.对环境问题的感知和意识（PISA：对人类的终极关怀） □6.质疑与批判的精神 □7.锲而不舍、持之以恒的精神
理解	■1.对科学本质的认识 □2.科学与其他领域的相互关系的认识 □3.科学的价值与局限 □4.科技伦理与科技道德
说明	
区分度	试测后才能够通过统计得出

评价工具如下：

科学素养调查	评价工具
依据	1. 模型："多元科学素养动态模型" 1 个 2. 指标体系：《北京市中小学生科学素养调查指标体系》1 套
纸笔问答测试	3. 问卷 3 套；结构与分析框架 3 个
实践操作测试	4. 问卷（视频、仪器设备、材料等）3 套；测评方案 1 套；结构与分析框架 3 个
影响因素	工 具
网论填报调查	5. 问卷 5 套；框架 3 个；一个网络平台

子项目设计如下：

科学素养模型及调查指标体系的设计
科学素养纸笔测评（分学段）
北京市中小学生科学实践操作测评
北京市中小学生科学信息素养的调查
北京市中小学生科学素养调查抽样框架的设计及数据收集、整理与分析
北京市中小学生科学素养发展的跟踪研究
学生科学素养评价的国际与比较研究
北京市中小学生科学情感、态度、价值观的调查

项目开发方式为专家引领，行动研究：1. 顶天立地：顶级专家＋科研人员＋一线教育教学人员；2. 项目组采用"研究—培训—开发—使用—提升"一体化的推进方式；3. 以项目实验区（单位）为依托，联合开发调查工具并进行数次试测。保障调查接地气，适用于北京市。本次评价工具经过了相关专家的鉴定，成系列、成系统。

调查项目的评价理念是综合评价与个性评价相结合，整体培养与综合评价相结合，多元评价与动态评价相结合，研究探索与服务实践相结合，纸笔测评与实操测试相结合。

原则是面向未来，体现社会发展对学生科学素养的新要求；调查指向学生，立足于学生自主提升科学素养的内需求；调查服务教育，促进北京市中小学科学教育的领先发展。

所有的调查都会有它的模型，还有指标体系。开发的每一套调查工具，每个工具的功能并不完全一致，有交叉也有不同。几个工具叠加起来，既可以做终结性的评价，也可以对学生发展的方向进行评价；既可以做横向的对比，也可以做纵向的对比。

世间事，做于细，成于严，从最底层做起，把它做到最精细，这样我们才会有所成就。

中学教育带给我的十个启示

杰尼夫·布兰德

（美国　迪福莱特学区教师）

我非常喜欢的一位深夜谈话节目主持人时常会把最近发生的十大热点事件进行述评，并把它称为十大杰出事件。受此启发，我也把这种十大事件应用到我的教学当中，教给学生们在课堂上应该学到的首要十件事是什么。而本文要介绍的就是我在教学中所总结的十件事，并希望能够引起一些共鸣，给大家以启发和感悟。

第一，我们的教学并不仅仅是在教授科学。我是一名科学教师，教给学生们有关科学的重要知识，但有一点也引发了我的思考。我的教室每天都要走进126个学生，他们或许有着不同的成长环境、不同的能力水平和不同的学习需求。他们每天来到教室，期待学到一些科学常识和自然法则，但他们不知道应该如何学习，不知道每天学习之前应该做好准备，甚至不知道如何与别人交流，所以我格外注重他们这些方面能力的培养。首先，让他们知道不仅对于科学的学习，更要对所有事都做好准备。同时，课堂上的每个学生都要具备公众演讲的能力，演讲时必须声音清晰洪亮且充满自信，和同学和我都要有眼神交流，这些能力对于一个人是极其重要的。不仅如此，每天我都要得到他们这些学习能力成果的反馈，每天都说早上好、握手，同时还会教给他们如何跟别人握手，如握手时一定要有力、热情，这样才可以给别人留下好的印象。

第二，学生应该积极主动地学习。教师应该让学生感到自己才是学习的主人。一个很简单的方法就是在学生学习之前，老师首先进行15分钟的背景介绍，之后学生们开始自我讨论，自己把控学习时间和效率。作为一名教师，我也曾站在讲台上长时间讲课，然而这对于教师来说负担极重。但如果让学生主动学习的话，教师只需要随时回答学生提出的问题就可以，同时这种方法的效果要比管束型教学好得多。教师的工作之一就是保证学生有机会尝试多种不同的学习方法，并以此来保持课堂不会枯燥，因此我把我的教学方式进行了调整。

我采取了以项目为基础的教学方式，通过组建学习小组，鼓励他们独立自主地进行学习研究和探索，通过一系列有趣多变的教学方式，给学生们提供机会，让他们学会如何相互交流和合作，切身感受到自己才是学习的主人。

第三，教师给学生布置的应该是练习而不是家庭作业。家庭作业并不是一种好的教学方法，它虽然可以起到一定作用，如教会学生自律，有组织地安排学习，但是在提高学生能力方面，家庭作业难以起到作用。打个比方，我们的课堂就像是一片湖，最终目标是让学生游到对岸，那么有些学生就会需要救生衣、救生圈，有些则需要其他辅助才能获得成功。而我们留家庭作业的初衷，是认为布置了家庭作业后，所有的孩子都会下了船马上去游泳，但是事实情况可能并非如此。有些人会在水里游泳，而有些人并不会游泳，只是在河里趟水并希望有人来救他们。我并不想让我的学生成为后者，为自己的学习方向感到困惑，我希望他们目标明确，有学习的方向和计划。现在我的课堂中就从来不留家庭作业，而是给他们提供很多练习的机会并随时给予帮助。相反，如果我选择的是留大量的家庭作业给他们，那么当他们遇到问题时，我就难以及时出现并提供帮助。

第四，多种多样的学生评估方法。对于学生的学习表现，我们可以通过很多方法进行评估，例如可以进行期末考试、参加国家或者州的考试，也可以在每堂课后或是每天进行一个小测试，来检验一下学生学到的知识。

而我认为课堂前的测试最值得推行。通过它，首先教师可以了解到学生对于课程内容的认知水平；其次，课前的测试还可以帮助学生们预习教师即将教授的课堂知识，很多时候学生对教师将要讲的知识和概念从来没有了解过，那么课前测试就成为了一种很好的预热；再次，它还可以让学生了解一些概况和概念，提供一个大纲和整体框架。总之，通过课堂测试，教师可以了解学生们的整体知识水平，并以此为根据，在之后的讲课环节中更有重点地传授知识，让整个知识的传授过程更加清晰合理、有条不紊。

我比较欣赏的第二种评估方式就是形成性评价。以我自己的孩子为例，他在花园里玩的时候，我曾在花园中做了一个实验来帮助他学习和认识植物种植。就是通过种植和观察植物成长后的高低大小，训练孩子比较的能力。在实验过程中，我会让孩子亲手去实践一些事情，例如让孩子亲自种植物，让他自己判断不同植物所需的水量和肥量，这种植物是否需要更多的护理等等。如此一来，孩子们就可以在实践中注意到种植过程的细节。然后我通过一些不定期的评估和总结性评价来确定孩子的学习能力提高了多少，如一周做三到四次的形成性评价，最后一个周六进行一个总结性的评价等。

我相信这两种学生评估的方法都是值得借鉴和学习的。

第五，身体体能的活动也尤为重要。对于一个孩子来讲，身体动起来是极为重要的。美国有17%的青年人是我们所谓的"内向型青年"，即不擅长或不喜欢与他人交流。所以作为一名教师，我希望每个人都应该在日常生活中注重身体上的锻炼，这对于他们是有极大帮助的。通过身体的活动，他们可以提高注意力并以此获得更高的效率和更好的效果。而体能锻炼的方法其实并不难，有一个很简单的方法是我从一个幼儿教师那里学来的。他为孩子制定了一个动物模仿游戏，三种动物互为胜负，即蚊子可以战胜熊，熊战胜鱼，而鱼又战胜蚊子。游戏中包括三个不同的动作——蚊子，就必须发出吱吱的声音；熊，就要发出熊的吼声；鱼就要做出游水的动作。通过这个游戏，孩子们便可以以一种更为简单的方式进行身体活动和锻炼。

第六，目标相同并不意味着方式也要相同。有这样一幅漫画，是关于不同动物爬上树顶的比赛。尽管它们的最终目标都是要爬上树顶，但事实上，这个目标对于一部分动物是很困难的。所以从教学法的角度来讲，教师应该在保证目标相同的前提下，通过不同的方式来让过程保持相对公平，并发挥不同角色的特长。比如最擅长爬树的猴子，它达到爬上树顶的目标是最容易的，但同时学习到的东西也是最少的。如果我们让猴子直接爬上树顶，那就会导致对猴子和其他动物的多重不公平，因此，教师的责任就是要给它规定不同的考核途径，例如让它爬不同种类的树。大象也是如此，既然它爬上树顶是极为困难的，教师就应该减少它的困难，例如给它提供一个楼梯，让它一步步走上去。再比如鲸鱼，既然它无法爬上树甚至无法上岸，我们就应该想出一个合理的方案让它达成目标，如从附近的湖抽一些水，然后让它通过水底的俯冲爬上树顶。当然这些仅仅是构想，具体实践有待考证，但它们所表达出的一个核心观点，即是作为教师，要最大限度地发挥人的特长并适度地更改方法来让学生最大化受益。

第七，科技可以为一堂课锦上添花，但是没有科技的帮助并不意味着一堂课一定不会出彩。随着科学技术和网络媒体的发展，学生已经渐渐与网络连为一体，甚至通信都变成了可视电话，同时社交媒体也如此发达，很多时候学生已经不再会把这些科技真正应用到学习上。所以我们说，某些情况下，科技对于课堂反而会产生反作用。当然我并不是一味地否定科技对于学习的作用，我们是通过网站或者软件来辅助自己教学的，例如我所知道的一个地球周刊网站，它可以传递给读者诸如地球的高低温区域等相关知识，通过它，学生们也可以看到何时何地出现了何种自然现象。类似于这样的开放性网络资源，可以让学生自主地探索知识，并和同龄人讨论问题。如果不用科技手段呢？比如说一堂关于地震的课程，我们可以通过摇晃桌子产生地震波，引导学生自发地思考我们应该如何建造和设计一个可以抗震的建筑，由此可见，诸如此类的方法也可以让这些学生打下牢固的知识基础。总而言之，科技的确是极为重要的，但无论如何，它不能代替一个人亲自动手和体验这种经历。

第八，用一个关键词来概括，那就是协作。协作的关键之一在于不同个体间的多样性。举个不太恰当的例子，如果一个人被放在一座孤岛上，只有一种单一食物即昆虫可以食用，那他就无法保证自己体内营养的均衡和可持续，为了生存，他就不得不去找更多种类的可吃的东西。在学校也是如此，区别在于通过学校的大环境我们可以尽情分享彼此间的多样性，可以是不同的人生经历，也可以是不同观点和特长，通过这种多样化的协作，我们可以取长补短，并达到个体难以达到的目标。

第九，我想就是热情。无论是对于一个人、一种职业甚至你要表述的内容，我们都应该对它充满热情，教师尤其如此。如果教师自己都对自己想要传达的知识缺少热情不感兴趣，又怎么能做到让接受它的学生感兴趣呢？当教师把教学激情带到教室里面，真诚地传授知识的时候，学生就可以真切地感受到这一点，并且愿意去学习教师所传授的知识。所以教师必须从自己的教学内容里面找到至少自己认为有趣的部分，这是让学生感兴趣的一个大前提。此外我们还应思考自己对于这个职业的激情，即成为教师是为了什么。教师通过对学生们的教育，让他们知道自己生活在一个多么奇妙的世界里。每一天当我有些倦怠的时候，我就会重新想到这个理念，以保持这种职业热情。

最后也是最为重要的：我们所做的一切都是为了学生。作为教师，最重要的目标就是要让每个孩子都知道该怎样去提问，怎样找到解决问题的答案，怎么发挥出自己的创造力。这种种的一切都是需要教师一步步引导和传递给学生的，我们必须确保每一个走进课堂的孩子都能够满载而归。

总而言之，作为教师，我们对每一个孩子的生活甚至生命都将起着关键性作用。

将卓越教学提高一个层次：生物科技和工程

迈克·托马逊

（美国 美国黑格里学区学监）

曾经有一个教授问我："迈克，当你长大之后，想成为什么样的人？"我说我想成为一位历史教师，因为在历史中有战争、有爱情、有激情，还有智慧。他看着我，眼神非常深邃。然后他说："很糟糕你的发型好像不对，你将来肯定会成为一个科学家。"

爱因斯坦曾说："创新需要智慧，同时也充满乐趣。"我先介绍我们的高中实验室和科学教学。我们主要会讲授概念、定律，还有物理、生物学的流程及科学探知和推理的方法，以及怎么把科学知识应用到日常生活中，还有科技发展对社会环境的影响。我们会做科学课程的改革更新，使其和大学课程相衔接，但是对于一些不想上大学的同学，他们也能够学习到有用的科学知识。

基于这样的原则，最重要的就是要让科学变得有趣。我们对实验室的定义是让学生有机会与物质进行一种直接的互动，或者说用一些数据工具收集的技术模型以及科学理论，和物质世界直接互动。在每一次实验课程中，我们尽量让学生有这样的体验，这是我们实验室的作用。

其实它一共有六个不同的方面，即学生如何来学习科学知识以及一些通用的学习原则，还有学生在里面扮演的角色以及知识发展的过程，我们也需要将实验室进行合理设计，否则就不能达成学习的目标。我们要关注它的内容、实验的过程、时间的长短，还有学生关于实验的一些假设。我们还需要了解教师是怎么去学习和工作的。教师必须要有实验室教学的知识和技能，并为此做好充分的准备，还需要具备专业的开发能力，同时也要有明确的教学目标，并得出实验课明确的学习成果。即使是负面的结果，也是一个学生学习的成果。

还有关于在实验室学习的一些限制，很多学校可能没有非常好的实验室。比如说实验时会产生火或者烟，或者某些化学物质，所以我们必须要有相关的安全设备来保证学生的安全，还要有相关的资金支持。此外，还要有可以参考的标准以及课程大纲。

同时，我们要让学生清楚他们有什么样的目标，比如说高中毕业以后的目标。还有实验室里哪些是和生活经验相关的，是他们以后可以用到的。我们会把大纲进行纵向的和横向的整合，确保学生在不同的年级所学到的知识都是相互贯通融合的。科学的本质包括科学的方法、理论的假设、调研证实，还有跨学科合作和技术。

我们的实验室体验包括：开发出一些科学推理的能力，加强关于科学的主题、对某个物质之类的理解，同时能够更好地了解科学的本质，并且能够在实验过程中改善和提高团队合作能力，使学生们能够不断地积累相关的知识。

如果我们的教学设计能够有明确目标，而且在整个教学过程中能够有一个非常合理有序的安排，学生之间互相合作和讨论，效果会更好一些。而且我们可以通过一些很大的科学数据库来做一些科学的展示、一些现象的分析等等。

我们在课堂上要对科学实验的流程做清晰的指导，教师要有这样的意愿，在实验之前做好充分的准备，保证实验顺利进行。在实验的过程中要求老师有非常充分的科学知识的储备，而且能够有能力去设计、去管理实验流程。

实验之前的一些调查还有之后的一些总结，也取决于教师在实验室的经验。其实，在实验室上课和在普通教室上课不一样，在普通教室上课的时候，要首先把实验室目标、流程等做好充分的讲解。在实验室上课，如果想要成功，还需要有相关的材料，能够支持教师的讲解。这样学校的管理者就变得很重要，他需要很好的标准来确保整个过程的安全合规。

此外，我们还需要确保教师能够有充分的时间来进行准备。实验室的体验成本是很高的。整个实验室的设计，空间上必须保证灵活的可操作性。我们的实验室有很多特点，既包含了传统的实验室的特征，还能适应未来的实验。在美国，每一平方米实验室耗资 250 美元，不仅仅是设备，还有相关耗材的成本，很多安全设施都需要很多资金。

我们的实验室不仅要有合适的设备，并且需要有经验的人来进行教学。如果我们要进行良好教学，必须要有正确运营实验室的经验。在做实验的时候，保证学生的安全是非常重要的，所以我们会制定一些科学的方案来保证学生的安全。现在我给大家介绍一下我们区关于实验室的经验。

我们有 1500 个 CTE 学生，有 134 人加入黑格高中的工程学院，141 人加入生物科学当中。我们要打造一个拥有丰富经验和超强能力的教学团队，这样的话就能够保证符合国家标准，也可以发展大学及其学生的素质。现在在两个高中当中，我们都大力推进生物科学和生物的教育。在小学、中学和大学，我们能提供这些生物科学和工程方面的学分。这样的话就能够在工程和生物科学方面进行一些前期教育。我们有一个前期项目，提供一些工程学术方面的认证，学生可以获得认证。我们所有的计划都要确保能够让大学的学生获得正确的引导和学习技能的能力。我们和很多组织合作，这也意味着，学生不仅有机会在课堂学习，而且有机会在俱乐部和其他组织，利用课外时间参加活动。这样学生可以体验真实的竞争，为将来的社会学习做更加成熟的准备。

这些学生可以获得生物科学的一些学分。比如说我们有一些专业实验室，来让这些学生做一些科学推理，发展他们的观察技能，增强对他们的科学培养力度。我们有 16、17、18 岁三个年龄段的学生，在其他大学，这些年龄段的学生还没有进行科学实验的学习，所以我们亚利桑那州做的是比较领先的。

作为我们研究项目，我们有两个力量，一个是一年级，一个是二年级的培训项目。在一、二年级参加这些培训项目的，可以得到大学的九个学分。我们还有工程方面的教学，在这里学生们可以学习提出问题的方式，用数学的方式进行思考，也可以进行产品设计。我们的工程教学方面，这些学生的设计能力和思考能力将大幅提高，他们可以使用 3D 技术来进行设计，也可以研究高数、风力涡轮发电机。我们的风力涡轮发电机的速度可以达到每小时 60 英里，发出的电可以让学生观察。学生可以观察这些新的涡轮风机，来开发出新的工程方面的标准。

在工程计划课程中，学生在高中就可以获得十二个大学的学分，这样就使高中所做的一些工作在大学里得到延伸。十二年级的学生就可以提前接触到这些教育。现在在全州范围内的教育，高中毕业率达到 75%，这些 CTE 方面的学生达到了 84%，我们现在有 57% 的亚利桑那 CTE 教学项目是和大学合作的。

我们在 CTE 方面参与的情况，比那些没有 CTE 计划的参与者的参与率高很多。我们有两个到三个阶段的培训项目，学生要达到要求的学分才能够毕业。现在每两节课之间就会有一个 CTE 的课程，这样的话就能减少学生辍学的风险。CTE 的学生更有可能比非 CTE 学生发展出更高的技能来解决问题，他们能够在将来的发展中获得更大的成功。

芬兰教育优势及特点

李 栋

(芬兰 芬中教育协会执行副主席)

非常荣幸受邀来到这里。本次大会很多报告都是基于阅读和科学素养,有些通过微观角度的一些课,包括涉及一个学校的特点,怎么来上,怎么来组织,以及一些校本课程。

众所周知,芬兰教育从科学素养、阅读来讲,一直在全球处于前列,特别是近十几年来,每次包括频道测试等其他方面的测试,芬兰一直名列前茅。本文从国家的层面,结合它的教育特点和优势,谈一谈为何芬兰能取得这样的成绩。

我国从2000年教改,学习的就是芬兰模式。一是它的体制跟咱们国家非常类似,芬兰的学校全部为雇佣制学校;二是中央集权,完全沿用了原来苏联的模式。

为何相似模式下,芬兰创造出了如此优质的教育成果呢?

芬兰的总体情况是班容量小,这是基于国情。另外芬兰一直是特别重视教育,这其中有"二战"导致的战后贫乏等历史原因。它怎么能在几十年内这么发达?在联合国,他们的总统讲过这一秘密,第一是教育,第二是教育,第三还是教育。所以芬兰是从20世纪70年代开始真正地搞教育改革,1985年实行了做中学的课程,现在我国正在大力推崇的,包括开发学校的课程,怎么把国家课程变成学校的校本课程,在这方面芬兰一直做得非常好。它的投入,大家可以看出来,在世界各国里边是比较靠前的,这是它的教育体制。

芬兰是二元制的国家,学习的是德国,但是它学过来之后,确实发扬光大了。现在二元体制国家里边,做得最好的尤其是职业教育,在世界上也是遥遥领先。我国教育部职教司的几位领导,到我们那里去过多少次,当他们看到芬兰的职业教育的时候,他们十分震惊,芬兰一个校办工厂能够有一个阀门厂,只有130个人,70个学生,产值全球排第一。咱们国家鸟巢下面用的排水管道,所有的核心技术，那些阀门都是用的芬兰的，就是这家校办工厂的。这样的校办工厂能够达到这种程度的，在世界上也没多少个。

另外，芬兰为学生提供实践基地。国内的高考，好多学生报志愿，实际上是听老师的、听家长的。而现在科学技术包括信息，它的量是非常大的。在芬兰，初中毕业之后，当一个学生找不到方向的时候，可以进入实践基地。学生从小学，甚至幼儿园，就开始在培养孩子的兴趣。

我的女儿现在也开始上高中，当她选择什么高中，包括未来上什么学，她自己已经找到了自己的兴趣。所以当学生找不到方向的时候，它有一个实践基地，会给他个机会，在里边琴棋书画、骑马射箭什么都学。在北欧国家，不光是芬兰，都是这样，在挪威有76所这种学校。

这是芬兰的成绩排名，大家可以看到2009年以前，芬兰一直排第一，现在上海比它要高。就是从测试角度，大家可以看到，它的阅读能力，包括数学、科学成绩，在2009年之前，芬兰一直是全球第一。现在整个亚洲崛起，到底怎么正确地看待这个成绩，其实芬兰国内包括教育部都非常重视。我去年陪教育部长访华，我们一路上一直在探讨这个问题，我一直在问他：芬兰教育是不是现在不行了？

教育部长跟我说：非常关键的一点，只要我们的学校，只要我们的图书馆，能成为社会上最有吸引力的地方，能把我们的孩子、我们的家长吸引过来，我们永远不用担心芬兰教育落后。他说得特别自信，其实芬兰在这方面，我们是深有体会的。我的孩子——老二，一岁半上幼儿园，刚上幼儿园时间不长，老师就培养他读书的兴趣，咱们大家都想象不到，一到周末，他别处不去，就去图书馆。

芬兰教育已经成为一个品牌。芬兰教育这个品牌其实已经超过诺基亚，超过很多的品牌。现在芬兰完全是一个靠知识型的社会。尤其是科技方面，因为从创建开始，包括从孩子受教育，它总是有着全球思维、国际化的思维，所以每个人办公司，第一个想的是占领其他国家市场，这也就是靠知识出口。

芬兰虽然成绩不如上海考得好，到底怎么客观看待这个问题，其实如果我们真正地从质量、公平、效率三个角度来看，现在还没有一个国家能超过芬兰。

下面有些数据，这是刚才我谈到的芬兰20世纪70年代改革之后，它这个教育整个增长的情况，芬兰后来居上。

为什么刚才说虽然它的成绩不如上海，但如果从公平、效率、质量这几个角度来看，还是远远高于上海？主要从这几个方面看，第一，芬兰的上课时间特别少，业余活动特别多。在芬兰的小学，一个星期最多的是22个课时，一个课时 45 分钟,所以像我们的孩子在那儿上学,到 12 点、1 点就放学了。初中下午最晚也就是两点就放学了,所以学生的业余活动是非常多的,学生学习时间非常少。

另外芬兰初中生学习时间,大家可以明确看出来。而国内,学生都拉着拉杆箱上学,这是一个特别普遍的现象。很多北京重点中学的学生,11 点以前几乎没睡过觉。

大家可以看到芬兰,它这个上课时间、总的学习时间,包括相对时间,都不多;而且最有趣的是,绝对没有课后辅导,放学之后,没有像咱们国内类似于新东方的这种机构。

其实芬兰为什么能够成这样,实际上是得益于当时的一位教授。从 1985 年开始,他就尝试了。因为咱们最早还是用德国模式课程论,就是现在咱们国家沿用的国家课程体系,主要以教知识、科技为主,我们的概念是培养人才,所以我们大家大谈特谈的都是培养人才。中国推崇成功学,鼓励孩子怎么成功。而芬兰是真正地从入学开始,从幼儿园的第一天,就把怎么把孩子培养成一个健康的人,怎么把孩子培养成一个终生幸福的人,看成是最重要的,不是说你非得在某些领域取得骄人的成绩,所以完全是把杜威的理论跟它的课程理论结合起来的。所以芬兰的学生,真的让人到了惊叹的程度,初一的学生就能做一个完全的椅子,故宫的那种椅子,他能给家长做梳妆盒,还能加密码,等等。

而咱们在国内,我看过很多重点中学的学校实验室都达不到这种水平。老师上课时间特别短,因为学生在学校时间短,所以授课时间也短,但是备课时间比较长,大家可以看出来芬兰的情况。

芬兰的小学、初中、高中,教师平均的教学时数,如果跟其他国家比较,可以看出来,芬兰是远远低于其他国家的。这两天谈的科学素养,大家可以看这个 OEC 的统计,如果讲科学素养,我们真应该到芬兰好好去看看,芬兰孩子的动手能力,男女生的这种情况,男生必须得练织布、缝纫机、绣花,这些技术都得学,女生从小学开始用电锯、电刨子,四年级就开始用了。男女生的这种混合能力非常强,所以在芬兰大家可以看一下,修房子、修汽车,一般不去找专业工人,自己就弄了。

初一的学生可以自己焊摩托车模型。芬兰所有的学校,包括北极的,哪怕学校只有 10 个人,它的标准化的工具,所有都是工业产品,不是模型,都是真正的机床、木工家具,全是一样的。

这是小学四年级就能做的船。这个船实际上有个要求,就是说,校本课程怎么跟国家课程的知识联系起来,这是核心。中国很多学校做得花花绿绿,看上去特色特别明显，但是当我问到他们，你的校本课程怎么跟国家课程、书本知识结合起来，一般的学校，可以说绝大多数学校的校长、老师都答不出来。如果学个跆拳道，说我增加了一些业余实验，增加了一些体育项目，就好像是我们有特色了；在芬兰，每一个校本课程，一定是国家课程的一个知识的延伸，一定有一套理论在里面，这个就不一样了。

我们单位旁边的一所高中，这个学校的 LOGO，他们从来不用老师，不用社会上的专业人员，就让学生自己想，大家出主意，分组，给学校起名字、做 LOGO，做完之后由学生设计，设计完之后学生自己做，做完之后烧出来，现在这就成了学校 LOGO。所以你想想，一个学校的文化建设都是用这种方式，学生都有参与感。

再就是素质。他们的素质在全球，从各个层面上看，表现都是非常优异的。因为从幼儿园开始，其实从上小学之前，包括红绿灯、交通公园，很多的游乐场，就结合了教育的内容，跟他们的生活真正是息息相关。

各学校的差异，在芬兰，哪怕在北极只有十个学生的学校，它的所有设备配置都一样的，它的差异可以看出来，芬兰各校之间的差异非常小。

教师的素质。这是我拍的一个他们师范大学里面培养全科教师的一个照片，大家可以看出来，这些教师是形形色色的，但是要求非常高，在芬兰考师范是特别难的。在芬兰，每年三个方向是最受人欢迎的：律师、医生、教师。这三个专业是全芬兰最难考的。芬兰一般学生，不能说百分之百，但上高中的几乎都能上大学，但考这三个职业是最难的。

为什么有人愿意当老师？从总统到平民，所有人都知道教育的重要性。原来在国内就听说芬兰是这样，当我到芬兰在大学工作的时候，每次出来，人一听说你在大学工作，那种眼神都不一样。所以在芬兰一说是当老师的，信誉度就在那儿呢，好多时候买东西都是后付款，我们当时都习惯于后付款了，就是说他在这方面信誉度非常高。原来大家可能听说过诺基亚的一个副总，快退不退的时候，他提出辞职，然后到小学当老师去了。很多人都不理解，但他就觉得他应该把他在商场上的很多经验传授给学生，所以就到小学当老师。这种例子我们不胜枚举，芬兰很多这样的人。

而且芬兰的很多部长、市长，当了市长还同时兼着校长，很多人都是从学校老师成长起来的，包括我们市的一把手，还有几个副市长，都是小学老师或校长出身。在芬兰现在很多部长都有教师背景，包括执政党员等，都是大学老师出身。另外就是小学全科教师。

另外大家可以看到家庭条件，在芬兰平等体现，不会因为家庭条件影响孩子的上学，包括阅读能力。我们都知道43中在石家庄是名校，能到这儿来的不容易，首先是市里的，要不就是通过一些其他形式。在中国其实择校问题是个大问题，为什么会出现这种情况？是因为我们学校的质量不一样，才会出现这种情况。另外我们还有的时候在拼家庭，你的财力、课后辅导的情况、是不是上奥数了，等等。所以在芬兰大家可以看到，比较起来，他们的阅读能力、表现，跟其他国家还是有很大差别的。

这里面我们有很多的美国同行过来，因为去美国留学在中国比较流行，我们所有人都喜欢去美国留学，现在我们做了个比较。如果把数据库的数据调出来之后，一比较，出现这种情况，如果对每个学生从购买力角度，用欧元核算它的购买力之后，发现每个学生人均花的钱，包括国家和家庭投入，相当于美国的三分之二，每个学生学习时间也大概是这个数，但他最后的学习效果、学习成果，可以看出来差距是非常大的。所以芬兰实实在在地办了一个全球最便宜的教育，学生很快乐，上课时间很短，特别是高中。在芬兰你就看到特别快乐，他完全不是老师在上面讲，学生在下边学，不是这种状态。在芬兰哪个老师在课上，说话少，哪个就是好老师。在芬兰老师已经成了学生的辅导员，而不是师生，永远是站到学生旁边去，他走到学生中间去，让学生自己学，甚至他在教学生一种学习方法，从小就培养起来了。所以学生掌握了方法之后，比掌握知识更重要，包括芬兰现在学生都是iPad上课，高中几乎都是无纸化上课了，为什么能放开，就是因为有了自己的方法。

下面我再谈一下，过去的十年二十年芬兰领先，未来它是不是还能继续引领全球？我从四个方面简单说一下：

第一，学习环境的创新。

第二，学习方法的创新。

第三，课程的创新。

第四，支持系统的创新。

学习环境方面它一直是领先的。首先是课程。现在2016年实行新的课程，十年的课程，但十年之后需要什么课程现在已经开始研发了。包括现在我自己负责的科研项目，我自己的团队，也做新课程方面的研究。课程为什么变，到底变了什么地方，老师怎么回应国家课程。这些我们也做了大量研究。学习环境包括两个方面，一个是物理环境，一个是软体的环境。芬兰建的学校有很多，不是说找个设计公司、建设公司就能办学校了，一切都要有教学论、教学方法在里面，所以建筑公司里面一定得有懂教育的，包括一个实验室的设计。在芬兰很有趣的就是，我们到那儿去之后，带他们一看，发现它的很多理念跟国内确实不一样。现在芬兰有顶级学校这个项目，做到了垃圾零排放，把各种光能、电能都运用得特别充分，每个学生都能看到我今天用的光是多少、用的能量是多少，而且现在学校的屋子里边灯都能保持光亮度恒定，是自动的，外边当窗灯亮的时候，里面灯就暗下来，这种学习环境做得非常好。

国内现在很多学校普及了科技黑板。在芬兰，实际上我们发现，如果做不到人机互动，那个黑板是没用的。如果只用科技黑板PPT，放课件，就没意义了，实际上它这个东西是用于学生互动的，也就是说人机互动。在这方面芬兰一直走在前面，包括芬兰的出版社，也是目前欧洲最大的出版社。现在很多国家都用芬兰的教材。原因是什么？它的教材一直领先，不单单是个硬纸的教材，同时还有网上的，也就是咱们国内所谓的云教材，包括"互联网+"。现在咱们还在探索，人家那儿已经到高中都实施起来了，这就是差距。

这是它的实验室，大家可以看到一些。可以看到它的东西，包括它的很多设计是非常巧妙的，实际上你看完之后觉得没什么，但等用起来的时候发现真的是不一样，它很多方面做到了最经济、最节约而特别实用。这是楼道，这是标本，包括右侧的是我们的一个普通高中里边的选修课，就是一些艺术课程。

另外怎么激发孩子学习热情的环境非常重要，大家可以看到，这是它普通学校的图书馆，大家进了图书馆之后，发现特别温馨，包括小孩，不管多大的孩子，它一定有一个玩儿的空间，一定有个学习的空间给你，所以看到很多老人，七八十岁的老人都拄着拐杖去借书，很多推着车的妈妈带孩子一块儿去借书，都是这种情况，而且是向全社会开放的。

另外，它的学习方式，即这个思维源于杜威的理论，源于美国，但是芬兰把它发扬光大。我们可以看到幼儿园，小孩儿们玩。为了让他感知色彩，让孩子们开始涂油漆。大家看到其实也没什么不同，当你真正地进入幼儿园的时候，发现他根本不教知识，不像咱们国内背唐诗三百首，谁的孩子背得多，谁的孩子就好像聪明一样。其实这个年龄阶段，是不能开发他知识记忆的能力的，应该开发的是靠各种感知去认知这个世界的能力。你如果过早地教了知识，其实对孩子智商是有影响的。

大家可以看到，这是普通幼儿园的生活，一天的生活都在水里，他的衣服都是防水的，不管刮多大风、下多大雨都要在外边。在芬兰有规定，只要温度不低于零下15℃，幼儿园的孩子必须每天在外边玩两个小时。只要温度不低于零下20℃，中小学生必须在外面玩，有固定时间。刚出生的孩子还在月子里，你必须让孩子在外边睡觉，起初的时候我们都不适应，我们老二是在芬兰出生的，护士到你家里来告诉你，推着孩子出去让他睡觉，因为母体的环境是一个动态的，所以孩子在动态之中睡觉是最深的，所以他一定让你在推车里边来回颠簸，那时候孩子睡得最踏实。

大家可以看到老师在旁边，孩子们自己在玩游戏，自己创设游戏。我还有一个小例子，就是我儿子一岁半的时候，没上几天幼儿园，后来说是母亲节，老师动员孩子给母亲做礼物，当时拿回来一个作品，我们感到特别吃惊。一张蓝纸，有几个树枝放在上面，把他的手往上一摁，当时蓝天、白云都有了，这是锻炼他绘画的鉴赏能力。其实老师完全是启发孩子去做这些事情，所以在芬兰提倡一句话，"你如果跟三岁孩子对话，你必须把你的智商降到三岁，才能跟他很好地对话"，这是一个非常好的理念。

在国内，每次谈到这个观念，其实国内也有，但真正做的时候就做不了这么好。大家可以看到一些活动情节，这是小学生的话剧，在芬兰几乎把它的课程大部分完成了项目式。什么意思？从三年级开始就写项目计划书，开始有这种思维，所以小组学习、团队合作在芬兰是非常流行的，所以包括各学科老师之间怎么融合，所有老师备课都是一起备。

芬兰关注的是后进生，而不是好学生。当关注后进生的时候，整个学校的质量一定会搞上去。大家可以看到，我们测试过中国的学生，不是真的比国外的学生不行。我们发现中国小学生跟那边学生差距几乎不大，初中生也是这样，高中生跟他们差距就特别大。芬兰一直在教孩子运用想象力，所以才能激发他的创造力，我们国内因为灌输的知识太多，老师在给学生一直强化的是知识点，所以一本书他80%的内容画重点。你想想，一个学生在你这重点里面再掌握60%，最后他能掌握多少东西？在芬兰，是把所有的东西都打散了，完全做成项目。所以在教课的过程中，虽然有学科界限，但是各个学科之间融通。上数学的时候就复习物理了，也学了计算机了，上外语的时候把很多键盘的东西都学了，所以在芬兰就发现他们懂的知识特别多，原因就是把各学科实际上打通了。所以不用回家做作业，我很少看到孩子背外语单词，包括我的女儿。但她们现在上高中，四种语言都会了，芬兰语、英语、瑞典语，马上她们要学西班牙或者法语，自己选，当然我女儿还多一项技能，就是中文。大部分人高中毕业之后都会六种语言，这是一个普遍现象。我们这儿很多教授，他不但能够读中文、俄语，还能用很多语言发表文章。为什么能在高中以下阶段，这么短的时间能教会孩子这么多的语言？应该研究一下，好好想一想，为什么能把外语学得这么轻松、这么简单。芬兰也是全球非母语国家里面，学英语教英语最好的国家，其实中国的学生做的东西也不次，但我们缺乏的是老师在这方面的引导和方法的教授。

115

这是我女儿的一个例子，我爱人过生日，回家之后我们说买蛋糕去，后来正好她带着同学在家里，我们说去买蛋糕，她说不用买了，她们就开始做，说："爸爸、妈妈，你们出去。"不让我们进屋，我们进来之后10分钟，她们就做了这张图，贴在我们家厨房的柜子上。大家从这里边可以看出什么来？这就是芬兰的学生，因为她们习惯于做计划了，大家可以看到、鸡蛋、搅拌机、各种东西怎么弄，掺和起来，然后做。她们要不做完计划是绝对不动手的，这是学生的特点。等她们做完之后，就把这蛋糕做出来了，这是初一的两个同学在家里做的。当时我就特别震惊，原来我是搞教育研究的，而且是搞质量评估的。我搞了很多年，参加过OECD，包括欧盟教育委员会的很多项目。后来就因为我从孩子身上看到了芬兰基础教育的伟大，我出来之后，就开始研究芬兰的基础教育，就是从这些简单的现象里边发现，确实太厉害了，它的教育，对人的培养，是非常潜移默化的，而且教学生是在无形之中教很多能力。就像这个简单例子，她在做的时候，还考虑到色香味、美观的情况，所以课程创新体现在纵向是连贯的。在芬兰，任何一个老师都能选择他想选择的教材，没有指定教材。所以老师在设计这些课程的时候，它是连贯的，横向是融合的，这是跟国内不一样的。

芬兰的科学融合学科界线，怎么做校本课程呢？我就不深入讲了。另外，它的数字支撑系统，这就是黑板。我们很多黑板在国内是用错了，芬兰的孩子在上面直接就是动手去人机互动，只有这样做才真正地把这个黑板用起来，一点一个鸟，鸟的声音，自然的环境，而且学生拍的照片往上一放，马上就成为教材的一部分，她的教材是活的。大家可以想一想，如果所有的学生都成为教材的提供者，如果所有老师都成为教材的编写者，可能教不好吗？

关于知识系统，因为时间关系，我就不深入展开了。芬兰这些以学生为中心，老师自主，实践中学习，刚才大部分也都说了。所以关于孩子创造力我想说的就是，当给孩子各种这样那样做的选择机会的时候，实际上已经把孩子的思维局限了，其实把孩子天性给扼杀了。现在好歹我们已经开始转变，包括我也参与了很多国家大项目的制定，现在整个国家都在变，这是我们协会的一个介绍。

从董事会角度培养学生综合能力

尼尔斯·乔治·朗德伯格

（丹麦　丹麦乐音高中校董）

乐音高中是在1872年成立的，有1000多名学生，36个教学班，每个班人数最多是28名学生。学校有两种不同的项目，一种是三年制的，就是一般性的高中；另一种是两年制的，这种项目针对的是年龄相对比较大的，而且有过相关经验的学生。学校里80%~90%的学生上的都是三年制的课程，学生的入学年龄是15~16岁，毕业是18~19岁左右。学校的教师人数大概是105人，管理人员和技术人员是30人。

学校注重激发学生的创造性思维，这不仅体现在一般的课程中，还体现在课外活动上，甚至是教学设施、教学建筑上都融入了新的教学法来设法保证学生创造力的发挥。学校还注重教学与新技术的结合，如把 iPad 融入课堂当中。所有的学生都有自己的笔记本电脑和 iPad，在课堂上，他们使用这些电子产品作为教学工具，形成了一种无纸化的教学模式。但是，对于选择完全无纸化教学还是纸质课本教学模式，我们也在不断实践中。在不同的学科教学上，学校采用了不同的教学模式，比如有一些课程使用 iPad，有些课程使用具体的材料。这样学生通过不同的授课模式可以做出更充分的准备，能够更好地融入教学当中。通过不断实践，我们发现人文教学和语言教学，iPad 是很好的教学工具。但是，在数学课堂或者自然科学课堂上，它并不是那么适用。

在丹麦，高中是100%由国家出资成立的。学校校长负责日常决策，并且对所有的决策进行实施，对学校进行管理。学校还有一个董事会，负责整体的决策和帮助学校制定出整个发展的方向。董事会包括6个外界人士、两个学生代表、两个教职员工代表。这些代表主要是由高等教育机构提名的，学校和高等教育机构建立联系，来进一步指派这些代表。我们学校也和小学、中学的教育机构有广泛的联系，他们会把学生派到我们学校进行交流和学习。董事会的所有成员，包括员工代表、学生代表，还有老师代表，他们会通过选举来选出董事会的主席。董事会主席负责参加各种各样的讨论，进一步报告学校发生的大事小情和对早期做出的决策给出反馈。董事会的职责具体是确保所有分配给学校的资源能够有效使用。我们是独立的学校，对国家也要负责，因为我们是国有学校，要确保国家拨给我们的经费都能够花在刀刃上，也要详细地向国家描述经费的具体使用明细，是否有效地使用了经费，是否有权力使用这些经费等。

我们学校还有国家高等教育高中董事会协会和顾问委员会。从明年开始，丹麦的所有学校从政府那里拨得的经费都会有10%的削减。在这种情况下，我们需要国家协会来帮助我们联络教育部，或者是议会，或者是任何相关的机构，看看能不能给我们进一步拨出经费。通过这种方式，国家协会确实是可以发挥非常重要的作用的。但是我们毕竟是100%由国家资助所成立的公立学校，我们不能够从其他的渠道获得经费，如果国家给我们的经费减少的话，就要通过各种方式削减活动所需要的经费。所以董事会帮助我们进一步确定如何使用国家拨给我们的经费，做出如何重新分配各种教学资源的相关决策。

当谈到所有决策的时候，就是经济状况的萧条。虽然谈经济是很枯燥的，但是没有经济其他事情都无法做，不管是培养阅读素养，还是提高科学学科等等都无法做。对于董事会来说，必须要处理经济方面的问题，要把经济问题作为工作当中的重中之重。董事会对于经济方面这个话题还是要负起责任的，而且要考虑整个学校的建筑问题，如是否要建立新的校区、新的教学楼，是否要翻新旧的建筑等等。董事会也要专注文化活动，比如是否要建一个新的教学楼来用于学生的各种表演，如音乐表演、舞蹈表演等等。

董事会还有另外一个责任就是雇佣校长，校长要对其他的员工负责，董事会和校长有年度合同。在合同当中，我们要确定接下来一年的目标和预期，之后再进一步评估这一年的结果和表现，看下一年的影响和最终结果。我们要确定通过和校长一年的签约，他是否进一步满足了我们对他的期望和目标。董事会也包括学生、员工和教师代表，他们也可以参与到与校长的合同签定当中和一些影响经济的决策当中。所有的决策都要对高职教育负责，因为必须要确保这些决策最终能使学生受益。

我们学校制定了2014—2018年度战略。在这个战略里面，学校做了四个圆圈不断地向外扩展，从地方到国际进一步扩展。我们现在正在确定学校的发展战略，要和老师、学生来进一步实施这些战略，我们把它称为逐步扩展的战略范围。

第一层面是核心价值，我们把它称为可持续性的教育模式，它是指社会的可持续性和一些实体的可持续性。在实体的可持续性方面，它是一种非常明显的可持续性，具体指的是教学楼和相关环境，我们希望让所有的教学建筑可持续性发展，这样可以进一步降低能耗，这是我们一个重要的关注点。此外，还有大家都比较了解的整个社会的可持续性。

在过去的10年里，扩招现象非常普遍，在很多国家都面临着这种扩招的情况。越来越多的年轻人进入高等学校的教育当中，在一些国家，这种扩招也成为国家战略的重要组成部分。我们希望看到越来越多的学生在高中接受中等教育之后，能够接受高等教育。但是当过多的学生进入学校的时候，这些学生的学术技能是参差不齐的，所以学校需要对不同的学生制定不同的战略。对于那些非常有天赋、学习非常好的学生，和对那些在学习上并不是特别好的学生要给予一些特别的对待。比如我们学校当中大约有10%的学生需要更多的支持和帮助，我们欢迎他们到我们学校求学，但是我们确实需要给他们制定一个项目，来符合他们的需求。多元化的学生产生了多元化的目标，这对于老师来说是非常具有挑战性的。课堂上的老师会面对水平参差不齐的学生，所以他们在教学上会有挑战。此外在接受高等教育的时候，也是有很多学生通过扩招的方式进入学校，我们要对他们采用不同的教学方法。

第二个层面就是近邻，或者说我们学校和其他教育机构的合作。在丹麦有不同的教育系统，不同的教育机构并不是完全集中在一个学校当中。在丹麦，不同的教育系统、不同的教学资源，具体分配情况是不明确的，所以要引起大家的关注。学校要帮助学生从一套教育系统进一步转移到另一套教育系统，让他们能够更进一步融入全新的教育系统。实现这一目标可以用不同的方式，比如说通过更好的合作，专业研讨会是很好的途径，针对那些初中的学生，我们会邀请他们来我们学校参观一周，了解在高中所使用的语言，因为高中所使用的语言和学生们在初中阶段使用的是非常不一样的。这就意味着老师有责任帮助学生完成初中到高中教育不同体制的适应和过渡。把学生推送到高校之后，学校也要和高校加强协调。因为我们希望大部分学生都有机会接受高等教育，但是也希望他们在去这些大学的时候适应性增强。评价教师的教学质量也是看他们有多少比例的学生能够接受高等教育。在我们的学校是百分之八十几到九十几的学生最后能上大学，我们学校对自己的学生是有很高期望的。

我们也希望学生能够融入当地社区，而且是多方融入。举一个例子来说，我们希望学生们能够成为社区里积极的成员，而且也会鼓励他们参与社区活动。其实不只是学生，对于老师来说，我们也希望他们知道自己是当地社区的重要组成部分，特别是对于小的社区来说。因为在规模较小的社区当中，有一个教育机构会发挥重要的作用，我们也希望能够吸引当地的学生。其实在我所处的地区有一个情况，就是出生率正在不断地降低，而且有很多人都在往大城市迁移，可能这在世界任何地方都是一个普遍的现象。如果说年轻人当中有相当比例都是上高中的，那么我们就会面对一个潜在的问题，就是出生率在降低，迁移率又在不断提高，那就意味着年轻人的数量在不断地减少，适合去上高中的人数也在不断地减少，而这也就意味着教育机构之间在抢生源的问题上存在着竞争关系，所以我们有必要提高自己学校的吸引力。我们学校很有必要和当地的机构加强合作，包括当地的商业机构、文化机构、政府机构。无论是对于校方，还是对于机构来说都至关重要，因为通过这种方式我们可以更好地判断社区未来发展的走势。

在国际视野方面，我们也希望我们的学校是国际舞台上活跃的一员，而且要有一个国际化的重要战略。这包括很多不同的组成部分，比如交换项目，有些是针对学生的，有些是针对老师的，加入国际教育的交流和交换当中，不仅是和中国，还要和其他国家建立良好的关系。我希望在未来，我们对于国际合作能够有新的事业，不仅是进行学生、教师的交换，国际化的事业应该是融入学生的日常生活当中的。

其实我们对于这种交流有着很高的期待，比如说学生参加了一个交换项目，你问他反应是什么？他会说非常有意思，拓宽了自己的视野，丰富了自己的经验，但是为了达成他们的愿望，我们调度了大量经济和人力资源。所以我们就想知道他的结果是什么？换言之，就是有了这样的交换生活之后，老师、学生在自己的个人生活当中会出现什么样的改变？我们也是希望这种影响能够体现在学生和老师的个人生活当中。换言之，我们不仅是希望培养他们的语言能力，我们把这个叫作全球性的能力，具体来说，就是对于全球重要问题要有理解，而且要采取行动，要有一个全球公民的意识。在国际合作中，共同生活是一个重要元素，我们希望在全球语境下，各国的学生能够学会和其他人和平共处地生活，而且我们也希望我们的学生有自己的民主的公民意识。

我们有一套评估机制来评判这种交换项目产生的结果，这种模式也给了我们很多的灵感，叫作浅层能力，这是我们通常描述交换项目结果的一些做法。比方说你会问对于老师、对于学生最后会产生怎样的结果，你肯定会希望他们的语言能力有所提高，他们对于其他国家的文化了解有所增进。同时，他们的容忍能力、宽容精神也可以得到提升。但是在这种模式当中，我们还有其他的一些问题，因为除了这些层面之外，我们想知道是否还有其他的结果、其他切实的影响，是否能通过交换项目把学生的其他能力开发出来，也就是要把底下潜藏的东西挖掘出来。通过交流以后他们有了新的体验，增长了自己的见识，希望通过这种交流，他们的好奇心有所提高，能够更好地了解外面的世界。

我们学校制定这些战略的主要原因，是我们在董事会上承担的要创造一个良好的整体条件来提高学生教育质量的责任。我们希望能实现经济发展当中资源的有效配置，而且要保障我们有着最好的校长发挥着自己的责任，也希望我们有最好的学生、最好的老师，因为这就是我们制定战略的总体目的。

科学与阅读

安德鲁·塔迪斯

(英国　英国圣约翰公学校长)

圣约翰公学的校舍建于法国大革命时代，历史气息浓厚。这是一所非常成功的学校，虽然在英国政府公布的前500名私立学校榜单中，圣约翰公学排名第35位，但是从中学的教育角度来讲，这是英国最优秀、最著名的中学之一。

目前，圣约翰公学，甚至整个英国在自然科学课程的教学方面，面临很大的挑战。根据研究，同欧洲大陆大部分国家一样，英国的科学和自然学科教育存在很多问题。一方面，师资力量匮乏。在英国，孩子们4岁上学，11岁上初中，到13岁时，需要选择一个大概的学科方向，我们简称GCSE，类似于中国的文理分科。英国政府做过一个研究，意在探究科学教育在英国的现状。例如，2010年到2011年，接受物理教师培训的有641人，最终仅有526人获得教师资格，其中526人当中又有将近100人一年之后不再继续从事教师行业。而2011年到2012年，以及2012年到2013年的数据，更是目前英国科学教育师资匮乏的强有力证据。另一方面，政府很难引导学生在大学学习科学，原因除师资问题外，还在于学生缺乏学习科学的兴趣。但是，到底是学生缺乏兴趣，还是我们没有给予正确的激励呢？

13岁、14岁是一个分水岭，在这一年龄段，西欧的孩子对科学的学习热情会逐渐减弱。几年前，有一个针对这一年龄段的1200名青少年的调查，调查他们对自然科学是否有兴趣。从调查结果看，女孩和男孩想从科学中收获的知识是完全不同的。例如，女生偏向于生物学，她们想了解饮料和香烟对身体的影响，性传播疾病、进食障碍等方面的知识；男生倾向于物理、化学，他们更想知道宇宙里面的黑洞、爆炸性的化学物品等。如果不根据学生的需求设计科学课程，我们又怎能维持学生对科学的兴趣呢？比方说你要茶，他要咖啡，如果把茶和咖啡混在一起，还会有人喜欢吗？男生和女生对于科学课的兴趣是不一样的，那么我们是强迫所有学生都在一起上科学课，还是充分调动学生的兴趣因材施教，让学生分组来上科学课呢？这都是值得探讨的问题。现在我们在沿用很多老套传统的授课方式，我们需要去探索新的领域、新的问题、新的课程设计及相关方法，来迎接我们现在所面临的一系列挑战。

怎样让孩子对自然科学更感兴趣呢？在20世纪八九十年代的时候，我们就开始自省：让孩子们在哪一个年龄段学习科学更合适呢？比如说像转基因食物这种很严肃的问题，如果过早让孩子接触，一旦他们对此漠不关心甚至觉得科学很无聊，就会阻碍未来社会的发展。曾经有一项关于物理教学的调查，参与讨论的约60%的物理老师表示，很难让孩子提起对科学的兴趣。仅有40%的物理教师认为，使用合适的方法能激发孩子对科学的兴趣。另外，下议院曾在2002年做过另外一项研究，最后的结论是英国教授的自然科学内容十分无聊，导致有些人听完或者从事这些教学之后再也不想回到自然科学或相关的教学当中去。其实有很多类似的问题。如到达一家宾馆之后，可能会首点意大利面，但是如果第一口觉得不好吃，便再也不会吃这个厨师做的这个饭了。这和老师教书是一个道理，一位老师讲的第一句话若能吸引住孩子，孩子就会有学习的欲望，反之，他可能就从此毁掉了这个孩子学科学的兴趣。

那么，我们怎样进行激励呢？在英国，圣约翰公学是唯一一所在中学阶段就教授GCC法律的学校。也就是说，孩子们在14岁的时候就准备开始学GCC法律，了解一些基本的法律，了解英国的律师和整个律师行业的基本条款。但有人对此持反对意见，认为不应该教授这些非常有秩序、有规则的东西。然而我们已经开始让孩子们更有创造性地来学习这些严苛的条款。例如，我们会用一个很生动的案例来教孩子：路人甲扔石头砸到了路人乙，而路人乙又去打了一个警察，让孩子们根据这个混乱的事件来理解相关的法律条文。有些孩子听到这样的故事之后会很感兴趣，他跟着这样的故事开始了解法律。假设你坐在教室里，你不想了解之后发生的事吗？再比如说烤肉时，我们有时会将肉烤得很失败，有时却能将肉烤得鲜嫩多汁。有人说这是个人厨艺的原因，而科学家会说，背后藏有科学原理。还有一个关于鸡蛋的例子，切开一个煮熟的鸡蛋，我们能看到里面有白色、黄色，还有一种发灰的颜色。为什么会出现这种颜色？有没有什么化学原理在里面？我相信如果这样和孩子来解释一个基本的化学原理，孩子会非常感兴趣。

在我的女儿伊丽莎白大约13岁时，我帮助她做镁条燃烧的实验。我对她说你要记住镁条燃烧后得到氧化镁。然而她却这样回答我：我为什么要记住呢？我一点都不关心这个问题。当我和她的老师提起这件事时，平时很让我欣赏的老师竟然说：因为考试会考，她没有给我最好的答案。之后，每当我给学校面试化学老师时，我就会问到这个问题，可惜的是，迄今为止我没有听到一个让我满意的答案。在座的老师可能会想跟我说，我有答案。但我想问的是，您的答案是不是会让一个13岁的小女孩感兴趣呢？我们需要思考的是怎样让一个小女孩对科学感兴趣。在我看来，老师所做的工作不应该仅仅为了一份工资，而是要站在孩子的角度，做一个善于激励、鼓励孩子兴趣的人。

各位女士，你们有没有想过口红里的成分有哪些？在我们学校，孩子可以学习制作口红，而在这之前他们肯定是要先学相应的科学原理。在一步步的制作过程中，你会发现引起孩子们对化学学习的兴趣十分简单。例如，制作口红需要用到一些油脂，而油脂是有很多种类的，这时孩子们会想知道不同种类油脂的区别；口红的成分中还包含维生素E，接着孩子们会好奇维生素E的作用……每当我引起孩子们的探索兴趣时，我就会很有成就感。当然，不止女孩子对制作口红感兴趣，男孩也会想知道长大后他们亲吻女友时，女孩嘴上的口红构成成分是什么。

与科学相比，阅读其实是更难让孩子们感兴趣的。

我的母亲在学校上学时曾拿过作文第一名，当时的作文题目是：家里面最重要的家具是什么？我的母亲给出了很棒的答案——书架。我相信老师都喜欢这个答案，因为阅读是无比的重要。然而阅读的目的是什么？有的孩子说读书就是为了考试，找到好工作；有的说是为了学习新词、新字；还有的说为了更好地学语法。这些答案都很好，但从来没有一个答案让我们眼前一亮。阅读本身就是一件很愉悦的事情，会让人感受到语言美妙的律动，所以对我们来说最重要的就是让孩子感受到阅读的快乐。当今时代的孩子，不太可能会认真看书，因为有太多耗费精力的新鲜玩意儿诱惑着他们。也许当他们把书拿到床上，会想到他的Facebook或是手机上是否有未读的短信。

有位领导人曾说，不要把我们的价值观强加到孩子身上，因为所处的时代不同。但这并不意味着读书已经过时，我们需要做的是为孩子架起一座桥梁。好书是成人写给成人看的，所以在提升孩子的阅读兴趣方面，要循序渐进。这就好比父母给婴儿喂食，逐渐地加入辅食，大的肉块要切成小块。在培养阅读兴趣中，最重要的是让孩子从心底爱上阅读。优秀的老师有能力搭起这样的桥梁，让孩子有兴趣去阅读。在我小时候，很幸运地遇到了一位这样的老师，每次我都很期待上他的课。这位老师会戴一条丝巾走进教室，告诉我们今天要阅读的内容。接着他会闭上眼睛，用略带颤动的声音开始读诗，这让我感觉非常享受。在我们认识的老师中，有多少老师对孩子有这样的影响力？这样的老师就能成为桥梁——最美的桥梁。教师对自己所教的学科有激情，才会激发学生的阅读兴趣。

整合文化、内容及语言（STEM）

凯丽·法默尔　钟梁珏然

（美国　贝尔特卫国际顾问中心主任
弗雷德里克美籍亚裔中心执行董事）

  报告主题"STARTTALK"，这是外语研究中心的项目。具体来说它是马里兰州大学中心的一个项目，主要是帮助美国的公民学习、教育和研究外语。这个项目现在会提供一些学习的机会，其中包括了幼儿园到16岁之间的这些孩子，同时也给教师提供了发展的机会。到去年已经在美国提供了11种语言的150多个项目。具体来说，它的主要目的是希望把文化、内容还有语言进行整合，涵盖的内容叫作STEM，这里重点要讨论的是阅读的话题，不是理科科技的话题。

  STEM是一个英文的缩写，主要代表的就是科学技术、工程和数学。STARTTALK，主要基于有效学习的六个原则。这些原则在一起，就是希望能够通过内容增进理解，而课程设置就是根据列出的原则。这些内容是有标准的依据的，并且是以主题作为化身的，它把文化、内容和语言进行了整合。以此设定的教学法、项目和课程都是以学生为中心的，使用目标语言进行授课，持续地进行评估。这些项目的内容反映出对学习对象进行的调整，以及要适合于相应年龄段的孩子。

  如何来实现这个目标呢？这就会使用到我们外语理事会的标准，也就是5C。5C主要包括的是沟通、连接、对比、社区和文化。同时还包括了5E的科学模式，包括参与、探索、解释、拓展和评估，而且包括师生之间的互动。这是以视觉化的方式呈现出5E的原则，就是说师生之间的参与、互动、探索，老师会跟学生解释项目的内容，然后根据拓展进一步对学生的表现进行评估，最后再回到第一个阶段。

  在教授外语的时候，也是有标准的，而且是5C的原则。无论是教英语、西班牙语，还是教他们听、读、说、写，应用的也是5C的标准。

  这是一个非常简单的原则，沟通不仅是阅读，而且必须是要有意义的，必须让学生参与其中。比方说你教的是中文，其实教的就是中国的文化，教日语其实也是教日本的文化，所以你必须要保证让孩子能够理解沟通的意图。在沟通当中我们会讨论到三种沟通方式，其中一种就是解读，也就是说对数据解读、对阅读的内容解读。而且还有展示式的、沟通式的、互动式的，并且我们还会有讨论数据的问题。举一个例子，我知道大家对于"大米"这个词有不同的理解，因为大米可以表示粮食和米酒。我们在说"大米"这个词的时候，必须给美国的学生解释清楚，"大米"说的是一粒米还是粮食。你要把它放在特定的语言环境当中，跟他解释带来的具体价值意义是什么。因为是秋天，我们讨论的是月亮，在中国的文化当中圆月表明的是团结、丰收，表明的是完整。或者换言之，它不仅是一个天体，一定要放在具体的语言环境中。学习语言就意味着学习文化。另外我们还要学习不断地比较，比方说中国吃米饭的方式和美国吃米饭的方式有什么不同呢？我们也是希望学生理解这一点。或者说，我们在跟学生介绍这些内容的时候一定要有主题，一定要把词汇放在特定的语言环境中，帮助他们增进自己的理解。在教授中文的时候，我们也希望让孩子参与其中，这必须是一个双向的过程。所以在我们沟通的过程当中，就要帮助学生进行参与，不断地拓展、不断地学习。

因为我们有一个主题，所以我们每设计一个主题都一定要遵循5C、5E的原则。当然这个工作量很大，每一次我们有新项目要做的时候，有一种方式叫作方向设计，或者说你怎么知道学生的学习方式，就是要了解学生。了解他学习的方式、理解的方式，然后在这个基础上来设计自己的教学方法。

STARTTALK是一个国宝级的概念。我自己是一个中国人，中文是我们的根，美国是我的家，这是有一定差别的。我们的项目主题就是中国，我们希望美国的孩子能够了解中国文化、中国历史，比方说四大发明、中国建筑等等，所有的东西都教给孩子而且是用中文来教授的。同时我们也希望孩子能够进行探索，来具体了解中国人做事的方式，比方说鼓励他们在学习的基础之上来了解中国人是怎么建桥的，是怎么来建城墙的，等等。因为我们的目标不是说花上几个礼拜的时间，让孩子会讲中文就行了，同时还给他们介绍中国的文化。毕竟中国和170多个国家都有外交关系，而且像北京、上海都有专注于语言的学校，在石家庄我们也用五种当地的语言，但是你必须要把5C的原则和这些内容很好地结合，才能知道当他们遇到来自丹麦、瑞典、日本、西班牙的孩子时，如何应对自如。

这是一个科学项目，比方说我们的主题是水。但水是什么呢？看待水是一个不同的文化视觉，特别是在中国文化当中，它不仅仅是一种自然的元素、生命的元素。我们在教外语的时候总是给学生讲故事，它有一个起承转合的过程，所以会了解水的物理的属性。例如水有哪些物理特性，所有这些都是用中文进行的。如果你教的是日语或德语，基本的原则是一样的。这不仅是学习语言的过程，也是他们批判思维养成和解决问题的过程。刚才跟大家说到了STEM，它代表的就是科学、技术、工程和数学。有一些例题，比如，有一些衡量的标准，还有一些原创性的工作。把所有元素都整合到语言的教授过程中来，并且所有的学习都是用中文来教授的。比方说我们这里有教学目标，你必须让孩子知道他们今天学习的内容是什么，这样他们才能够了解自己学习的目标；说到衡量，我们有正确的评估，通过现场进行观察，而且有绩效考核，就是采取现场考查和考试考查两种方式。

当然我们知道，学习中文是一个很困难的过程，但是现在我们进行的一些研究表明，在课后学习项目中，如果学生们学习了中文，整体的成绩也会得到提高。也正因此，我们才鼓励学校的领导大力发展中文教学。

这里给我们的项目做了一个摘要，我们这里有很多对话，在课堂上会让学生做很多介绍和发言，大家的发言有很多形式。第一种是自我介绍型的、对话沟通型的，第二种是做大会发言报告型的，第三种是呈现信息型的，这些都非常重要。而且你一定要确保，在开始之前知道自己的教学目标是什么，要把这些教学目标写到黑板上或投影仪上，这样的话学生就能知道你对他们的期待是什么。因为你让他们知道的不仅是怎么使用这个措辞，而且知道了不同的对话，使用的措辞和说话的态度也是不一样的。

我们最后也会把口头语言和肢体语言相结合。在技术方面我们也会使用不同的网络技术，学生们可以上网，可以沟通，可以重复联系，也可以继续关注他们的对话方式。我们也和纽约有一个在线学习，他们可以通过互联网来上网学习。我们还和亨特大学有一个远程教学课件。

老师会和学生在课堂有互动，这样可以帮助他们学拼音和进行不同的阶段的学习，帮助他们进行各种各样的远程学习。这是我们在整个语言教学方面的一些重要工具。我们也会让老师和学生共同来反馈他们所学到的重要知识。职业发展非常重要，所以我们在职业发展方面，需要进行一种合作式的导师式学习。中国地大物博，在未来我们可能要通过石家庄的国际教育模式来满足未来的需求。所以我们要掌握我们所学的技能，所以我希望和大家分享，和石家庄外语小学、中学分享我在这方面所掌握的技能。我们有STARTTALK网站，我们有远程教育网站。其实STARTTALK是我们帮助学生掌握第二门语言一个非常重要的工具。这里面的六个原则都非常广泛地融入了语言教学当中。我们也会关注对比学习和比较性的学习、沟通性的学习，这样学生才能够进一步了解为什么需要学习，如何能够进行更好的沟通。

关于很多阅读方面的素养教学，我们也有很多技能。我们正在专注的是将科学课程和阅读课程整合到一起。大家可以看到，我们的孩子在课堂过程中非常愉悦。我们会有一个学习中心，以学生为中心的这种课堂模式，我非常高兴地看到，所有的老师都进一步努力，让所有的学生都参与进来。

第五个原则就是关于形成性和总结性的表现。我们必须要了解一下，在学习的过程中，学生学习到了什么，是不是按照我们计划的那样进行更好的学习。这是非常重要的一点，这是核心。关于学生表现方面的评估，我们都知道，如何对学生的学习成绩进行评估，必须保证他们的本真性，这样学生才能够在学习的过程中进一步看到他们学习到多少。

在州长的支持之下，在教育部的支持之下，我们才有这样的一个项目。我们要进行公共合作、私有资金融合，进一步打造全球公民，这是教育的未来发展方向。

科学与阅读的共生

丽莎·玛丽·莱米　劳润·安·兰奇

（美国　西得梅因学区学监　西得梅因学区教学副主管）

西得梅因学区位于美国艾奥瓦州的中部，是艾奥瓦州第九大学区，开设超过190种课程，被《商业周刊》和《货币周刊》评价为美国最适合孩子居住和学习的学区之一。关注每一个学生，培养孩子们一生的学习习惯，是西得梅因学区一直以来的理念。我们对于阅读非常重视，每个学校都有老师在教学生阅读，重视每个孩子的阅读兴趣和需求。

在阅读和写作方面我们有一个统筹的项目，而且引进了很多的新技术手段，老师和家长共同参与教学课程。我们注重引入家长和整个社区的支持，通过电子邮件和其他媒体方式来跟他们保持沟通。我们非常注重学生的成长和终生学习的能力，课程设置强调孩子的个性化发展，每一个学生都有不同需求，所以学校会注意孩子的个性需求。学生有自主权，他们可以选择自己感兴趣的方面去学习。环境对学生的成长也非常重要，我们非常注意保护他们的学习空间。

我们非常关注科学和阅读的结合。在学生阅读时和科学组合起来，学生能学到更多科学方面的词汇以及科学原理。这种结合的目的，首先是希望学生通过阅读获得更多信息，包括个人信息和全球化信息，培养孩子全球化视角。在全球一体化的进程下，拥有全球化视角来思考问题是非常重要的。另外是希望他们能更好地学习词汇，在学习知识时，能更快捷、更有效地理解掌握阅读内容和科学知识。最后是希望学生能够学到更多的阅读技巧和阅读技能，也可以更好地应对生活中的挑战和机遇。

在西得梅因学区，老师会根据学生们的需求，每个星期用15～20分钟的时间，分几次教给学生们阅读技巧，教他们读书认字，从而让学生们更好、更快地学习词汇，提升他们的阅读等级，学到一些相关的信息和科学原理。

我们2010年发起了一项关于阅读有效性的调查研究。它主要研究在教学过程中如何让学生更快更好地学会阅读、学会理解知识。它的主要理念是，阅读是通过创造性地总结信息来学习。通过这样的方式，学生们可以更好地获得学术方面的知识。

通过对该实验的17个小组研究发现，通过汇总和总结的策略方式，可以帮助学生在理解内容方面提高19%。现在我们还有很多其他的研究，因为学生们除了总结能力，还需要掌握很多其他的技巧，比如预测、复述、清晰表达、总结等等。这些阅读技巧对学生提升阅读技能有非常重要的作用，而且他们通过阅读之后，要有能力回答生活中真正的问题和挑战。

据调查，科学家80%的时间是用在阅读和写作上面的。在阅读和写作中他们收集资料，利用自己的阅读做实验，然后慢慢总结出经验，总结出科学的成果，最后把它们写出来，所以阅读能力非常重要。我们的阅读能力和科学家的研究能力之间有很多重合的地方，比如，阅读需要预测，科学研究也需要预测，然后需要质疑、比较、沟通，需要有能力去做决策，这些都是科学和阅读同时都需要的，所以阅读能力也是科学能力的培养。

当进行科学研究的时候，科学家会首先提出问题，然后做背景研究，设计一些假设，在假设基础上做实验，来验证自己的假设，然后去分析相关的数据，得出一个结论，再通过某一个科学论文，把自己科学研究的成果总结出来。所有的过程都需要写作的能力，以及阅读的能力。因此我们要从小培养最基本的阅读与写作能力，构建在未来进行科学研究时的基本技能。

在学生的学习过程中，幼儿园至三年级主要是学习怎样去阅读。三年级是过渡年级，学生要提高阅读技巧，不仅要会阅读，还要知道如何从阅读中获取知识。而且他们还要知道如何把阅读内容变为实践，把不同的阅读策略应用到不同的阅读中去。

在西得梅因学区，我们用科学研究小组讨论社的形式来促进阅读。在这个过程中，我们有具体的阅读项目来帮助学生激发想象力和提高阅读兴趣。我们用相关的阅读兴趣点，像钩子一样去钩住学生的兴趣，激发他们的想象力，促使学生不断地去阅读。教师则提供包括故事类、科普类的阅读材料，帮助学生们在阅读中发挥他们的想象力，让学生慢慢养成提出问题、分析问题、解决问题的能力。

下面是一些在西得梅因学区中的案例分享：《杰克和魔豆》是一个幼儿园基本阅读的文本。在这个有趣的故事中，教师引导学生发挥想象力和创造力，让学生们去设计一个更好的魔豆和豆茎，可以让杰克爬上去之后还能够爬下来等等。《三只小猪》也是幼儿园基本阅读的一个文本，它可以让学生们理解不同的建筑材料等等。在小学相关的阅读练习和实践中，有很多学生在学习的过程中使用平板电脑。我们在上面下载机器人的相关软件，帮助学生进行机器人相关知识的阅读和研究。除此之外，我们还建立机器人俱乐部，给学生们提供了进一步学习的空间。这也是社区合作和科技工程交流结合的良好典范。后来学生还会在本州甚至全国的机器人大赛中获奖，而最初的起点就是用平板电脑的应用软件来学习使用机器人的一些基本原理。

在这里推荐两本书——《水母》《第十四条金鱼》，都是适合中学生阅读的素材。第一本书是关于水母的故事，讲的是一个小姑娘的朋友因为被水母蛰了以后去世了。她在悲痛中去了解水母的特性，去了解、关心人和人之间的爱等等。第二本书是有关金鱼的。这两个阅读素材都是虚构故事和科普知识结合，不仅是让学生们通过阅读获取科普知识，还可以让他们通过科普和文学素材来感知真实生活情感，诸如家庭、友情等。

在西得梅因学区，我们一直坚持培养学生阅读的能力、写作的能力，通过把阅读和科学结合在一起，帮助学生培养科学地提出问题和解决问题的能力。

科学中的阅读理解能力

玛丽·斯德沃特

（新西兰　约翰保罗学院校长）

新西兰是一个约 400 万人口的国家，包括三个岛。罗托鲁瓦是北岛的中心城市，奥克兰是北岛最大的城市，这些城市都是新西兰著名的旅游胜地，世界各地的人们都去那里游览观光、泡温泉等。

我所在的学院名称是约翰保罗学院，建立于 1987 年，它是一所天主教学校，在新西兰排名非常靠前。约翰保罗学院是一所男女混合院校，学生年龄段从 7 岁开始到大约 11 岁、从 13 岁到大约 18 岁。该学院是半私立性质的，这就意味着汉密尔顿主教拥有学校建筑物，而教育部每年会给学院提供运营资金，包括人员的配备，以维持学院运营。学院教授新西兰课程，高年级学生的学习针对教育成绩国家证书有等级考试和大学入学考试。此外我们还会为好学的学生提供学术课程，包括工程学、机械学等。学院有许多必修课程，低年级学生的必修课如英语、数学、科学、社会学、宗教；高年级学生的必修课有英语、科学、数学和社会学。学生还可以学习和自己将来想从事职业相关的选修课程。

我们非常关注学生的成绩，事实上学生的成绩是很高的，教育成绩国家证书等级一是 100% 通过，等级二和等级三通过率是 95%。

在过去的几年当中，越来越多的学生开始选择科学、化学、生物、物理等科学类的课程，这对我们资源的要求包括硬件设施，如实验室、教室，以及教师的资历、人数都提出了挑战。新西兰在前几年提出了相应地提高科学教育水平和质量的行动计划，教育部也有一些具体的相关项目来支持新西兰的高中，获得必要的软件和硬件的资源，以提高科学教育方面的质量。对此，学院现在也制定了相应的战略，增加对资源的大量投入，如扩大实验室等建设。尤其是今年学院的一项重大事件就是给学生提供相应的阅读材料，来提高学生的阅读技能和科学水平。我们希望国家教育部长能支持中学教育的成绩工程，促进其专业发展，并能提出科学建议和提高读写能力的建议。

另外一项很重要的事件是新西兰在教师工会方面提供的相关帮助，它就是新西兰政府为提高整个社会教育水平实施的科学教学领导力课程。该课程通过提供学校在社区内科学学习的机会，来支持政府的社会科学战略计划。它为被提名的教师提供学习机会，使他们被托管于一个科学环境1~10年，以发展他们的领导能力，然后使其能够领导他们自己学校的科学教学。此项目主要是培训现有的科学类教师，目标是提高师资队伍水平并让他们获得相应的技能。我们学校的老师就参加了这个项目，相关的协会也会支付培训的费用，这就为学院的教师提供了更多机会。

除此项目外，我们学校的教师同时也参加全国各地相关的一些研讨会，新西兰的一些科学研究团体也会定期地组织相关活动，邀请教授科学和自然类课程的教师去参加，这是最近几年一个比较明确的趋势，也是政府的一项既定政策。

关于我们学校的学生如何进行科学互动，在此我向大家简单介绍了我们学校学生玩的一个游戏。学生被分成几个科学研究小组，由一个组向另一个组提出问题，另一个组解答并向下一个组再次提问，这样以此类推地提问—解答，不仅能提高学生的口语表达能力和阅读理解能力，还能提高他们在课堂中的合作能力。

一所公立学校在先进的 STEM 学习上的方法

萨拉·泽贝尔

（美国 托马斯·杰斐逊高中友好合作主管）

托马斯·杰斐逊高中是一所公立学校，它接受5个不同地区的学生。学校每年都会有很多学生进入国家比赛的半决赛，享有很高的社会声誉，连续两年获得了"最佳高中"称号，有8名毕业生获得了罗德奖学金。现在在全世界范围内，有很多学生参与到学术竞赛当中，并且有很多选手进入决赛。

在美国，我们的学生要完成4个以英语为教学的课程才能从高中毕业。现在我们有一个项目，它融合了商务和英语的教学计划，一些新入学的学生会参加这个项目。在这个项目中，会把他们进行不同分组，但课堂是一体化的，而且是以合作为导向的。

我们九年级的学生，在这个项目当中，都是进行一对一的教学，所有的学生、老师和教育监督人员都是教育的一部分，形成了一个大家庭，这样我们就可以把学校打造成安全的避风港，至少有半天时间是可以安静地进行学习。我们学校还会引领学生和同学们进行社交，他们可以进行共同科目的学习，比如英语和科学，它们是相互融合的。在九年级的时候，学生们都会以学习小组的形式完成工作并达标。例如，学生们要阅读莎士比亚的《罗密欧与朱丽叶》，每一个人都会扮演不同的角色，他们做自己的服装、做自己的设计，包括机器人，还使用一些电子软件，来帮助他们进行课程结果的演示和展示。

很多学生在学习传统的英语、文学和诗歌，他们需要进行大量的阅读。《现代生活》是新生要读的一本书，他们要共同分析这本书，研究其文学方面的价值，也要研究这本书相关的知识以及文学元素，同时他们还要了解这本书的历史和科学背景，通过相互的交流与合作，他们可以学到更多。

高年级学生的研究项目，使得每一个学生都有机会进行独立研究和实验。这些学生利用科学的方法、工业的方法、技术的方法来进行互动，可以发展自己的职业网络，在最后一学年，他们就能把自己的研究成果向老师进行介绍，

134

把整个学习过程向大家展示，展示他们的阅读技巧、写作技巧，以及科学的技能发展到什么程度。

我们也会让学生进行一些实验。现在的实验室包括航空航天实验室、智能化机器人实验室、生物科技和生命科学实验室、化学分析实验室、纳米科学实验室、通信系统实验室、电脑系统实验室、能源系统实验室、工业设计实验室、微观电子学科实验室等等，我们欢迎一年级、二年级和三年级的任何一个学生，应用他们学到的理论和知识，在这些实验室进行检验，这个项目可以放到全国范围内，并进行竞赛。

我们现在还会提供很多教学，特别是在阅读方面会有不同小组，比如说来自小学和中学的学习人员组成小组，进行跨学科合作。

科学与阅读：未来的光明

爱德华·凡肖

（英国　英国雷顿帕克学校副校长）

作为一个老师，但同时也是一个学习者，我每天都可以从学生身上学到很多东西，所以我想就以下内容进行阐述，首先是对于我校阅读方面教学的介绍，其次是关于阅读与科学的融合。

开始介绍之前，我想先说明一下我的学校背景。我来自英国一个小学校——雷顿帕克学校，这是一所非常独特的学校。作为一所住宿学校，它有来自全世界的住宿学生，占地60公顷（1公顷=10000平方米），环境美好舒适，甚至还有人说，我们的学校是当地文化的发源地。有足足36个国籍的人生活学习在这所学校中。我们有广泛的课程和专业，作为一所非常独立的学校，我们甚至可以自行设计自己的课程表，而不必听从政府的指导。我们可以自行开发课程，因为在英国，独立教育极为重要。通过独立教育，可以满足对于学术的不同需求，因此也形成了自己独有的价值观：尊重、真理、正直、简单、可持续、平等和和平。学生和老师之间没有壁垒，老师不会凌驾于学生之上，而是平等的伙伴、朋友，这种观念植根于我们的教学当中，推动着我们的教学发展。

其次，我们学校存在着一种特有文化，就是每周四8:20是例行的学生反思时间。它的过程持续整整30分钟，500名学生和老师静静坐在座位上反思，无论思考的是关于自己的男女朋友，还是学习当中的困难都无关紧要，重要的是他们在思考接下来他们应该做什么，在这期间任何人都可以站起来讲话。一个14岁的孩子，在刚刚学习了两个星期的时候，站起来给大家讲他奶奶去世的事情，之后他坐下，学生们仍然很安静，逐渐地每一个孩子都站起来跟大家分享自己的故事。我们之所以一直保持着这样的特有文化，是因为英国的教育一直强调健康心理的重要性，不仅学生如此，教师亦然。虽然老师每天都要处理一些琐碎的事情，但这个反思过程恰恰给了大家做好准备迎接新挑战的时间。

在英国乘火车的时候有这样一种现象，一种情况是火车直接到达目的地，而另一种是火车不会直达，需要采取不同路径才能到达目的地，可能是乘汽车，也可能是步行。所以说我们的目标可能并不是走一条直线就可以到达的，而教育恰巧就是帮助我们达到目标的一个工具，也是我们学校目前正在做的事情。我们的目标是明确的，我们知道需要给学生们的未来做好充分的准备。在我们学校，40%的学生会上美国最好的学校，在中国可能是前八名的大学，在英国，也将是在前八位的好大学。顺便说一下，现在我们学校有37名中国的学生，他们占学生总人数的8%。我们非常喜欢中国的学生，不仅仅是因为我来到了中国的学校，更是因为中国的学生的确才华横溢、学习刻苦。

说到阅读，有这样一句话："书像是装在口袋里的花园。"意思是说书本之中存在着一片远离城市喧嚣的世外桃源，世人于此获得内心的平静。书本，也就是阅读，像一把去往天府之国的钥匙，对于你我，皆是如此，对学生亦然。它也是教育的基石，拥有了完善的阅读技巧，我们才能在将来获得进一步的提升。

我认为阅读是一个需要很多记忆的过程，它在我们的课程大纲中占有很大比例，因为它不仅仅是在科学学科，在很多的学科里都是极为关键的技能。阅读并不是简单地读这些字就可以了，当我们在谈论识字的时候，无论是在数字、网络还是数字化时代，我们必须要确保它们能跟上时代的步伐，否则也将会过时。

我们现在生活在这样一个需要电子和纸张混合记忆的时代。拿我自身的旅程做例子，我是一个很喜欢阅读的人，初来中国的时候，在飞机上就会进行阅读，无论是机场报纸，还是历史杂志，当然还有储存在平板电脑、电子书和手机上的阅读材料。可见，我们目前在运用着不同的终端和技术来进行阅读，这就是科技对于阅读的影响。而科技是在不断变化的，阅读的未来将会是怎样我们无法预测。虽然现存的图书馆储藏着大量的纸质书籍，可在澳大利亚的学校其实已没有了实体的图书馆，这是科技给阅读带来的一种潮流，虽然就我个人的观点来看，它可能并不能算得上是一个好的潮流。幸运的是"世界读书日"的建立，纸质版的书籍依然存在，让我们这些喜欢阅读的人依然可以得到自己想要的东西，科技对于阅读的负面影响似乎得到了控制。

创造性是一个兼顾阅读与科学的词汇。在阅读方面，诸如创造性写作小组的建立，让学生们都希望写出超出A级大纲的内容，然后去写一些自己真正想写的东西。科学也是如此。我们要做到不仅仅是每天按部就班地去学习学校要求的科学，更要打开眼界去看看外面的科学世界。科学和创造性的实践也是密不可分的，我们一直鼓励学生去亲自实践和体验，并从自己的失败当中吸取更多的教训。一位智者曾经说过这么一句话："我听到,然后我会忘记;我记住,然后我操作,我才能理解。"就是说我们通过实际操作能够加深对事物的理解,而这种对于事物的深度理解也会帮助学生们在未来走得更远。

外界对于科学学科的发展有着极大的激励作用,例如在英国,学生们拥有着很强的竞争优势,很容易就能了解到科学技术、工程等方面的基础知识,这样,更多的学生会选择学习科学,从而外界的影响和校园内部形成良性循环。影响和激励学生学习科学应该是一个值得讨论的话题,如果科学家给人一种疯子的形象,那么学生就不会想成为科学家。所以我们应该尽可能地把这种科学潮流和日常生活相结合,比如可以说未来的职业规划,对于与科学相关的职业可以被提供更多的就业岗位,这就可以作为激励学生去学科学的一个因素。

我们学校也拥有素质扩展项目,即研究项目可以由学生自己提出来,在法律允许的范围内,他们可以去研究政府的任何议题,然后提出想法并调研,最后得出一个研究成果。学生的这些技能素质和能力越来越受到大学的重视,越来越多的英国学生做起了素质扩展的项目,想必未来有扩大的趋势。

"当变革之风吹来,有人搭起高墙,有人却建起了风车。"所以当外界环境变化的时候,我们应对的方式决定了我们的结果。未来将是年轻人的未来,充满着无尽又不可预知的变化,而我们需要做的就是要让他们对未来做好充分的准备。

通过不同评估方式促进学生阅读和科学素养的培养

西曼·玛丽·贝克特·黑泽尔

（加拿大 滑铁卢天主公立教育局国际教育副校长）

我们带着激励学生的目的来到这里，参加全球基础教育联盟会议，以期找出一些共通的方法，满足学生的需求。我任职于滑铁卢学校和圣本迪尼克特天主教学校。在滑铁卢学校我主要负责国际教育，将加拿大学生送到其他国家去学习。针对特殊学生群体，学校设立了一个选修课程培训基地，这里的学生学业水平能够达到常规学校的标准，但在行为上与常人不同。通过一套选择性学习方式，可以让孩子改变他们的一些行为方式，更好地适应中学的生活。

在我们的学生评价体系中，"总结性评价"和"形成性评价"这两个概念或许众所周知，而"学习的评估""评估学习"和"作为学习评估"这三个概念可能相对陌生。当然在国际上也会有其他不同的术语表述。我们不仅仅是为了评估，而是要弄明白为什么要做这个评估。在安大略也有省级的学习成果测试，学生只有通过省级测试才能够毕业。这样通过测试排名，可以了解到他们的学业表现。但不幸的是，总有不少同学跟不上这些课程，等到他们由于不理解跟不上学习进度就为时已晚。我们可以将评价作为一个工具来衡量学生，用形成性评价而不是结果性评价来激励学生前进。这样不仅仅重视考试结果，更重视整个学习过程。下面我将简要介绍三种评价形式：

第一，"对学习的评估"是最常用的评估形式。这是大多数教师所习惯使用的，比如为数据的生成而进行的评估、测试和测验。

第二，"作为学习进行评估"侧重于随着时间的推移明确培养学生的能力，让他们成为自己最好的评估者。教师需要给学生呈现外在的机会让学生评估自己。

第三，"为了学习评估"是学生和教师寻求和解释证据的过程，用来决定学生在学习中所处的位置，他们需要达到何种水平，以及如何最好地到达该水平。"为了学习评估"和"作为学习进行评估"都是"形成性评价"。"形成性评价"

要弄清楚三个问题：1. 学生现在了解什么。2. 学生要达到什么水平。3. 学生如何达到该水平。

一切评价工具，例如红杯子、黄杯子、绿杯子，和向上竖大拇指与向下竖大拇指等，均可以在阅读、科学和历史课堂上使用。需要明确，在什么课堂使用这些工具并不重要，重要的是作为教师要提出什么问题。这些问题不能只是要求学生给予你结果的反馈，而是要用正确的提问方式获取学生们正确掌握的技能。所以这里有三个提问方式可供教师选择：你们可以问学生们学到了什么，他们掌握到了什么技能，以及给他们设定一定的时间在课上完成一个问题。这样就能检验学生们是否在课上认真听讲，保证学生能够获得我们所传授给他们的知识。

我的子女都进入了大学从事科学工作。我曾经问，对于科学学习来说，最好的教学工具是什么。有一个回答是教师滔滔不绝的讲解。但事实是当明天要做同样的实验时，学生根本记不住之前讲了什么。所以在第二天进行实验之前我们要问一下学生，他们是否知道第二天怎么做实验，及时发现不懂怎么做实验的学生，就可以及时进行指导干预，在实验之前纠正他们的错误行为。

现在我们来探讨下"形成性评价"。设想即使我们想方设法设置了一个非常新颖的游戏，但是学生未能通过游戏掌握所学的知识，这又有什么用呢？假设一道题20%的学生没有学会的话，这是教师的问题还是学生的问题呢？在我的教学生涯中，我觉得是我的问题。因为我是一名教师，我必须要教会所有的学生知识。有些时候学生没有学会应学的知识，因为他们与其他同学在学习基础方面有差距。他们也许正在煎熬挣扎，可能是忘记了一年前讲过的内容；可能是没有跟上你讲课的速度；也可能是理解的方式与你不一样。如果在进行测试的时候，50%的学生没有完成你的测试，那在这个时候可能要反思你提这个问题是否很合适，是否要及时删除这个问题。实际上，有些时候确实是老师的问题不合适。

作为一名教师，在与学生进行合作时，要真正理解学生的情况，也需要和其他老师进行交谈。我之前教过音乐，并且唱歌剧也唱了几年。我曾教过九年级的一个班，整个班级的学生没有一个人能唱歌。他们每节课都昂起可爱的面庞无助地望着我。我就很迷惑：这些学生为什么就学不会呢？他们的问题是根本没有任何音乐基础。后来我就反思我自己，是不是我的教学方式有问题，我是否需要改变一下教学策略？遗憾的是，我的这种教学方式已经持续了多年，已经固化了。因此，我认为作为教师最大的挑战，就是根据学生的情况不断调整自己的教学策略。

很多教师遵循固有的教学模式，我的办法是让他们到其他教师的课堂上去听一听，看一下这些老师是不是考虑到不同学生的不同情况。这些学生的水平各异，如果用同样的教学方式来教，就会带给那些水平低的学生一些挫败感。所以我们的工作就是调整我们的教学方式，给这些基础薄弱的学生一个提升的机会。如果学生没有开始学习自主学习的话，那么教师的教学就是不完整的。教师的目的是教学，不断让学生体验成就感。

最后，"作为学习进行评估"是三个评估过程中最难的部分，因为评估本身就是一种学习的过程。它要求教师充分了解自己的课程。一名合格的教师必须要清晰地了解自己的教学过程。当谈到"作为学习进行评估"时，必须要了解一个概念：元认识，即对自己思维方式的思考，这是阅读理解策略的基础。熟练的读者不断地监测自己的想法以增进他们的理解。例如，他们会在阅读中共同构建成功标准来进行同伴评价和自我评估。当在教学生的时候，必须要知道学生一步一步学习的先后顺序。

至于"共建标准"，它是美国一位科学家提出的概念，简称成功评价标准，即考虑我们应该怎么做才能满足课程标准。教师应该起到推动作用，我们要给学生们展示评判文章好坏的标准。学生也可以把自己的作品和其他作品进行交换，评价他人的作品是否达到标准。这样学生本身就成了评估者。在不断评估的过程中，学生们会成为共同学习者。通过交互学习，他们会学会用辩证的、分析的眼光看问题，而非停留在问题表面。

选择评估作为研究对象，原因之一是我们要制定学校有效框架评估系统，并在此基础之上制定出成功评价标准，让学生给出反馈性描述。成功标准不仅包括学生、教师以及管理者需要达到什么标准。所有这些步骤都是紧密相连、相互反馈的。通过该系统，教师可以了解教学过程是否达到预期效果，了解学生能否相互协作。此外，教师要敢于承认自己的知识漏洞，并及时反思，方能提升教学效果，并使学生提高学习效率。

"为了学习评估"和"作为学习进行评估"旨在提升学生的表现水平，其过程来源于"评估学习"本身，透过所有评估可以清晰区分学生的层次水平。以此建立起的系统教学，定能让学生更好地认清自己的位置，以取得更大进步。

多感官学习培养阅读能力

劳拉·霍尔多夫

（丹麦　郡佳私立学校校长）

丹麦郡佳学校是1960年建立的一所私立学校，在过去的五年中得到快速扩展，于2014年成立高中部，并将很快建设成为一个国际性学校。目前我们有750位学生和43位老师。

我们学校的学生智商都较高，在一些国家或许会被称为"天才儿童"。针对小学生而言，我们开设的课程都是创新型的项目。在此，我与大家分享一下我们这种多感官的学习模式及背后的教学方法和培养方式。

在我们的课程里，孩子们可以通过艺术、音乐、阅读等综合的方式来学习字母。其中，学生对早期阅读材料的熟悉程度至关重要，因此提前做好阅读准备有助于鼓励学生建立自信，我们也会针对前期的阅读材料设置一些特别的课程。对学生而言，这种多感官的综合型教室才是真正的学习场所，可以使他们在智力、情感方面得到综合体验。因此，每周都会有学生来参与这样的活动。

具体而言，我主要谈论的是"新科学"，即用新的感官、新的音乐等方式来提高学生们的阅读能力，使其形成新的大脑阅读通路，这类似于生物学中的恢复过程。在过去，这种培训过程主要用于人体大脑损伤后的康复治疗，但如果重新来审视这些康复练习，就会发现一个新的视角，我们其实是在人类自发的思维塑造过程中进行一个再塑造、再思考的过程。

例如，孩子们在教室中学习字母"E"，通过"E"可以联想到很多相关单词，比如大象（Elephant）和名字艾尔默（Elmer）等，教师通过音乐来营造视觉化、艺术性的学习环境，与孩子们一起谈论大象，那孩子们在学习过程中就会又蹦又跳，非常活跃、非常激动。我们不仅是用铅笔来画"E"，而且用自己的感知、灵魂来画"E"，边画字母边唱字母，看到这个"E"就想起关于大象的故事。这样他们的理解和记忆就会比较深刻，这一点至关重要。

多感官学习与情境式学习相似。可以说，学习在本质上是一个社会化的过程，而并不单纯是存在于一个学习者的头脑中。我们的问题是，这种社会化的学习过程是否更多依赖于具体的语境，或对具体的环境更为敏感？这也是相关理论及先进教育研究所考虑的议题。答案是肯定的，孩子们会相互观察、互相学习，通过跟小伙伴的学习取得更好的效果。事实上，阅读是一件神奇的事情，当用一些时间让一些学生去阅读，就会发现他们在学习发音、拼写时要比其他学生掌握得更快。为什么？当我们对学生创造性的学习、阅读和拼写行为进行研究，就会发现一个很有趣的结论，音乐这一因素有助于改善学生的发音，帮助其进行流利地阅读。另一个因素是专注度，在多感官学习教室，可以通过多方位的练习，提高孩子们的认知度以及专注度。

有时有些孩子太过活跃，以至于难以进行正常学习。例如我们这里有一个男孩，生性活泼，做不到百分之百专注，他总是在想下一步是什么，思维速度太快，语速太快，我们说的他听不进去，他说得太快我们理解不了，存在教与学问题上的脱节。为此教师需要通过理解和感知，对他加以训练，在他开始发言前就要先思考，将问题设置得稍有难度一点。事实表明，这种运用音乐等因素的多方位培训方式确实产生了很好的效果。

那么，我们在这里的战略又是什么呢？这种教学战略植根于我们的异化思考理念。教师需要意识到开展创造性学习的可能性和重要性，并将其融入整个教学环节中。如果在艺术性的环境中开展创造性思维练习，就会碰撞出更多思维的火花，萌生出新奇的想法。创造性思维非常重要，然而很多学校在设置项目并执行时常常忽视它。

在成为学校管理者之前，我在皇家美术学院攻读艺术类硕士学位并工作了一段时间，这期间我发现了一个理念，如果将当代艺术融入创新思维的学校教育中，我们便可以进入一种教育理念和学习理念的范式转变，当然这一模式尚未完全成型。

我们借用艺术家的一个游戏来佐证艺术性教学的趣味。在一块白板上，有各种各样的东西，或许我们喜欢，也或许不喜欢，我们可以充分发挥我们的想象力将其整合在一起，变成一个新的事物。可以看到，当我们以艺术性的形式来展现这种理念的时候，整个游戏变得越来越有吸引力，以此来体验艺术。我们希望在学校中能够引入这种模式，最终体现在某种成文的约定上并期待获得一定的回应。

同时，我也发现了一种新的教育理念："诱导法。"这一理念由美国实用主义学派创始人之一查尔斯·皮尔斯（Charles S. Pierce）提出。"诱导法"理念主要帮助我们找到一种新的学习方式，特别是将它与艺术性教育相结合时，我们可以通过观想力来加以分析，找到一种唯美学的解决方案。这是一种核心理念或一道关键程序，有些时候我们仅会看到一种途径，有时也会通过它实现整体的解决方案。在整个大的教育背景下，我们必须要知道我们要做什么，因此需要以一种合理的、建设性的方式对其加以运用。这种教学理念的实施依赖于具体经验，并以知识为基础，以实践为依托，为我们进行多感官教学研究提出了很好的目标。

研究人员告诉我们，语言的学习对小孩而言更为容易。我们学校从最开始就教授英语、中文、德语等多种语言课程，学生们知道如何操作、如何开展学习，也非常容易接受不同的语言理念。我们的学生班级进度和层次有所不同，因此针对所有课堂，我们要考虑如何能够满足学生的不同目标。研究表明，在阅读素养方面能力很强的学生，并非必然是那些天才学生或是才华横溢的学生，很多孩子在其他方面可能也有专长。孩子们在娱乐中进行学习，有时表现得相对独立自主，有时也可以相互兼容，他们的阅读素养、阅读能力自然或高或低，不尽相同。因此我们需要把两种不同的艺术性教育理念整合在一起，以此来促进学生学习，提升其阅读素养。

我希望通过基础教育联盟会议，能将这种多感官的艺术性教育空间进一步加以拓展，大家集思广益，推动教育发展步入正轨。

对教育本质的新认识

顾明远[*]

（中国　中国教育学会名誉会长、北京师范大学资深教授、
国家教育咨询委员会委员）

　　2015年11月，联合国教科文组织发布了一份新的研究报告来反思教育：向全球共同利益理念的转变。该组织于1972年发布的《学会生存——教育世界的今天和明天》的报告，是非常不错的报告。《教育：内在的财富》是德洛尔的报告，是宏观的、具有全球性指导意义的一个文件，不同一般。总的报告精神，我觉得是以人文主义为基础。

　　为应对新的挑战提出教育应负的责任，报告提出要重新定义知识、学习和教育。认为教育应尊重生命和人类尊严、权利平等、社会正义、文化多样化、国际团结和为可持续的未来承担共同责任；要超越狭隘的主义，将人类生存的多个方面融合起来，采用开放的、灵活的、全方位的学习方法，发挥自身的潜能，这是对教育的一个新的定义。

　　报告还提出，教育要以人文主义为基础。认为经济发展必须遵从环境管理的指导，必须服从人们对于和平、包容与社会正义的关注。人文主义可以超越经济发展中的功利主义的应用，应对全球学习格局的变化。教育要将人类生存的多方面融合起来，将受到歧视的那些人包括进去，这是人文主义的解释。

　　报告提出来一个很重要的观点，即教育是全球共同利益。我认为它有以下几层意思：第一是强调人文主义精神。报告认为，教育是人的生存和发展的权利，教育要尊重生命、尊重公正、平等，使人们过上有尊严的和幸福的生活。国家不仅要提供教育，还必须使社会教育成为人民的保证，这是教育提出的明确要求。

---

　　[*] 中国著名教育家，北京师范大学资深教授，国家教育咨询委员会委员，国家教育考试指导委员会委员，中国教育学会名誉会长，曾任世界比较教育学会联合会副秘书长。

报告还特别批评教育的功利主义和经济主义。报告说，教育的经济功能无疑是重要的，在资本、经济的发展资源以外，还有一部分不能计算，还有什么？那就是人力资源。

另一方面，我们必须超越单纯的功利主义观点，发扬众多国际发展体现出的人力资本理念。还涉及多样化世界中实现和谐的必要条件，必须摒弃将个人作为商品的学习体系。

第二是强调教育的集体利益。报告把共同利益定义为人类在本质上共享并且互相交流的各种善意，例如价值观、公民美德和正义感，这些都是人类共同的善意。另外还有固有的艺术，人类正是通过这种关系来实现自身的幸福。因此，教育不是个人的受益，而是一种社会集体主义。

报告认为，应该把教育和知识视为全球的共同利益。强调人人参与教育，这意味着知识的创造、控制、获取、习得和运用是向所有人开放的，是一项社会集体努力。

报告批评教育私有化，认为教育私有化加剧了学习平台之间的竞争。教育是社会平等链条上的一环，不应该把社会教育推出市场。

第三是强调多样化、多元化。共同利益有多种文化的解读，因此在尊重基本权利的同时，要承认并关注环境、世界观和知识体系的多样性。因此必须说，模式之外的各种知识体系，特别是弱势群体的一些文化服务体系，他们的文化知识我们应该重视。

我觉得这是对教育本质的深刻认识。过去人们总是用工具理性来解释教育，缺乏对教育作为人的生存和发展的权利的认识。我们把教育作为为经济建设服务的手段，但是教育更是人的权利，人的生存和发展的权利。而且教育不只是个人发展的条件，更是人类集体发展的事业；知识是人类的共同财富，应该全人类共享；个人的发展也不是孤立的，是在人类社会共同发展过程中发展的。

下面一个是理解全方位的学习方式。报告强调全方位的学习，怎么转变呢？就要改变学习方式，重新定义学习的概念。学习是什么呢？学习可以理解为获取信息、认识、技能、价值观和态度。学习既是过程，也是结果；既是手段，也是目的；既是个人行为，也是集体的努力。学习是由环境决定的多方面的现实存在，所以报告对学习有一个新的概念、新的定义。

报告批评当前学界主要关注教育过程的结果，而忽视学习的过程，即关注学习成绩，而忽视了对于个人和社会发展具有重要意义的知识、技能、价值观和态度。我们强调学习的成绩，而报告里面强调，面对当前社会和经济的变革，教育要帮助人们改变思维方式和世界观，同时采用开放和灵活的全方位的终身学习方式。

我给大家讲个最早提出终身学习的小故事。1974年我参加联合国教科文组织，当时发展中国家提出要扫盲教育，但是发达国家提出了终身教育。直到1993年我们的发展纲要中才提出"终身教育"。当时大批工人下岗，我们生产转型，在转型的过程中，新的生产线、新的工人，就要学习，这个概念是非常先进的，有个三四年吧。这是讲的小故事。

过去，我们把教育理解为有计划、有意识、有目的和有组织的学习，和现在的教育一样，正规教育和非正规教育都是制度化的。但是人的许多学习都是非正式的，所以要重视非正式的学习，要支持终身学习的理念和不分年龄地为所有人提供适当学习机会的做法。非正式的学习，如看电影、参观博物馆、参观文化馆，正式的学习如政策所要求的，非正式的学习在一生当中可能是更多的。孔子讲三人行必有我师，这就是非正式的学习，要有终身学习的理念。

报告提出要反思课程的编排，强调人文主义课程和多元化课程，反对一切文化霸权、定型观念和偏见。

对于互联网，报告里提到了，它改变了人们获取信息和知识的途径、交流的方式。数字技术为达到自由创造了更多机会，但同时也引发了涉及个人隐私和安全等问题，需要用法律和其他保障措施来防止数字技术的误用。另外有很多谣言和信息诈骗，要防止数字技术的误用。教育工作者要帮助新一代数字国民做好准备，应对数字技术乃至今后的技术伦理和社会问题。

现在是互联网时代，十年以前谁想过用手机看天下？所以以后更想不到。但教育是未来的事业，为未来的社会培养公民，所以我们要有准备，到底将来我们怎么发展。

接着就讲到学校教育和教师的情况。在数字化、互联网的时代，学校和教师起什么作用呢？学校教育的重要性并没有削弱。学校是制度化学习和在家庭之外实现社会化的第一步，是社会学习、学会做人和学会生存的重要组成部分。第一个接触的是父母，进入幼儿园和学校是进入社会的第一步，是学习社会的第一步，是与人交往的第一步。

所以报告指出，学习不是针对个人的事情，是一种社会经验，需要他人作为同伴和老师讨论的方式共同学习。当然，数字化、互联网拓宽了学习空间，给学习带来了保障，提供了MOOC和移动学习。但目前发展趋势是从传统教育机构转向混合、多样化和复杂的学习格局，实现正规学习、非正规学习和非正式学习的密切互动，并且这种互动要从幼儿开始，延续终身。方法全部都会有变化。

报告还说，教师应当成为向导，引导学习者通过不断扩大知识库来实现发展和进步。报告认为，应该反思教育和培养方向，为教师提供更具吸引力、更能激发他们积极工作及稳定生活的条件，包括薪酬和职业前景。

对我们国家而言，这也是非常切合实际的，习近平总书记讲，四个引路人是学生学习的引路人。过去我们讲的师生关系改变了，教师不是知识的权威，不是知识的载体，教师应该是学生学习的生存者，是获取信息的指导者、克服困难的帮助者，同学学习的伙伴。

那么教师就需要接受培训，促进学习，理解多样性，做到包容、培养与他人共存的能力。教师必须促进尊重他人和的课堂环境安全、鼓励自尊和自主，并且运用多种多样的教学和辅导策略，教师必须和家长和社会进行有效沟通，并注重团队合作。总之，教师要不断提高专业化水平。应该说在互联网时代，不仅教师不会消亡，而且教师教育系统还要加强。教师要改变转变教育的观念，提高专业的能力。

最后，我想分析一下三个时代的三个报告，从科学主义走向人文主义。

第一个报告是《学会生存——教育世界的今天和明天》，发布在1972年。是在20世纪50年代教育科学技术迅速发展的背景下提出来的。报告认为，20世纪科学技术的发展改变了世界。到目前为止，没有什么东西足以与我们现在所说的科学技术革命所产生的后果相比拟。当时20世纪五六十年代是科学技术迅速发展的时代，发现了原子能，20世纪60年代还有电子，我们现在的手机都是电子，正处于电子化时代。所以到五六十年代的时候，提出科学技术把人类带进了学习化社会，人们只有不断地学习，才能适应科技所带来的生产和社会的发展。科技更使得知识也就是教育，有着前行的意义。在成人教育会议上，提出了终身教育，非常强调终身教育的概念。学习化社会和终身教育两个概念影响了世界教育的发展。我们看出，第一个报告充满了科学主义精神。

第二个报告是《学习，内在的财富》。这个报告发表在1996年，是世界经济进入20世纪七八十年代发展的时代，社会矛盾有所缓解，环境得到有效改善。可以说这个报告充满了乐观主义精神。因为20世纪80年代是资本主义发展的黄金时代，那个时候经济发展非常快，资金也非常充足，我们改革开放刚好利用了国外融资，所以对21世纪充满了期望，认为可以解决很多问题。谁知道，2001年"9·11"事件，一下子打破了乐观主义。"9·11"事件的恐怖主义冲击，2008年的经济危机到现在还没有复苏。但这个报告充满了一种理想主义，或者叫作经济主义的一种思想。

所以我们看第三个报告，就是我讲的反思教育，这个报告应该与联合国教科文组织以前发的两个报告联系起来思考，说明教育是时代的产物，同时又是对教育和学习的进一步认识。三个报告具有里程碑的作用，在世界教育发展过程当中产生了重要的影响。

报告开篇就说："面对未来的种种挑战，教育看来是使人类朝着和平、自由和社会正义迈进的一张必不可少的王牌。"这是第二个报告。又说："教育在人和社会的持续发展中起着重要的作用，它的确是一种促进更和谐、更可靠的人类发展的一种主要手段。"这是第二个报告。

但是，21世纪初的社会发展并没有像德洛尔的报告那么乐观。"9·11"恐怖事件打破了世界宁静，2008年的经济危机至今还没有复苏。暴力冲击、青年失业、种族歧视、环境污染等种种矛盾，以及教育与就业之间的矛盾日益加大。

新的报告提出来"反思教育"：向"全球共同利益"的理念转变即文化多样、国际团结和为创造可持续的未来承担责任。强调知识是人类的共同财富，知识应该人类共享，更要重视价值观和态度的培养。新报告是继承了前两个报告的精神，强调终身学习、终身教育，重新解释学习的四大支柱。这是大家都知道的，学会认知、做事、与人共处、共同发展。

新的报告与以前的报告不同，它反映了当今时代的要求，培养道德品质和知识技能。

当然，教育不可能解决世界的种种危机，但教育总应该有一个崇高的理想，把培养人的事业与人类可持续的未来联系起来，否则人类将自取毁灭。报告无疑是一个清醒剂，今天我们要大声疾呼，回归教育的本质，使我们年轻一代担当起持续发展的责任。

创新人才培养模式　培养适应未来社会的人

马丽君

(中国　石家庄外国语教育集团初中部主任)

　　历史往往惊人的相似。两千多年前,生活于中国春秋时期、被称为"万世师表"的思想家、教育家孔子,和生活在古代希腊、位列"古希腊三大哲学家"之一的柏拉图,同样游历四方,最终选择执教,为教育奉献了一生,为世界留下了宝贵的财富。孔子主张的"仁义""礼乐""德治教化",与柏拉图《理想国》中对政治、哲学、教育等方面的态度,构成两位历史巨人穿越时空的"对话",他们共同思考并践行教育的最基本问题,即"培养什么人?"和"怎样培养人?"。这可以看作是早期"公民素养"的萌芽。

　　两千多年后的今天,不可逆转的全球化趋势把公民素养的培养再次推向前台,成为一种世界潮流。东西方思想文化的融合,为遵守伦理道德和有关法律法规的公民基本素养,赋予了更丰富的内涵。

　　就通行的定义而言,公民素养是面向全体公民的一种最基本的标准和要求,它包括公民的素质和修养,涵盖了道德、情操、言行举止、文化底蕴、奉献精神和法律法规意识、社会公德意识及自我约束意识等等,归纳起来就是爱国主义精神、法治意识、权利和义务意识和核心价值观。

　　在21世纪初,中国为迎接知识经济时代的到来,开始在中小学全面实施课程改革。但是由于长期以来受传统教育的影响,现在的中小学还普遍存在"学生为分数而学,教师为分数而教"的现状。学校教育并不是仅仅为了提高学生的考试分数,以他们能够进入好的中学、好的大学为目标,而是要为学生终身发展负责,以使他们适应未来为目标。因此我们认为学校教育需要时刻认真思考和解决好这样两个问题:培养什么人和怎样培养人?

　　我校从1994年建校以来,始终致力于探索和实践学校教育应该"培养什么人"和"怎样培养人"的问题。在"培养什么人"的问题上,我们认为可以从以下五个维度来解读:1. 从学生健康成长的维度来说,要培养学生成为德、智、体、美、劳全面发展的人；2. 从学生立足于未来社会的维度来说，应该培养学生成为将爱国情感、交际能力、协作意识、文明素养、健康身心、创新精神集于一身的人；3. 从终身学习的维度来说，要培养学生成为"自主学习、自主发展、自主教育、自主管理"的独立自主的人；4. 从促进社会发展和进步的维度来说，学校要培养学生成为具有正确人生观、世界观和价值观的勇于担当的人；5. 从全球化时代的维度来说，学校要培养学生成为既具有优秀中华传统文化底蕴，又有国际视野的具有国际竞争力的人。这与日前发布的《中国学生发展核心素养》总体框架一脉同出。

在"怎样培养人"的问题上，我们认为就是要确定"人才培养模式"。长期以来，中国受传统文化、教育思想、社会制度、教育体制等方面的影响，形成的传统的人才培养模式已经不能适应培养未来社会人才的需要，必须要探索新的人才培养模式。

中国传统的人才培养模式在基础教育阶段突出表现在两个方面：

第一是在课程设置上。表现为课程结构不合理，种类单一、内容繁多、难度较深、评价方式单一。尽管在新课程改革以来，中小学的课程结构、课程内容和课程标准都发生了很大变化，形成了国家、地方和学校的三级课程体系。然而受中考、高考考试制度这个"指挥棒"的影响，学校在课程开设方面普遍存在着重视文化课程，忽视与考试无关的体育、艺术、综合实践课程。因此学校里"学生为分数而学，教师为分数而教"的现状还普遍存在。

第二是在教学方式上。传统课堂上教师的教学方式主要是包办式、灌输式、填鸭式、满堂灌，导致学生的学习方式是被动听讲、死记硬背、反复训练、题海战术。这种教学方式和学习方式非常不利于人才培养，培养出来的学生是唯书唯上的、死搬硬套的、照猫画虎的、高分低能的，这样培养的人模仿能力很强，但缺乏创造性。

如何转变这种传统的人才培养模式？我们的做法是提出了"永远不能低估学生能力"的理念，在这一理念下进行人才培养模式的创新，结合我校的特点和实际构建一种新的人才培养模式。主要表现在三个方面：

第一，用课程保障学生德智体美劳全面发展。在国家课程和地方课程的基础上，我校从 2000 年开始自主研发了体育、艺术、综合实践的 27 项校本课程。体育设有 9 项：田径、足球、篮球、排球、乒乓球、保龄球、健美操、体操、武术；艺术设有 12 项：键盘、二胡、小提琴、歌唱、舞蹈、音乐欣赏、素描、国画、版画、剪纸、平面设计、美术欣赏；综合实践设有 6 项：机械加工、机器人科学、航模科技、无土栽培技术、通用技术、电子控制。昨天中午大家在参观学校的过程中也看到了其中的一部分课程。

这些校本课程在初中7~9年级是必修，初中毕业时每个学生都会踢足球、打乒乓球、会弹钢琴、拉二胡、会国画、机械加工等等。这就培养了学生广泛的兴趣，给学生更多机会让他们发现自己的兴趣和特长。这些课程在高中10~12年级是选修，提供给那些在某些专项上有兴趣和特长的学生，使他们可以在初中必修的基础上进行提高学习。

有不少人担心：开设这么多文化课之外的课程会影响学生考试成绩吗？我校通过十几年的实践证明，体育、艺术、综合实践校本课程的开设不仅没有影响文化课的成绩，而且缓解了学生的学习、考试压力，促进了学生的全面发展，学校的中高考成绩连年提升。初中课改后，11年来有8年的石家庄市中考状元都是我校的学生，我校中考优秀率平均达到51%，全市平均优秀率是21%，我们超出全市30个百分点；我校中考普高率平均达到88%，全市的平均普高率为67%，我们超出全市21个百分点。高中课改后，我校高中毕业生全国顶尖大学的录取率在全省遥遥领先，"985工程"大学的录取率是46%，全省的录取率是17%，超出全省29个百分点；"211工程"大学的录取率76%，全省的录取率是46%，超出全省30个百分点。

第二，转变教育方式。我们在"永远不能低估学生能力"的理念指导下，提出了"四自主·四环节"教育模式，核心是要转变教育者的教育方式和学习者的学习方式。目的是培养学生自主学习、自主发展、自主教育、自主管理，推进方式就是项目设置——项目实施——交流展示——评价激励四个环节。"四自主·四环节"教育模式就是把教育内容以项目的方式交给学生，让学生在主动参与、合作探究、过程体验、交流展示的过程中完成项目，在夯实公民素养基础知识的同时提高能力，获得终身学习和发展的本领。

教育方式的转变首先突出体现在教育者角色的转变上，比如：传统教学方式的教师角色，是所学知识的讲解者、课堂话语的控制者、知识容量的填充者、知识消化的操作者、知识应试的训练者、知识对错的评判者。而"四自主·四环节"教育模式的教师角色，是所学知识的抛出者、自主探究的组织者、质疑解惑的参与者、交流展示的激励者、知识生成的点拨者、知识呈现的梳理者。如果打个比方的话，传统的教师角色是演员，学生的角色就是观众，我们努力转变教师的角色，是使教师成为导演，学生就可以是演员，当然教师最好能做制片人，那学生就可以做导演了。教师、学生角色的变化带来的就是教育方式的转变。

下面我用一节六年级的数学课来进一步说明，"测量不规则物体的体积"。

老师设计的项目是：测量土豆的体积，自选测量物体和工具。课前学生每人都去准备拿出解决方案，课堂上小组讨论、合作完成，然后分小组展示讲解测量的方法和过程。

在课堂上学生们用了很多方法来完成这个项目。方法1：这个小组的同学用的是浸水法。他们将土豆放入圆柱形的装有水的容器中，测量水位升高的高度，再计算出升高部分水的体积，就是土豆的体积。方法2：这个小组的同学用的是分割法，他们把大土豆切割成若干个体积相同的小正方体，再计算出这些小正方体土豆的体积之和，就是大土豆的体积。方法3：这个小组的同学很有创意，他们的方法叫土豆泥法。他们将土豆蒸熟，制作成规则的长方体形状的土豆泥，再测量、计算得出土豆的体积。方法4：这个小组的同学就更神奇啦，他们方法叫橡皮泥法。他们先用橡皮泥把土豆包裹成长方体形状，测量并计算出体积，然后再剥下橡皮泥，将它捏成一个小的长方体，测量并计算出橡皮泥的体积，那么两个体积之差就是土豆的体积。这节课老师把要学习的数学知识设计了一个项目交给学生，激发了学生浓厚的学习兴趣，课前学生们都做了认真的准备，提出了很多解决问题的设想，在课堂上表现很活跃，在小组内积极参与讨论，合作完成项目。在交流展示环节，不同小组呈现出多种多样的解决问题的方法，小组之间还不断地互相质疑提问，比如如何能更好地减少误差、哪种方法操作更加简便等。实际上学生自己探究出来的方法远远多于传统课堂上老师教的方法。老师用项目设置打开了学生思维，学生通过参与、体验、合作、探究获得了知识，这与过去老师满堂灌、填鸭式的课堂相比，学生对知识的理解更加深刻，掌握得更牢固。所以说这种"四自主·四环节"教育模式下的课堂，学生真正成为学习的主人。每次看到学生们精彩的展示和创造性思维的迸发，老师们都会由衷地感叹说："真是永远不能低估学生的能力啊！"

第三，我们认为人才培养模式的创新是一项系统工程，需要在一个全方位、多领域、大环境下才能有效运行，人才培养模式的创新必须是学校的整体改革行动。学生的学习不仅只在课堂上，还包括课堂之外的德育教育、校园活动、家庭教育和社会实践等各个领域。

比如：在社会实践活动中，我们鼓励学生走出校园、了解社会，增强他们的社会责任感。在我校常年开展以"我爱石家庄"为主题的社会实践，培养学生"住在石家庄、了解石家庄、热爱石家庄、建设石家庄"的家乡情感。

每学期学生们都会围绕着石家庄的历史、文化、资源、城市管理和城市发展等为内容开展课题研究。这是2014—2015学年第一学期7年级学生选择的研究课题：石家庄公共场所禁烟现状调查、石家庄便民自行车使用状况调查、石家庄市区盲道建设和使用现状调查、石家庄社区环卫工人工作状况调查、石家庄城市雕塑情况调查、石家庄社区居民业余文化生活状况调查、石家庄市民绿色出行情况调查、石家庄市区垃圾桶设置和管理状况调查、石家庄交通路口行人过马路现状调查、石家庄露天停车场收费状况调查、石家庄青少年健身场所设置和使用情况调查、石家庄市民读书状况调查、石家庄居民小区绿化状况调查、石家庄青少年零食健康状况调查、石家庄地方戏曲传承情况调查、石家庄名胜古迹保护状况调查等。

每学期学生都会围绕石家庄的历史、文化、资源、城市管理和城市发展等内容，开展课题研究。下面我们来看一下《石家庄市区垃圾桶设置和管理状况调查》这个实践课题，学生是如何开展研究的：

同学们选择了城市公共场所的垃圾桶作为研究对象，他们分成10个小组，首先到网络和图书馆查阅了国内外垃圾桶的相关资料，涉及瑞典、美国，以及中国香港、北京、上海等10个国家和地区，然后选择了石家庄市的大型广场、主要公园、街道共10个公共区域进行实地观察、走访调研，发放市民调查问卷、访谈环卫工人和城市环卫部门负责人，全面了解石家庄市区垃圾桶设置和管理的现状：比如垃圾桶的数量和位置、分类垃圾桶的使用情况、垃圾桶的管理情况、市民和环卫工人对现有垃圾桶使用和管理的意见等。在了解现状的基础上，学生们通过收集资料、数据统计、分析汇总，提出了需要解决的问题：比如垃圾桶布局不合理、数量和密度不够、位置摆放有问题、分类垃圾桶形同虚设、垃圾桶管理维护不到位等。最后制定了市区垃圾桶改进方案，从垃圾桶的设计、垃圾桶的摆放、加大市民环保意识宣传、改进环卫工人清洁工具等方面提出了建设性意见。比如：在垃圾桶的设计方面，学生们建议分类垃圾桶的外观要用不同颜色或者标出明显标志，便于市民分类投放，增强人们的环保意识。垃圾桶的外观造型既要美观又要方便实用，建议城市举办垃圾桶设计大赛，增加有艺术造型的、新型防腐材料的、脚踏式开启或红外感应自动开启的垃圾桶，这样既可以方便市民投放垃圾，还可以装点城市环境。

这样的社会实践活动让学生们学到了很多在课堂上学不到的东西。学生们开始去关注社会问题，提高了分析和解决问题的能力，学会了课题的科学研究方法，提高了沟通交际能力、团队合作能力和文明环保意识等，更重要的是增强了学生的公民意识和社会责任感。

石家庄的文化源远流长。向北20千米，有始于唐朝的临济寺，传说中禅宗和尚接待初学的人，常常用棒一击或大喝一声，促人猛醒，是谓"当头棒喝"，这种原始顿悟式的教育显然已经不适应现代社会的需要。向南20千米，有建于东汉的柏林禅寺，新来后到的僧俗人众，凡与赵州和尚对话者，均叫"吃茶去！"这源于生活的富有禅意的启发式点化，诠释的是通过自我修悟、自主学习而达成的健全人格的养成过程，包蕴深刻的人生思考。我们将继续坚持全球化背景下十五年一贯制学生公民素养培养，让集团每位学子将"爱国、交际、协作、文明、健康、创新"的"十二字"培养目标集于一身并终身受益，成为合格的国际公民，稳步走向世界。

国际教育的现状

威廉·菲什

（美国　华盛顿国际教育委员会主席）

　　国际教育是对当今世界活力的反映。经济力量的变动对招生具有直接的影响。各国政府对国际教育的健康发展起着关键作用，他们可通过提供奖学金和签发签证来鼓励国际教育交流的增长。

　　国际教育带来的不仅是多元的文化和教育效益，它也已成为东道国最重要的输出产品之一。根据美国商务部的数据显示，2014 至 2015 学年在美国学习的国际生共有 974926 名，为美国经济贡献 308 亿美元。国际生为英国、澳大利亚、法国分别贡献了 144 亿美元、138 亿美元、21 亿美元。

　　近日，中国宣布开展一个新项目，即为本国公民出国留学提供 7500 个奖学金名额，另提供 10000 个奖学金名额给来华留学生。中国国家留学基金管理委员会通过发现合适的申请人选来执行该项目，还包括支持国际生在中国攻读本科学位。奖学金候选人需参加为期一年的预科课程，包括中文与预科学习的相关科目，为其在中国大学四年学习做好充分准备。在预科学习结束时，学生需参加结业考试，测试其汉语能力和专业知识储备，通过测试者可获得奖学金。奖学金项目还与中国的"一带一路"政策相联，使中国与陆上和海上丝绸之路贸易路线上的国家（主要是中亚、南亚和东南亚）也建立起了教育合作。

　　中国还启动了大型项目，即在其他国家创建新的大学，使更多的中国学生有机会在那些国家学习，同时还创造了更多的学习基地供国际学生在中国学习。

　　我们知道，在学术研究方面，中国有 12 所大学排名世界前 100 名。每年 QS 世界大学排名显示，清华大学、北京大学和复旦大学均名列前 50 名。

　　从 2006 年开始，来华留学生数量便以每年 10 个百分点的平均速度增长。2015 年，来华留学生总量达到 397635 名，中国吸引更多留学生来华学习的目标已取得初步成功。

加拿大近年来的国际学生人数也在激增，单 2015 年就比 2014 年增加了约 2 万人。加拿大很有可能赶超英国，成为第二大留学生留学目的国。英国首相曾暗示，7 月英国脱欧后，留学生签证将更为严格，以遏制外国移民，因而去英国的留学生可能会减少。

　　随着世界各地的高等教育机构不断争夺顶尖人才，去国外留学的人数不断增长。同时，能提供更实惠并与文化相关的项目的新增留学区域越来越多，更加剧了人才争夺。

　　国际生的增加反映出世界各大学入学率的上升。2000 年全球有 200 万学生出国留学，2013 年增至 410 多万人，占全部高等教育入学率的 1.8%，即每一百个学生里就有两名学生出国留学。

　　这些数据来自 Project Atlas，它是政府与非政府组织之间的一个合作协议，可以做到关于学生全球流动的数据共享。

　　相比之下，非洲撒哈拉以南的留学生位居第二，他们选择离本国近的地区留学。根据最新数据，2003 年留学生人数为 204900，2013 年升至 264774 人，但在这一时期，该地区留学生出国留学的比例由 6% 下降到 4%。这种转变表明，国内高等教育体系正在稳步扩大。

　　以下三个地区学生出国留学率相对较低：南亚和西亚有 1% 的大学生在国外学习，拉美和加勒比地区是 0.9%，而北美不幸只有 0.5%。

　　各地区中心正在吸引越来越多的国际生。

　　传统的留学目的国，如美国和英国，仍以其高质量的教育水平保持着对留学生的强大吸引力，同时新的目的国和地区中心也正在激烈竞争，争取更多的国际学生市场份额和流动学生资源。

　　2013 年，有六个留学目的国囊括了近一半留学生：美国（占国际生的 19%）、英国（10%）、澳大利亚（6%）、法国（6%）、德国（5%）和俄罗斯（3%）。但前五名也经历了国际生比重从 2000 年的 56% 下降到 2013 年的 50% 的情况。

　　目前有 11 万名学生拿 F 和 M 签证。F 签证学生通常是学术生，而相对少见的 M 签证学生是职业课程学生。258012 名学生拿的是 J 签证。J 签证内容广泛，从非学位的大学研究人员到互惠生，再到参加美国公立高中一年计划的高中生，都涵盖在其中。

　　77% 的学生注册本科或研究生课程。其余的学生参加了英语课程或其他非学位课程。42% 的学生参加 STEM 课程，即：科学、技术、工程和数学。

　　目前亚洲学生以显著的优势代表了最大的留学生群体，以中国为首，其次是印度，然后韩国。

我很高兴，随着女性人数的增加，这一数字正在趋于平衡，目前57%的学生是男性。顺便说一下，在大多数美国大学，总学生人口中女性人数超过男性。

澳大利亚和日本是东亚和太平洋地区的传统留学目的国，与之相匹敌的是后起之秀——中国、马来西亚、韩国、新加坡和新西兰，留学生人数在2013年占全球总人数的7%。

在阿拉伯国家，埃及、卡塔尔、沙特阿拉伯和阿拉伯联合酋长国正在努力从国外招生。这三个国家囊括了全球留学生总数的4%。

越来越多的学生选择就近选校。

各地区中心吸引了很多国际生，同时由于相对较低的成本和熟悉的文化，也成为各地区本土学生的优先选择。

各国政府同样也可以迅速地抑制国际教育的发展。这种情况可能现在就正在发生，比如英国严控国际学生的签证发放政策。再比如石油价格下降，导致中东的石油出口国大幅削减奖学金名额。美国在遭受"9·11"恐怖袭击之后，采取了极度严格的签证发放和国际生政策。然而事实是，11个恐怖分子中不可能有9个都是学生，他们通常是拿着旅游签证的人。美国经过好几年时间，才又开始实现国际留学生人数的增加。

民意调查显示，世界各地的留学生都考虑在美国学习，但美国大多数教育工作者对特朗普担任总统深感担忧。因为他除了关于移民的言论外，还表示将关闭我国教育部，而我国教育部与其他国家的教育部并无不同。

随着经济联系越来越密切，许多国家已经认识到国际教育能促进经济繁荣发展。在特鲁多政府的领导下，加拿大国际教育成为当前和未来繁荣的核心，这将有助于增强中产阶级和努力成为中产阶级人群的实力。加拿大的自由政策允许从加拿大正规大学毕业的学生成为该国的永久居民。

中国、新加坡、马来西亚和印度尼西亚都有相关政策和方案，来吸引国际留学生。德国继续为其优秀大学的所有学生免学费。在奥巴马政府领导下，美国试图增加国际教育交流，并资助新的项目吸引国际学生到美国学习，同时也鼓励本国学生出国留学。目前我国仍然存在一种不平衡现状，那就是到美国学习的国际留学生远大于本国出国留学的学生人数。值得高兴的是，本国出国留学的学生人数正在不断增加，我们希望这个数据增长的幅度更大些。

2014年联合国教科文组织数据显示：

十大留学目的国：美国（占国际留学生总数的19%）、英国（10%）、澳大利亚（6%）、法国（6%）、德国（5%）、俄罗斯联邦（3%）、日本（3%）、加拿大（3%）、中国（2%）、意大利（2%）。

十大留学生生源地：中国（712157名留学生）、印度（181872人）、德国（119123人）、韩国（116942人）、法国（84059人）、沙特阿拉伯（73548人）、美国（60292人）、马来西亚（56260人）、越南（53546人）、尼日利亚（52066人）。

拥有最多国际留学生的地区：北美和西欧（占总数的57%）、东亚和太平洋（19%）、中欧和东欧（10%）。

本土学生出国留学人数多于在本国学习人数的国家和地区：安道尔、百慕大、卢森堡、蒙特塞拉特、圣马力诺、塞舌尔。

我们下一步应该做什么呢？现今大约有500万学生选择出国留学。比2005年的300万学生增长了近67%，其中2000年至2012年间年均增长率为7%。

经济合作与发展组织（OECD）预测，到2025年，国际留学生总人数将达到800万人。虽然热度稍减，但未来十年保持60%的增长率依然相当乐观。

最大的问题是十年之后的走向。

近几十年来，高等教育综合实力一直是促进留学生数量增长的一个重要推动力。在高等教育综合实力不足的国家，无论是由于名额席位短缺还是教育质量不高，学生们都在寻找出国留学的机会。但是国家实力问题在许多关键区域都正发生着转变，将来也会如此。

2002年及以前，北美和西欧的高等教育入学人数高于世界其他地区。但自2003年以来，越来越多的学生在东亚和太平洋地区接受高等教育。这两个地区的学生人数预计2020年到2021年超过1亿，在2033年到2034年超过2亿。我认为，接受高等教育人数比例将继续上升，之前国内高等教育未能满足学生需求的国家，如中国、印度、巴西和印度尼西亚等将实现根本转变。留学生输出大国，如中国和印度，每年约有3000万学生的高等教育需求未得到满足。一旦在2025年左右这一需求得到满足，国际留学生的流动性可能会发生空前变化。

最开始来美国留学的中国学生几乎都是中国政府赞助的研究生。今天，在美国学习的中国学生大多数由自己的家庭赞助，就读本科。目前有124000名本科生和12万研究生在美国学习。

长期增长放缓，特别是主要留学生输出国的增长减速，对国际教育提供者的发展具有战略意义。

虽然美国仍是世界留学目的地的领头羊，但美国在国际留学生中所占的比例已从2000年的23%下降到2012年的16%，尽管留学生数量仍在攀升。在过去十年中，加拿大和澳大利亚获得了更多的国际留学生。像中国、俄罗斯、日本、意大利、新西兰和西班牙等国家，也招收了大量外国学生。

世界新兴经济体中的中产阶级增长，是留学总需求水平上升的一个关键因素。亚洲中产阶层人口的数量预计将从2010年的6亿增加到2030年的30多亿，中产阶级家庭都希望子女接受高等教育。

英语国家是接受国际留学生的重大受益者。全世界约有17.5亿人口使用英语，占总人口四分之一。到2020年，预计有20亿人将会说英语或学习英语。更令人印象深刻的是，全世界有超过1亿的外国人在说普通话，而且这个数字正在迅速增加。

国际高中继续增长。三大主要驱动力吸引着教育工作者和投资者到这个领域：可靠的长期收入、学生的预付费用和相对抗衰退的产品。2015年，英语中等国际学校的数量达到8000个，在全球教授420万名学生。国际高中招收16~18岁的学生，占全球总人数的一半以上（56%）。学生对国外顶尖大学学位的追求，导致国际学校数量的激增。国际高中以前一直招收国外学生，而现在越来越迎合当地富家子弟。

不幸的是，有人选择大学时过度关注排名，而不是找到一个最适合学生本人的大学。美国的大学常常引用US News的大学排名，而许多教育家认为那些排名是有严重缺陷的。

其他因素也影响着当今的国际留学生。78%的美国招生官员说，社交媒体改变了他们招生的方式。

支付能力是美国约束国际学生的关键因素。研究表明，10个学生中有8个学生将费用视为他们最揪心的留学问题。另一项研究发现，由于费用问题，将近一半的国际本科生被录取后，选择不前往美国学习。其中接近2/3的人认为，支付能力是其留学的主要障碍。美国是世界上最昂贵的学习目的地之一。

即使学生做出坚定的努力，申请加入美国大学并被录取，他们也可能因签证被拒而无法在美国学习。"9·11"之后，所有学生签证申请人都需要在美国大使馆或领事馆面试。面试通常最多持续3分钟，往往是初级外交官面试学生。

在最近的一项调查中，近一半的受访者表示打算申请3~5所学校，约有1/4的人计划申请6个或更多。我的三个女儿每人申请至少8所大学。大家越来越倾向于对比学校和花费，即使在申请后期也依然如此。

比较有代表性的马来西亚是一个不断成长的区域教育中心，其计划到2025年招收25万学生。

2014年，马来西亚机构招收了135500名国际留学生，其中大多数来自孟加拉国、中国、印度尼西亚、尼日利亚、印度和巴基斯坦。有的政府与私营部门合作，设立了两个教育区作为国际学校分校聚集地，目前共有 11 个分校，包括英国、澳大利亚、印度、荷兰和中国等地。

中国的高等教育体系继续以惊人的速度增长。这不仅在中国，在亚洲甚至世界各地都产生了深远的影响。我们还注意到中国大学、机构与其他国外合作伙伴之间的联系迅速扩大。这些联系由于中国政府推出的大规模投资和发展计划，得到进一步推动。中国高等教育体系的快速增长令人难以置信，该系统增长之快，相当于每周成立一所新大学。

不单是规模和速度的扩张。中国已经对其高等教育的质量进行了大量有针对性的投资，最近通过一个名为"世界 2.0"也被称为"双世界级项目"的新计划。2015 年 8 月宣布，该计划旨在加强研究绩效在中国排名前 9 位的大学，到 2030 年，目标是实现其中 6 所在全球排名至前 15。

随着各机构推出各种项目来招收更多国际留学生，甚至财政都依赖招收这些学生来维持，风险管理变得越来越重要。在美国，历史告诉我们，重大变化时有发生。在伊朗革命之前，伊朗学生是美国最大的留学生团体。但革命后，再没有新的学生到来。2008 年，随着全球金融危机，学生人数再次下降。沙特阿拉伯在美国有超过 10 万名政府资助的学生。由于石油价格下跌，沙特人对奖学金项目收紧，来的人越来越少。

风险管理是各机构领导包括董事会层面的领导必须关注的问题。最佳做法包括：为机构内部管理风险建立明确的责任制度，并制定识别和监测风险的全面计划。

我推荐一篇可免费在互联网上找到的文章，题为"超越地平线：国际教育的近期展望"的文章，是由北美教育峰会巴顿·卡莱尔写的。报告谈到世界上发生的深刻变化，教育在其中发挥着关键作用。未来十年，经济和政治权力的平衡将发生进一步显著变化，这将极大地影响国际教育的形势。普华永道最近的一项研究表明，经济权从西方经济体向亚洲和快速增长的新兴经济体转移。E7 即世界七大新兴市场：巴西、中国、印度、印度尼西亚、墨西哥、俄罗斯和土耳其。其 GDP 将在 2030 年超过 G7 国家，即美国、加拿大、法国、德国、意大利、日本和英国。

对大多数新兴市场而言，增加教育机会和提高教育质量在实现经济和社会长足发展方面发挥着关键作用。这也导致更多的留学需求，同时也导致世界各国投资教育领域。我们可以看到，现在多个国家的教育规模大幅度扩张，教育质量的提升也促进了技能开发，并改善了研究成果。

国际教育竞争加剧意味着机构必须更加注重凸显自身个性，阐明清晰的品牌标识是一个重要步骤。此外，通过所提供的体验、服务和方案，来让自己脱颖而出。

现共有500万学生出国留学，还有200万学生在学习语言课程。经过20年的急速发展，国际教育在2016年成为举足轻重的产业，是主要留学目的国的重要出口行业。

全国大学招生咨询协会主任Eddie West说："寻求增招国际留学生的机构必须投入大量时间、精力和预算来支持在校学生，就像招收他们时所宣讲的一样。那些违背了最初承诺的学校，会让学生感到失望并招致负面口碑。"

国际留学生很自然地被来自祖国或说着母语的同学吸引。他们感觉更安全、更容易接触。但是，只和同胞学生相处的话，就会错过日常生活中、课堂之外可以学到的一些最宝贵的东西。

怎样打造培养世界公民的学校*

——丹麦的贡献

凯·格鲁

（丹麦 锡尔克堡市瓦克隆学校校长）

我们的学校规模不大，叫作瓦克隆学校，在丹麦这种规模非常常见。学生大概有 500 人，教职员工有 50 人，但按照中国的标准来说，这个学校实在是太小了，甚至不值一提。尽管如此，我们还是开展了不少的工作。

很多时候，我们都会听到人们谈论单个学习者如何学习，这当然非常重要，因为我们希望所有的孩子都能够满足自己发展的需求。但是我现在想稍微转换一下视角，作为共同体，我们怎么办？而且我们也注意到，很多时候，我们讲的都有点宏观，或者说有点不接地气，所以我在这里想讨论接地气的视角。

我们成为世界公民不可能一夜之间一蹴而就，这是一个渐行渐近的过程。我跟大家谈谈在这方面我们都采取了哪些行动。对于共同体的归属感是非常基本的，怎么强调都不过分，我们现在正在培养一种共同体精神，可以说是从孩子们一上学就在培养，因为我们认为有共同体的归属感非常重要。

人天性就是社会动物，应该有社会的归属感，应该是生活在共同体中的个体，而有了共同体，生活质量会有所提高，这样人们就会愿意学习，所以共同体在某种程度上就是学习开展的场所。

成为共同体当中的一员，重要性是不言而喻的。所有人都是共同体中的成员，没有人被排除在外，这是非常基本的理念，也是过去长期践行的理念。但是民主和公民身份不是与生俱来的权利，要花一定的时间才能够建立公民身份、建立民主制度。而且在学校我们也需要多年的工作，在这张图上大家可以看到，七年级、八年级的学生在讨论一些对他们来说很重要的话题。

希望他们有机会，能够对日常生活的组织方式产生一定的影响，或者说调

---

* 英汉不完全对应。

整他们的日程安排，这叫作"鱼缸实验"。这是一个动态过程，他们会被分成两组，内圈可以发言，外圈的人必须是很好的听众。然后设定时间限制，让其他圈的人也得到机会来做所谓的喂鱼工作，或者说给他们提供好的想法，进一步推动谈话的继续。当然，短期内也可以进行角色互换，这样所有人都有机会既做听众又做发言人，或者既做喂鱼的人又做金鱼。

在"鱼缸实验"结束之后，每个人都会提出自己的方案，然后在房间当中来回走动，和搭档两两进行讨论，以求找到最好的解决方案。他们正在做的就是对预案进行分类，并且做一个优先排序。在这个过程完成之后，相信他们会找到更多共同点。

这是亚里士多德。他的形象可以让我们成年人不断提醒自己，在采取行动的时候一定要注意思考，注意聆听学生提出的方案。我们应该让学生们有成功的机会，至少他们提出的部分方案会被采纳。学生必须要有切实的体验，了解到参与民主的过程是有价值的、是值得参与的。

参与共同体的工作和生活必须是逐渐建构的成果。当他们来到学校的时候，往往只有6岁左右。我们在学校的很多活动都是以班级或小组为单位，随着孩子们年龄的不断增长，我们也会变得越来越开放，共同体规模不断扩大，复杂程度也越来越高。但首先还是以班级为单位，然后会和其他班级达成伙伴关系，慢慢进行拓展，甚至在他们年纪再大一些的时候走出院校。我们甚至还考虑让他们和其他国家的人们进行合作和交流。

昨天来自哥斯达黎加的嘉宾提到了读写的能力在社会当中有着特别基础的作用，我认为说到文学素养，特别是在学校环节，我还是希望大家能够知道一点，即计算的能力也非常重要。我认为读写理解的能力和计算能力，是孩子们必须在实践当中不断完善的，这是我今天强调的关键词，也是我下面说到的主要的一点。我们学校非常重视这一点，而且在过去的两天当中很多人对此表示强调，在我们看来，21世纪的技能非常重要，特别是在讨论学生综合素质和全球公民的时候，他们必须具备21世纪的技能，因为这涉及一种具有批判思维的能力、沟通的能力、合作的能力、设计的能力、创新的能力、解决复杂问题的能力、信息技术的能力、数字技术能力的公民身份。

我们也可以讨论"4C"的21世纪技能，因为它们在英文中都是以C开头的。第一个C是批判式思维的能力，也就是说，具有跨学科的思考能力和联系的能力。第二个C叫作创新力，就是敢于创新。第三个C是沟通，就是彼此能够分享自己的想法、问题、观点和解决方案。第四个C是协作，就是大家一起工作，贡献自己的才华和技能，实现同一个目标。

通过 21 世纪的技能训练，我们需要关注以下几个方面：首先必须是基于问题的学习，其次是创新性和企业家精神，并且打造一个开放性的学校。

最后我们要知道，想要培养全球公民，必须在教学方面有全球化的视野，而且要在全球建立合作伙伴关系。照片上的人是麦德森，他也来过中国，如果你们去过丹麦，在我们学校会见到他。他说全球教学是非常重要的，它是打开世界的窗口，而且可以让学生有可能实际地学到语言、知识，而不仅仅是从书本、电视上去学习，是实实在在地去体验。

恩林在 2012 年来我们学校进行三个月的交流，还有莫先生，他正在表演太极，还有一个培训学校的老师。左边是中国的教师，中间有来自英国的学生，他们来丹麦交流学习，还有美国的老师在授课。最上面是恩林正在讲他的家庭、国家，还有一些来自基督教大学的美国学生，还有斗女士、刘女士，她们也在分享她们的教学方法，还有一些音乐老师，她们建立起了非常好的友谊。

可能我们讲的语言不一样，但仍然能从彼此身上学到很多，这些例子诠释着我们一直非常倡导民主化的交流，并希望建立一种全球化的合作伙伴关系。

制定适应丹麦视角的全球公民教育战略

尼尔斯-乔治·朗德博格

(丹麦 乐音高中校董)

全球公民和一般意义上的公民有什么区别,如何培养学生的能力,让他们成为全球背景下真正有素养的公民,这是我们需要了解的。众所周知,全球公民是需要教育的,为此我可能会再深入谈一谈全球公民教育,也会更多介绍全球公民有哪些层面的意义。最后我想谈一下,如何将丹麦视角的理念体现在教学大纲中,而且更好地帮助每一个学生成长。

所以首先要问的问题就是,全球公民身份到底是什么意思?我们生活的世界全球化程度越来越高,这就提出了一个问题,公民身份到底意味着什么,它在全球层面又意味着什么?同时也提出另一问题,全球公民身份是不是传统公民身份的拓展和延伸?因为传统公民身份基于国家,那么它和全球公民身份在全球化世界当中是否构成竞争关系呢?我认为对于我们来说,对此进一步探讨非常重要,因为只有明确了这一点,才能够更好地开展后续的工作。

有一位丹麦哲学家曾提出这样一个观念:看到自己的国家历史成为世界历史的组成部分时,不需要特别担心,而且作为国家公民和世界公民不应该有任何矛盾。还有一种说法是不应该有冲突,但是他知道存在冲突的可能性。如果说要简单定义世界公民,那就是一个人无论男女,觉得自己同时是两个社会的组成部分。你是你所出生的这个共同体的成员,这个共同体依然以国家为基础,但同时你也是全球共同体的成员。之所以成为这样的成员,是因为你属于全人类。正如赞比亚的同事昨天曾提到,我们是为了世界进行教育,不只是为了赞比亚进行教育。所以对于我们来说,一定要考虑全球公民身份,它并不和国家公民身份构成竞争,反而是它的一个良好补充。

传统的国家公民身份教育很自然地特别关注国民价值、国家传统和本国历史。但这是不够的,或者说在这个新的世界当中,这真的就足够了吗?世界公民是不是新世界当中的新理想呢?这意味着我们在学校的时候通常学习的是如何在这个世界生活，但也许我们不太考虑，怎样在世界当中做出贡献，帮助他人活得更好，帮助他人轻松驾驭当今生活。所以在此基础上我想跟大家进一步探讨，我们说到全球公民身份的时候，持有怎样的一种态度。您也可以说全球公民身份，其实指的是我们对人类的一种归属感，尤其强调政治、经济、社会、文化的相互依存，不管是在当地国家，还是在全球层面，强调二者的良好衔接。现在人们对全球公民身份关注度越来越高，不可避免地，在公民身份教育方面也要做出相应调整，比如说政策、教学法、学习方法、课程设置等。长期以来，我们知道国家公民身份教育是一个国家的基础，但如果说我们要教授全球公民身份，应该怎么做呢？

对于很多国家来说，国民身份都是至关重要的一个概念，所以教授国民身份成为基础教育的必要组成部分，像在我国就是这样。当然，各国可能因为情况不同，具体做法也有所不同，是不是可以认为，我们在讨论全球公民身份的时候，只用它来替代国民就可以了呢？我并不这么认为，因为对我来说，这是一个全新概念，值得我们进一步进行探索，这也是我今天发言的主题，和大家探讨全球公民身份教育的问题。

刚才我已提到，联合国教科文组织开展的工作给我留下了深刻印象。2012年，联合国秘书长推出了第一个全球教育优先项目，其中就包括全球公民身份教育，所以联合国教科文组织作为联合国框架下负责教育科学和文化事业的主管部门，在议题上特别关注全球公民身份的教育。

在讨论全球公民身份教育的时候，我认为可以讨论三个核心层面：一个是认知层面，一个是社会感情层面，还有一个是行为层面。认知层面就是获取知识、理解知识和批判思维的能力，涉及对象包括全球区域国家和地方的各类问题。当然，这也就涉及不同层级，我们在说到认知层面的时候，也在讨论这种互联互通程度，即各个国家、民族之间的相互依存、相互联系。如果说到社会感情层面，就是指我们作为人类大家庭的成员，有着一种归属感，有着共同的价值、共同的责任，能够换位思考、有团结的精神，对于多元性和彼此之间的差异保持尊重的态度。但另外一方面我们也要知道，在行为层面，要采取有效的、负责任的行动，无论是在地方国家还是全球层面，只有这样才能够让世界变得更加和平，走上可持续发展的道路。

全球公民教育的目标到底有哪些？即我们希望学习者能够对于全球治理的结构、权利和责任有深入的了解，对全球问题和地方之间的关系有一个比较清晰的认识；希望他们能够认识身份之间的差异，比如在文化、语言、宗教信仰和性别之间，对此保持一种欣赏的态度；希望他们能够了解各种不同的信仰、不同的价值观，而且知道它们对于政治和社会事物能够发挥怎样的影响；希望他们对其他同胞有着关怀之情，特别要关注环境保护和多样性，本着公平公正的原则，有批判思维的能力，关注不平等问题。同时还要特别指出，我们不只是希望他们做一个旁观者，而是要能够积极参与，并且在全球各个方面的事务都做出贡献，不管在当地国家还是全球层面，只有这样才是全球公民的真正意义之所在。

在这里给大家举一个例子，因为刚才对于全球公民身份已经探讨很多了，我们的目标就是学习并且应用相关的价值观、态度和技能，与各种不同背景的人接触，对主要主题有不同的视角。比如说在一个多元社会和文化当中，有哪些挑战、哪些复杂的观点及多元性的视角，对于全球事务有什么样的组织形式、可以采取哪些不同行动，还可以讨论价值观、尊重、和平、共识、社会公正等问题。

上述内容如何整合到现有的教育体制当中呢？我认为一些因素可以帮助我们，将全球公民身份教育进行更好的整合。第一，要在政策当中得到体现，而且体现在各个层面，不管是国家还是地方层面，但是还有更重要的一点，要在政府层面得到体现。对于我来说还有一点很重要，要以一种系统性方式，把全球公民教育融入各个不同话题当中。比如说，在进行课程设置的时候全盘考虑。还有一点很重要，就是这种教育包括地方、国家和全球三个层面。此外，对所有教师进行持续的在职培训，和当地社区建立可持续的合作关系。也许这会遇到一些困难，但是在我看来如果要取得进步，真正推动全球公民教育事业的发展，必须依靠国家决策和地方支持。

具体在课堂上该怎么做呢？首先要明确的是教育者，也就是老师的作用和支持，因为我们需要对高质量和参与式教学有着深入了解的老师的参与。而且教育者还有一项重要的责任，就是鼓励学生以批判性思维提出问题，建立自己的知识体系和价值观，培养自己的技能，以积极的方式推动个人与社会的发展与改变。

在讨论改变教育体制的时候，经常会涉及老师扮演的角色这个话题。因为教师对于贯彻上述所有变革都发挥着至关重要的作用，而说到老师的作用，我们很快就会涉及师资培养这一话题。因为要进行全球公民教育，在教师培养方面也要做出相应改变，在此我想给大家再举一个例子，这个例子可能对于推动我们的全球化思维是颇有意义的。今年年初，我有机会成为国际教师培训认证班的主席。这是一个荷兰的认证项目，其主要目标就是让老师能够在世界各地的国际学校从业，当然主要是关注欧洲的，但不管怎么说，他们都是在国际学校执教。在这些教育当中,有来自世界各地的学生,他们都参与到了国际教师培养项目当中,我对他们怎么设置课程很感兴趣。

这是一种传统的课题,但也会教授关于民主价值观的课程。那么对于老师来说,应该具备哪些能力呢?第一是对于自己的文化身份有着敏锐的洞察力、有批判性思维等等,而且要对个人进行反思。第二是善于沟通。第三是要对文化多元性有深刻的认识并尊重。第四是对文化和少数民族问题有所了解。第五是能够在教育和社会框架之下了解文化所代表的不同含义。另外就是要知道,在教学当中如何产生意义。在这方面,我总结了我认为老师必须具备的八项重要能力。

首先是文化能力,这个很自然;其次是人与人之间的沟通交往能力,包括交往、互动;再次是教学能力,具备某些学科的知识;其他还有应变能力、组织能力、写作能力和组织同事的能力,以及反思和发展的能力。可以看到,这些能力是非常重要的,而且每一个教学职业基本都需要重视。但在国际教育方面,特别是如果面临培养国际公民的话,这些是不可或缺的。我们再深入看一下文化能力。也就是说,这些学生必须要意识到自己文化身份的各个层面,还有他要非常珍惜各个语言和文化的多样性,并且了解不同种族、性别的需求多样性,还要意识到工作和学习当中可能会有的固有成见,对此要能够去克服,能够采纳各种方法和战略,参与到学习活动当中,而且需要有国际、跨文化的视野,以此解决当地问题。这在国际教育当中是非常需要重视的。

再看一下丹麦的情况。丹麦的中等教育以上的目标是你需要让你的学生成为一个积极的公民,了解丹麦的历史文化,将丹麦的民主、参与、自由、人权、性别平等的观念贯彻到他们的头脑当中,而且把在学校学习的内容应用到日常生活当中,鼓励他们积极参与到社会生活当中去。

最后,还包括欧盟的视角和全球视角。我们经常谈积极公民,也谈到丹麦的历史、文化等等,但我觉得在中国可能情况也是一样的,不仅要有全球的视野,还要对本国有深入的了解,所以我们鼓励学生要有整个欧洲的视角和全球的视角。还有,怎样把这些理念——欧洲的视角和全球的视角真正落实到实际生活当中呢?我们看到有很多元素,包括作为国家公民,和全球公民其实有很多相通之处,我们谈到民主、参与、自由、人权等等,其实这些对于全球公民来讲也是不可或缺的理念。同时还需要看一下之前的一些建议。

国际教育、国际教师培养,都是需要落实的,而且在教学大纲里面也需要强制加入这些元素。如果说取决于教师,并不是取决于教师是不是要采纳这样的理念,而是在教师的教学大纲里面必须融入这样的理念,让他们把国际化视野和理念贯彻给学生。还有很重要的就是，我们有很多不同的学科、主题，作为一个全球公民来讲，需要了解相关的历史、社会、科学、语言，但更重要的是，还需要了解学校开设的其他各种学科和技能。国际关系也是我们学校不可或缺的目标之一，因此全球公民是我们学校目标的最重要组成部分，同时它也应该是学生日常生活的重要组成部分，而且全球公民的概念需要介绍给学生、老师，不是那么容易的，需要花时间和精力去学习。还需要开发交换生，这也是很重要的一点。

丹麦的世界视野培养方式

伊莎贝斯·加贝尔·奥斯汀

（丹麦　乐音高中校长）

丹麦乐高高中位于丹麦北部的城区，我负责该校。按丹麦标准来说该校算是比较大的学校了，有1000多名学生，135个员工，而且有两个大型的教育项目，城区总人数是26000人，这就是我们的背景。

"旅行即生活"，大家对这句话可能比较熟悉，这是丹麦童话作家安徒生说过的一句话。这句话非常有名，出自他的自传中的一首诗，意思是说行走、呼吸、飞行、乘船，在给予的同时也在分享，在漫漫的道路上走向远方，这就意味着旅行即生活。我之所以提到这句话，是因为这也是我今天发言的一个框架。

首先诗歌说行走、呼吸、飞行、乘船，在这样一个国际化的世界当中，这句诗非常有意思，我也尝试在今天的环境下对它进行新的解读。如果说我们需要飞行、出行、呼吸、乘船，甚至需要飞翔的时候，需要做些什么呢？特别是在今天，这意味着什么？这就说明我们的生活需求是多元化的，而有一些品质是我们需要的，比方说坚韧不拔的意志、坚持的恒心、坚定的决心，还要有好奇心，最后还要有语言沟通的能力。丹麦国度面积很小，总人口也就不过500多万，但我们讲多种语言，比如说除第一语言丹麦语之外，像在学校我们有8种语言课程，其中也包括希腊语和拉丁语，尽管都是比较古老的语言，现在说的人并不那么多，但是开设这些课程已表示出，我们的语言源自拉丁语，这也是对文化追本溯源的一个传统课程。

下一句诗是："在分享的时候，也是在给予。"让我们再重新审视一下国际化。在国际化的视野当中我们要不断前行，但是采取什么样的行动呢？如果审视全球化趋势，可以进一步将其分为四个不同的构成要件，其中第一就包括国际化，即各国公民之间的互动，这个趋势非常重要。除此之外，第二是有一个社会课程，只旅行是不够的，因为在此过程当中我们还要了解自己经历的是什么，而且要能够辨识其他国家的传统和文化物件等。第三个非常重要的趋势就是，打破国界，这个词的意思不仅是要打破国家之间的地域疆界，还包括民族疆界。第四，关于全球化的另一个重要因素就是混合，即不同文化之间有交融，比如一些古老的文明会借鉴新文明的特色。但每一次的借鉴都意味着古老文明有了一个更新的过程，一个古老的传统当中有了新种族的生活方式。在这个过程当中，观念会发生改变，态度会发生改变，甚至生活方式都会发生改变。也就是说，在全球化时代，我们要能够整合新的元素。我们把这个时代称为文化全球化，也就是说我们要有一个开放的心态、一种接受的态度，要学会给予，同时也要学会接受，而通过这个过程我们又能够建立起自己的特色、自己的同一性特征。这就是我刚才说到的，在当代语境下对安徒生那句话的解读。

这首诗说的是在遥远的道路上漫步前行，问题是我们如何知道，学生在多大程度上能够真正地驾驭全球化世界呢？如何知道他们的想法、目的，还有他们所设定的目标，以及他们在纸面上写的这些东西，是不是真正能够奏效。未来他需要很多个人培养的能力。因此在丹麦的一个报告里，个人能力被排在能力考查的首位。

该报告也把个人能力分成一些细节。第一个是应用能力，即能够把所学到的知识和技能应用到实际生活当中去，而且在与工作相关的复杂情景之下能够有大局观，保持冷静的态度。还有社交能力，你必须要是一个懂得社交的人，而且在数字技术方面掌握相应技能，能够在现代社会通过社交媒体来进行交流。但现在还有一些问题，很多年轻人有时过于自由，或者有时在发表观点的时候太过粗鲁，也有的时候会侵犯他人隐私，所以我们觉得，在数字化环境下进行人类素养的教育也是非常重要的。此外，还要有能力去建立人与人之间的联系和交流，并保持这种联系。再有人与人之间、文化与文化之间的理解，这个也是非常重要的能力，必须要意识到它的重要性，并获取相应的能力。

在丹麦，丹麦语当然是第一语言，我们特别注重保护我们自己的语言，有一些方言甚至保留了几百年。此外也需要学习外语，了解他人的肢体语言，所有这些总结在一起，就是我们决定要去做的事情。我们的学校包含61个子校，也有相应的资金，我想稍微介绍一下我们的新项目。

这是一个3年的项目，从现在到接下来的3年之间，我们的关注点是让学生培养能力，在我们自己以及和其他国家进行项目交流的时候，让他们能够发展并且应用一些可靠的工具来评估学生的全球能力。我们和6个国家有合作伙伴关系，整个项目的目的就是一个评估工具。我们期望做一些问卷，也得到了专业建议和指导，所以学生会拿到问卷首先进行自评。我们希望了解一下学生的自评是什么样的，他们的期望和关注点，他们关于这个国家和文化的知识，还有他们的语言技能如何。

然后我们会再给他们一份新的问卷,再进行一次调查,看他们对于期望、关注点,对于国家文化的了解、语言技能等都有什么样的变化。

这个项目是希望能够评估学生的能力是否得到发展和改善,有一些能力比如说语言能力、关于国家的知识等,这些是比较明显的,但对于潜在能力则不是很容易进行测试的,比如说独立性、自信、好奇心、思考能力,在团队工作的能力、尊重他人的意见,在新情况下能够灵活适应、参与社交活动,在海外学习的兴趣和工作方向。

再简单介绍一下交流项目的程序。当我们公布有机会进行海外交流之后,学生可以提交书面申请、参加必须参加的研讨会,如研究项目、交流项目等主题的研讨会,以及合作伙伴院校国家的历史、社会、民族等背景。接着会教给他们交流过程当中的一些演讲技巧、展示技能。在访问回来之后,学生也需要做一些演讲和展示,如他们学到了什么东西,还有所有之前提到的那些。他们不仅仅要和自己的家人朋友交流,还要和并不熟悉的听众进行交流。我们也会让他们在回来之后,在作业中应用他们在交流项目中学到的新能力。

其实总结一下,就是说,我们希望能够评估他们是不是有明显的学术技能,但有一些特别潜在的个人能力很难评估,这也是我们的一个挑战。关于这个问卷我们有一系列的问题,我给大家稍微展示几个例子。比如要问国际交流项目能够对以下几项有什么样的贡献,如激励未来培训和教育的选择、鼓励更多的旅行、让你有兴趣到国外工作一段时间、有兴趣到国外学习一段时间、提升对访问其他国家的兴趣、改善语言技能等,这些都需要学生来选择。

对于我们来讲,这些学生在全球背景下的素养是要有相应的社交能力,能够和另外一个文化的人民进行交流,而且要有信心在另一个国家获得就业的机会,有获取新知识的灵活性和好奇心,有勇气去获取新的体验来支持个人发展,不管是中国还是美国,如果想去那里工作,就需要有这样的能力和勇气,而且要实实在在地融入到交流项目当中去。在交流的过程当中,有时还要住到当地人家的家中,这样才能更深入地融入他们的生活。

像安徒生诗句的最后一句,就是"旅行就是生活"。我们要注意,他这里说的是"旅行等于生活",最后的结论就是学生作为一个全球背景下有素养的公民,可以这样定位,即能够掌握相应的所有技能,包括获得就业机会、成为团队中有价值的成员、有个人的关注点和奉献、要积极地对话题产生兴趣,还要有社交的灵活性。我们的目的是评估,希望交流项目能够让学生真正地提升自己,也希望这样一种试验性的做法能够真正地有付出、有收获。同时我们也希望把这种经验推荐给其他学校,希望能够真正地和其他同行分享我们的经验。

我们怎样建设培养世界公民的学校

——丹麦的贡献

汉斯约恩·瑞思

（丹麦　锡尔克堡市教育局官员）

今年对丹麦来说是很重要的一年，它对其他国家有很大的依存性，因为丹麦国土面积小，而且丹麦语是小语种，所以需要和其他国家进行合作。

丹麦也特别关注如何建立一个能够培养世界公民的学校。我们的同事唐钱，是联合国教科文组织教育处的助理干事，在他已出版的论文中他也说到，国际社会现在需要设立一个新的发展日程，因为社会经济发展越来越广泛、越来越复杂，教育趋势也更加全球化。我们生活在一个不可分割的世界里，所以他特别强调一定要让学习者真正成为负责任的全球公民。这就使我们想到这样一个问题，全球公民到底是什么样子的？

现在我们还没有达成一致意见，但是在丹麦，我们一直认为只有教育才能让世界更加美好，而且我们也有责任关注这方面的努力。

联合国2000年到2015年的目标就是进一步反思教育的目的，现在教育对话和实践方面也发生了很多变化。2014年，我们看到有很多这样的讨论，还有关于如何通过教育和学习去解决很多全球问题的商讨，以及社会、政治、文化、经济和环境方面的问题。

联合国前秘书长曾经说过，只教学生读写、算术是不够的，教育必须要培养人们相互尊重，在生活的世界里面彼此帮助，创建一个公平、包容、和平的社会。教育被人们认为可以促进国际合作，促进社会变革，以一种创新的方式走向更加公平、和平、包容、开放、安全和可持续的世界。

2015年这个指南出版了，它被认为是联合国教科文组织第一个关于全球公民教育的指南。这里面指明了很多学习的目标，在出版这个指南之前，很多教育方面的利益相关方都选择一些国家或地区来进行实地实验，来确保指南在不同国家、不同社会文化背景下都能够奏效。

就像唐博士说的，当国际社会需要采取行动来促进和平、扶助繁荣和可持续性的时候，这样一个联合国教科文组织的新文件给我们提供了良好的指导，帮助成员国能够确保各个年龄段、各种背景的学习者，被培养成知识丰富、有批判性思维，又和社会紧密相关、道德水平高、积极参与全球事务的公民。

这样的指南，对于教育者来讲确实是一个不可缺少的资源，对于大纲的制定者、培训者和政策制定者都是一个非常好的参考。而且它对于这些教育的相关方也非常有益，比方在计划、设计和提供全球公民教育方面，都有非常大的帮助，不管是正式的还是非正式的教育领域，都能从中得到很好的指导。

在2014年的时候，丹麦教育部部长提出了一个与联合国教科文组织相关、在丹麦工作的国家战略。这个战略涵盖了2014年到2017年的内容，主要目的是要加强联合国教科文组织在丹麦工作的相关性，它的影响性和可见度，是我们要关注的十个行动领域中最优先的工作。

一共有十个领域，这是四个最重要的优先关注的领域。对于我来讲，我觉得有时确实必须要依赖很多资源，但有时我们要依赖于人与人之间的关系，也需要去关注不同的地方，关注学生的体验以及他们应该彼此分享各自的体验，而不仅仅是去捐钱之类。

作为世界公民应该彼此尊重。如果你能够从其他人的角度去看世界，一定会有所改变。要有开放的思维，比如在教经济学的时候，你可能会关注本国的跨国公司或者研究公司建立之前的文化，孩子们对此也会很感兴趣，因为他们不需要总是按照课本去枯燥地学习，而是了解他们真正感兴趣的内容。

教育确实是持续地受到挑战，因为学校也需要适应不同问题的出现，然后去解决这些问题。所以学校应该给学生提供机会，让他们采取行动并做得更多。最初还是比较困难的，因为我们所在的地区还是欠发达的，这就要求我们回到人们的本源，或者说走到最基层。尽管让世界底层的人和全球取得联系尚有难度，但总体上来说，我们已经取得了喜人的进展。使用教材和当地的资源，时不时请朋友来沟通交流，这样也让欠发达的国家逐渐融入了全球化的过程，让他们了解互联网、了解现代世界。

我们怎样建设培养世界公民的学校

——丹麦的贡献

艾瑞克·莱比

(丹麦 锡尔克堡市凯勒鲁普学校校长)

我们有从 5 岁到 16 岁的 700 个学生。我们处在比较小的地方,这些孩子都是中低收入家庭的孩子,但是他们抱着非常积极的态度去学习,这是很好的一点。

我觉得在丹麦一个很大的挑战,就是有很多难民的孩子,还有很多移民的孩子,包括来自叙利亚的孩子。他们不讲英文,也不讲丹麦语,所以在这方面会有一点点困难,但是我们也在努力克服。

我会跟大家介绍一下我们是怎么培养孩子,让他们能够更好地应对未来的。相信大家都了解,现在的孩子比老年人更熟悉数字化的世界,也知道怎么去做各种数字交流。

所以我们有数字的活动,还有编码的活动以及创造数字化的文化。在丹麦,最普遍的问题就是很多信息都来自公共部门,包括学校也需要用数字来发布他们的信息,这就给学校带来很大挑战,因为要确保所有的孩子成长之后,都能够去应对数字化所带来的挑战。现在有很多人很难应对数字化挑战,所以我们应该去弥补这种差距,进行数字化扫盲。我们在不同的教育层面、生活层面去做这样的活动,如果人们不能够去使用这些数字化工具的话,我们会给予协助。

首先我们要确保学生能够利用数字化工具解决生活的问题,另一方面,学生能够在非常高的层面上,如在学术研究过程中也可以使用这些数字技术,在教育方面数字技术像打印技术一样重要。

利用数字化工具是一方面,另一方面从学生的角度来讲,他们也能够有能力应对很多挑战。希望我们通过这种创意性方法,让学生去体验,我们要理解和鼓励学生接受挑战、应对挑战。我们新的大纲内容就是确保学校能够给学生提供相应的机会,让他们去发挥自己的创意。

在我们学校,会给学生提供无线网络,这样的话他们很容易用电脑、平板、手机上网。我们需要给他们提供的就是，比如 3D 打印机，还有一些机器人、切割机等设备。

我们深信这些孩子如果能动手操作，就可以解决一些问题，学到的东西就越多。所以我们可以看到，现在越来越多的孩子可以自己去做一些简单的编程，然后用机器人、自动化设备做一些项目。我们也在不断培训教师，让他们能够在这个项目精神下贯彻真正的原则。

到目前为止，我们已经和市政府项目连接在一起，未来还会再接再厉，让学校有更多更好的设施。我们也鼓励教师，为他们提供相应的培训。技术是人类生活的重要组成部分，但不是一个孤立元素，只是一个工具，而不是我们最终的目标。

之前我们参加过全国竞赛，用乐高积木在当地进行玩具竞赛，当时获得了很好的成绩，而且现在乐高也在和丹麦机构进行合作建设学校。尽管很不幸我们没有入选他们的合作伙伴名单，但是我相信未来乐高还是会继续这项活动。

另外一个丹麦项目叫作"编码海盗"。其实是一个志愿者形成的组织，学校的主要责任就是让学生能够跟得上世界的变化，而且培养投入使用的技能。

在有限的情况下，学生和老师下课之后会去工作，有时他们在周末工作，主要看他们的时间安排。他们会开展什么工作呢？从学生的角度来说，他们会写编码，可以是游戏，可以是音乐软件，也可以制作模板，任何编码都是可以的，但首先他们要觉得在其中很有意思。现在在我们城市有不少学校都参与到了这个项目当中。

参与挑战就要找到足够的志愿者，而且能够教会孩子们感兴趣的技能，教他们怎么参与项目。现在跟大家简单介绍一下如何营造数字氛围，怎样进行有效沟通。比如当我们对于使用数字工具有开放的态度，会给我们带来怎样的好处，尽管也会带来挑战，而且网络霸凌现象时有发生。

但面对这种情况，是要禁止使用网络，还是要不断适应，更好地使用数字技术呢？今天早上丹麦的同事就提到了这点，说到现在丹麦的年轻人需要学习更有效的网络沟通方式，比如文明用语等等，这是非常重要的问题。如果我们真的希望给孩子们 21 世纪的技能，我们不应该禁止他们使用网络，而是应该教会他们在全球数字化的环境当中如何文明相处，以合适的方式来使用这些技术。

但在此基础之上的问题是，我们怎样给他们营造这样一种数字氛围，而且怎样从现在开始来营造呢？怎样能够有这样的环境让学生敢于实验、敢于尝试？我觉得可以先把事情做起来。

最后跟大家谈一下全球环境。在如今国际性的场合，世界越来越小，可以非常容易跟世界各地的人进行沟通交流，很多孩子特别是在我们学校，他们可能只是刚刚上学，但他们也已经成了地球村的组成部分，也许将来他们可以在家里工作，但是给别的国家老板打工。

因为丹麦国土面积比较小，所以要充分调动全球资源，而且我们现在的传统教学方式受到了极大挑战。

在全球环境之下，最重要的是什么？当然就是人权、民主。我们现在看到这样一个趋势，至少是在丹麦，我们对于其他文化的开放态度正在受到挑战，或者说我们可能没有自己想象的那么开放，没有想象的那么宽容。其他方面，比如像我们的国家福利、创新等做得这么好，在很大程度上也得益于我们在教育方面取得的成就。不仅在医院看病免费，而且作为一个民主国家，我们一般的普选参与率是85%，非常高，这些都提高了我们的幸福指数。像今年我们议会开始的时候，观众也比较关注。

如何在全球化背景下培养学生的开放性思维

劳拉·霍尔多夫

(丹麦 郡家私立学校校长)

我是丹麦的一所小学的负责人,学校坐落在哥本哈根,共有 600 多名学生。我们学校的理念是,如何教育学生汲取世界精华,在全球化背景下成长为一个有文化、有教养的人,具备较高的道德素质、掌握相应的技能。这是学校的目标,但有的时候做起来非常难。所以我们也把很多在外界学到的东西内化到学校里。

我们看到,全球环境非常复杂,而且有很多不确定性,如果学生想要自信地生活在这个世界上,必须发展很多相关技能,适应世界的变化,比如使用互联网。所以我们希望未来能够培养的是这种有素质的公民。那么,到底怎么培养这样的公民呢?

我想说不是把金子变成垃圾,而是应该把垃圾变成金子。我们需要让他们具备提起行李就随时能够到世界各地旅行的能力,包括文化的素养,而且需要鼓励学生自己得出一些很有创意的见解。

如何培养学生呢?比如让他们阅读经典文章,或者获取相关技能。我们也希望他们能够打开视野,把世界尽收眼底,包括掌握世界各地的一些主要趋势和相关信息。所以在我们的课程设计里面,主要关注的是这几方面的主题。

在丹麦,尼可拉基.F.S.格隆特维格和一名教师克里斯汀·科尔德的思想对学校制度产生了很大的影响。他们对 18 世纪中叶的丹麦学校制度改革有着巨大影响,而且他们对私立高中有自己的愿景。

第一个丹麦私立高中是 1844 年由克里斯汀·科尔德在罗定创办的。科尔德没有写很多东西,但是格隆特维格给我们留下了很多关于哲学、教育、文学、政治等方面的宝贵遗产。

格隆特维格是一个对国外新趋势感兴趣的有文化的公民。而且他是一位赞美诗诗人。他是一位勤奋的天才,我们很多人都是通过他写的赞美诗来了解他的。

在我们学校，每天早上都会一起唱校歌，歌曲主要是丹麦语，而且它也是课程大纲的一部分。这样让学生更好地体验丹麦文化，通过每天自然而然的行为融入这个文化当中，同时也能够打开他们的视野，看见外部的世界。

我发现，通过互联网也好、手机也好，新一代的年轻人将被培养为世界公民。这不是问题，而且很简单。他们将被培养成全球消费的世界公民。在我看来，每件事都是快速的，但也有着肤浅的风险。

但我知道什么呢？我来自旧世界，那里有着全球性的文学经典：这是一个很长的名单，主要是男性作家，更不用说儒家、莎士比亚等人——我这里还有一些女性作家的名单：鱼玄机、弗吉尼亚·伍尔芙、格特鲁德·斯特恩、乔治·桑、阿娜伊思·宁、凯伦·布里克森、艾米丽·迪金森。在20世纪，女性在文学界变得越来越夺目，现在的这些孩子应该去看一看过去的宝贵财富。比如九年级的学生可以阅读亨利克·易卜生，一位非常著名的挪威戏剧家和诗人，他写了一个非常著名的戏剧《玩偶之家》。娜拉是其中的女主角，她离开了她的丈夫，然后变成了一个充满绯闻的女人。易卜生的戏剧在19世纪晚期，对当时的社会产生了非常大的影响。

我不知道在中国是不是也有类似的女性，起到了引领时代潮流的作用。不是说女性和男性之间的故事，而是指一种社会影响力。

我们学校的老师来自德国、法国、中国，也有很多其他国家的教师，在我们学校是一种国际化的氛围，可以更好地帮助我们彼此进行互相理解、互相包容。

还有建筑也是培养学生的策略。我们的建筑参考了很多非常先锋的建筑风格，比如借鉴了德国包豪斯建筑艺术风格。这是马丁创作的一个作品，是一个非常大的天主教教堂外部图景。

可以看到，我们的门有蓝色、红色、黄色，当你进入学校的时候，就能够看到红色前面的蓝色。不同专业群体之间的实验和交流，是当时性别角色、建筑、设计等的创新和解决的平台。

今天全球化背景下的每个人都在谈论创新，我们也是如此。丹麦的教育部形成了一个新的考试形式，通过口试来测试学生在历史、文化、艺术等方面的素质，还包括化学、地理、生物等。

我们要激励学生更好地建立文学与技术或小说之间的联系，现实世界是我们的关注点。如果学生不能把一篇文学作品看作现实的或与之相关的东西，他们就不会关心其中发生了什么。

如果他们不感兴趣,他们就不会与文学有任何联系。学生如何阅读以及他们读完后做什么,与让他们首先进行阅读一样重要。选择文学作品非常困难,我们希望在合适的、相关的、有趣的、有可读性的文学作品之间找到一种平衡。但是实现这点并不容易,在我们学校,语言教师会选择一些文学作品,它们可以和学生出国考察的活动相结合。像七年级的孩子这学期会读威廉·戈尔丁的《教堂尖塔》。作者曾经在牛津大学学习过,学生也会有机会在牛津大学待五天,其中有一天我们会组织巡游索尔兹伯里的天主教大教堂,威廉·戈尔丁曾经在这附近讲学过。他从办公室看到的景观激发了他创作《教堂尖塔》的激情。

学生们有机会参观天主教堂,印证对尖塔和环境的印象。有一些孩子可能会对诗歌有所反思,也可能会做一些记录。因此,对于学生来说,文学就变得"真实"和生动,他们通过参观作家的处所和环境——这可能是作家生活和灵感的一部分,感受或感觉到作者和他的故事之间的联系。

去年一些高年级的孩子有一个叫作"东方"的主题。他们的目标就是研究18世纪的欧洲如何从远东地区获取灵感。

安徒生写作了称为《夜莺》的著名童话。他就是从一个在1843年开馆的丹麦娱乐园中获取灵感的。在那个时候,与全世界的距离跟今天所发现的距离是非常不一样的。今天已经是合作与伙伴关系。但那时安徒生无法来到中国,但我们可以,我们的学生可以来到中国。这是把他们的生活放在正确角度的一种对生活的体验,也会把他们培养成有文化的公民。

我们对世界的概念是通过图画、文字和口语创造出来的。引用安徒生就是为了指明,有时候看起来就像是不足为奇的事情,但我们不能忘记,学习也是通过感官来实现的。

在现在这个时代,冒险周游世界已经成为一个重要的趋势,而且我们在环游世界的时候要有一双善于发现别人的眼睛,希望孩子们在毕业了之后,有这样一个意识,也知道他们读过的这些文学作品,通过他们在开拓世界的过程当中看到了蓝本,丰富了生活。

把全球化背景视为一次冒险的旅行,懂得平凡的事物都是改头换面的奇迹——我们希望我们的学生在完成学业后,正确看待自己,并意识到他们已经变得多么有文化。

俄罗斯学校教育体制下的专长和读写能力

伊万·罗佐夫

(俄罗斯 圣彼得堡 574 中学教学主任)

我叫伊万·罗佐夫,来自俄罗斯圣彼得堡 574 中学,它已经有 50 年的历史。我们教授各种课程,数学、文学等都有专门的教授来讲。对于学生的引导和管理,我们在世界范围内都是名列前茅的。

学校有各种等级评定,八年级的时候就会专注于读写能力的发展,其中也包括像数学或科学方面的读写能力,满分 500 分,很多学生的平均分都高于俄罗斯平均水平,也高于 OECD 国家的平均水平,但在问题的解决方面相对分数较低。也就是说,在高科技能力方面 574 中学还比较欠缺。在俄罗斯,我们有联邦教学标准,这就意味着我们不仅要专注于重要能力,而且也要在技能方面进行提升,因此我们致力于推动学生提升语言方面的能力、在各种文化中沟通的能力,以及在社会中其他方面的能力,同时还有自我提升的能力。这也是一位俄罗斯教育家的理念。

对于 574 中学来说,我们非常专注于学生对自我的认知。我们跟商业人士会有合作,也跟不同经济个体有合作。我们有一个商务委员会,让学生有机会知道商业怎样运作,以此帮助他们了解未来的职业发展。商业委员会还会组织商业方面的课程,建立一种模拟的商业环境,帮助学生学习。

我们也为学生创造和商务人士一起讨论的机会,他们可以给学生讲解现有的科学技术,让学生学习不同商业领域的经验。自 2008 年开始,每年我们都会有一个商业游戏,让学生访问一些公司,了解商业的运作情形。尤其是九年级和十年级的学生,通过这种方式来帮助他们规划未来职业,也有利于学生申请这样的职业。

我们还有针对文化能力的课程,即人文方面的基础知识。学校为学生开设了一个咖啡厅一样的地方,会组织一些俱乐部活动,比如像电视在线课程,让学生可以更多地了解阅读,提高读写能力。

学生们从五年级开始，可以选择自己喜欢的课程：通过了解到父母喜欢阅读的书籍以及为什么会喜欢，借助互联网进行学习和分享，还可以制作广告向别人推广自己喜欢的书籍、音乐作品。

九年级的学生有这样的课程：第一步是分析成功人士，比如乔布斯这样的专家；第二步是进行心理培训；第三、第四步会有专家进行讲座。最后让学生自己做出选择。老师使用图片的方法，帮他们提高阅读能力，对他们进行心理培训等等。但我们知道这些还不够，还要为学生打造一个自由的阅读空间，课后可以进行自主学习，根据自己的喜好看书或者玩游戏。

2016年，我们在另外一所学校开展IT技术课程，锻炼学生搜索、分析、组织信息的能力。在现代的信息时代，这些技能对很多学生来说是一场挑战，他们要能够检索信息。此外，还要用IT任务的方式让他们解决问题，帮助他们开发IT技术的应用技能。今年我们还开始应用3D打印，希望学生能够探索这些技术，更早地了解科学。

学生另外一个重要的能力是沟通能力，所以我们会有演讲比赛、跨文化沟通交流等等。我们面对的是一个全球化的世界，在学校有专门的英语学习环境，而且现在我们还开始学意大利语、中文、德语等等。我们知道，当一个人感受到国外文化的时候，他才会更好地了解母语文化，所以我们有一些夏令营，比如说去上海、北京，我们希望我们的友谊历久长存。

还有一点就是社会和劳动能力，也就是说，你的技术和经验能够在社会中应用，能够在工作、劳动领域发挥价值，比如说在俄罗斯，如果你不参加劳动课是不幸的。从去年开始，政府要求必须有劳动课，所以我们有专门做饭的地方，还有技术设备方面的空间，让他们学习技术。我们看到，这家公司是专门做节能产品的一个公司，他们捐赠了一些设备供同学们使用。

金德学院：全球化背景下一所特殊的学校

克莱迪欧·马瑞安迪

（意大利　金德学校校长）

金德豪斯学院（Kinder Haus College）和金德学院（Kinder College）是隶属同一个机构的两所学校。这是两所不同的学校，它们各自在"瑞士式"教育的基础上延伸。"瑞士式教育"是瑞士土生土长的产物，其特点在于多语种和多文化，它对于瑞士人民来说一直是珍贵的无形资产。

金德豪斯学院招收2岁至5岁的孩子，而金德学院的招生对象是5岁至14岁的学员。

两所学校都坐落于青山环绕的博洛尼亚，这座城市拥有1000多年历史。这里有世界上历史最为悠久的大学，它向世界各地的学生敞开怀抱。它如此积极而正确地响应全球化趋势，大大促进了学生们的身心"开放性"。

此外，它还是休闲度假的胜地，带给人们从身体至心灵的愉悦；这里还有无与伦比的美食、便利的通信以及丰富的音乐文化。

我们的学校就矗立在这样丰富多彩的文化背景当中。50年来，我校一直致力于传播国际文化，并为每位学生提供充足的选择。这里的孩子就像一个空瓶子——需要装满知识与智慧，而我们作为教师，需要时刻为他们提供并教授这些知识，填满瓶子。

英语、戏剧、击剑、小提琴抑或汉语等，所有科目都有助于培养对于全球化有着清醒意识、准备充分的人才，这是全球化的要求。全球化需要构建一个恰如其分、丰富多彩的文化，来面对21世纪的要求与趋势。

我们的目标是建设成为这样一所学校：它能让孩子们真正从中获益；它开放包容，具有国际范儿；它能让我们这些教育工作者以及孩子们的监护人关心学生教育，从而为孩子们完成优秀的学校教育提供最为坚实的保障；它运用一系列提问的方式进行教学，进而给学生提供最恰当的回答反馈。因此，怎么才能让孩子更为深入地认识与感知自己的核心品质？同时，怎样增强孩子们的集体归属感？这是两大待解决的问题。

考虑已久，我们决定引进一系列讲座与讨论，从而让孩子能够每天参与英语阅读。在讨论中，对世界新闻大事件进行评论，激发生动讨论的新形式和新方法。

我们为学生提供这些手段，这样他们就能够表达自我，在某个事件上确立自己的观点和立场。他们作为个体是如此，未来作为大型团体或流动团体成员也是如此。

近年来我们已注意到，此方式能够极大地帮助孩子们更好获得自我意识。

当我们将国际象棋引入课堂时，也收获了同样的惊喜。通过每一步棋的技巧和策略学习，以及应对对手时每一步棋的考量，学生们从中受益良多。这不仅解决了教育目标，而且他们还学会了对如何走好下一步棋保持期待和耐心。

经常交流也为我们谈论幸福与和睦的话题提供了良好机会。幸福，正如我们意大利人所熟知的，和食物密不可分。因此，我们学校还开设营养学以及营养食物学。我们先在菜园里种植培育蔬菜，然后再通过烹饪理解食物的营养价值。我们也参与了有关食品的全球项目——"食物革命日"。

最后，我们学校也教授阅读。这听似简单，事实却并非如此。我们教会孩子们要批判性地阅读每个文本，不能仅仅局限于想了解的内容，还要带着理解和领悟的热情去阅读。为了让孩子们了解多元的文化、不同生活方式以及实现梦想的途径，我们会给孩子们播放类型各异的电影。

我们的学生们每年都会到美国、英国、中国和奥地利等国家游学。此间，孩子们和外国朋友生活在一起，接触真实的日常生活、感受各异的文化。这样一来，我们可以给孩子展示真实动态的生活而非静止的图片。

知识造就自我认知和对他人的认知。正是知识，让我们的孩子在这样一个瞬息万变的世界里，成为有责任心的成年人。

作为全球公民的约翰·保罗学院学生

玛丽·斯德沃特

（新西兰　约翰·保罗学院校长）

当我考虑要展示什么内容时，映入脑海的是自学生时代起，全球化是如何发展变化的。那时，新西兰人只在国内旅游，并不出国；那时，如果我的同学踏出国门，即使仅仅去到像澳大利亚或斐济这样的邻国，绝对也是大新闻；那时，我们买的大多数商品都是新西兰本地制造的；那时，互联网还未出现，与外国联系只能通过信件或电报，而这两种沟通方式速度慢且不可靠；那时，旅游的费用昂贵，在人们的观念中，能出国的人一定是有钱人；那时，一个班里也就一两个人曾跨出过国门，现如今情况恰恰相反，只有一两个人没有出过国。

在地理位置上，新西兰没有与之接壤的国家。旅行和搬运货物所需的高昂费用成了障碍。随着全球化和互联网的发展，新西兰与世界的联系变得愈加紧密。

约翰·保罗学院是一所天主教男女校，招收11岁到18岁的学生。本校坐落于新西兰北岛的中心罗托鲁阿，这里的人民可以随时享受新西兰中部的沙滩、山脉以及灌木丛，这儿简直是休闲娱乐的好去处。在这里，山地自行车骑行运动非常受欢迎；农林业和旅游业是罗托鲁阿地区的主要经济来源。

随着全球化的发展，新西兰吸引了来自世界各地的游客，旅游业迅速发展。这也极大促进了新西兰经济的发展。我们学校也吸引了许多留学生，他们来自欧洲、亚洲以及南美洲国家。我校国际部有大约50名留学生，他们促进了学校的全球化。学生们可以接触到大量资源，而这些资源是我们那代人上学时所不能获得的。我们当年只能用书来做研究项目，而今天的学生们可以用互联网、skype、博客等等。

大家可以看到，我们的学生资源越来越多，他们现在已经成了数据公民，使用因特网，这是一个了不起的学习工具，同时也很安全，他们能够在线上学习。使用这些工具、技术，全球化给他们的学习带来更多的帮助，他们能够和其他国家的作者进行沟通交流，可以和这些人进行实时沟通访谈，可以不断收集最新信息，二十年前我们可能没有这样的工具。他们有手机，通过这些工具来了解世界。我们鼓励他们要多知道一点，因为他们现在是数据公民，应该留下相应好的足迹。

另一方面这也改变了我们的工作，那就是现在的旅行，新西兰国家发展，以前都是富人旅行，现在变了，我能够非常便利地出国。很多人旅游的心情不同，现在产品越来越丰富，但很多企业在国外发展导致我们有一些就业方面的问题。我们现在能够更好地运用技术，和世界进行沟通。一个非常成功的项目就是我们的国际美食节。

我们讲全球公民的定义，什么叫全球公民？看到事物来自不同的国家。我觉得全球对我们来说会影响我们的未来，比如一些战争国家有难民，他们想进入其他国家获得良好的生活，因此他们到处迁徙，但受到了限制。他人可能觉得因为我们来自新西兰，有自己的护照就可以全球旅行。的确，我们的新币也不错，这是不是会给我们一个好的全球视角，如果到了其他国家，别人会欢迎我们吗？是，我们是有特权的发达国家。全球公民对我们来说意义和叙利亚公民不一样，他们有的人住在车库，住在很差的环境下，而我们住的环境比较好，等等。我们关注我们的国家，关注自己的公民，但也可以看看其他国家和公民。我们生活在我们的世界，如果到了海外，他们的视角可能和我们不一样。我们可以很自信地去讲，我们有自己的全球视角。

大家可以看到，我们的学生在更好地了解世界，他们想知道世界能够提供什么，他们能够给世界提供什么。在我们的学院，学生特别关注难民，比如说来自叙利亚的难民有时到新西兰避难，他们就会考虑到这些难民，也会考虑到社区的居民是否在努力帮助这些难民。我们也看到一些有技能的移民进入新西兰，这会影响本地人员的就业，所以在学校里边必须好好学习，将来找到自己想要的工作。当然他们在接受来自国外的移民时，他们是有容忍度的。全球化不仅影响了我们的整个视角，也影响了我们对世界的看法，当然也会影响我们利用资源的方式，它们都是利益相关者。我们给学生提供这样的教育，让他们成为全球公民，而不仅仅是作为落特洛瓦的公民。当然我们还有不同的方式和其他国家的人沟通交流，比如我们学校专门开发了一个小的应用软件，通过手机或者是移动设备能够和其他国家的学生交流。我们也有自己的网站，学校或国际部都有自己的网站主页，我们愿意和其他的学校比如说亚洲的很多学生沟通交流，还有智利的学生等等，我们愿意欢迎大家加入我们的国际学校。

有效的校园教学运转框架

玛丽亚·伊万科维奇

(加拿大　滑铁卢天主公立教育局官员)

滑铁卢地区位于加拿大安大略省南部，2011年人口普查显示该地区人口数量达507096人。安大略省人口数量约为13000000人。

SEF的理念基础为：教育者需要互相讨论他们的实践、知识和技能，并能够在其工作环境中互助。

校园共同体致力于促进学校发展的研讨及行动。通过对安大略省的研究以及参阅"如何高效建校"的相关文献，认定有六个因素是影响学生成就的主因。

学生是纲领的核心，对学生的高期望值至关重要。教育者须密切联系每位学生，该纲领对此予以支持。中间的红环是道德目标，即我们工作的基础。绿环关系到"如何去做"，从而引出3P概要，即精细化、个性化、学习专业化。若使每一位学生都能达到中心目标，学校则应强调多重因素，黄环即为当下对这些因素的考量。蓝环强调的是"境"，即支持核心运作的环境因素。我们的道德目的是对共同信念的清晰解构，这对于学生工作极为关键。在时间足够和支持完备的条件下，所有学生均可以达到高习得水准，所有老师也可以达到高标准教学。（"可以"一词事在人为，要求老师自己选择。他们需要投入到必要工作中，并敞开心扉，接受学习社团的帮助和支持。）高期望和早期干预不可或缺。

这个纲领主要有两个目标：一是学校要进行自评。就是说一年级到十二年级的所有学生，所有的人都要进行自评，就像刚才说到的六个颜色。所有学校不断自评，然后再不断基于SEF进行改善，这也是学校和改善计划团队进行通力合作的事项。二是SEF的主要目标。我们把它称为校区支持过程或校区审议支持过程。就是说有一批教育人员到学校进行检查，看学校在哪些方面处在什么样的阶段，而通过现场审查后确定学校的整体表现，以明确在哪些方面还需要进行进一步的调整。

学校的有效性框架做什么呢？它不仅让老师能够找到学生的学习需求，而且找到自己的学习需求。当一个教学改善计划提到学区主管部门的时候，还包括所有教学人员需要完成的目标。当所有目标实现之后，学校再进行自评，这通常会在学校教学计划整改之前完成。当这个计划完成之后，所有学校在年终都要进行检查，用这样的一个框架进行评估，看看在他们不断整改的过程当中，离既定目标还有多远。我们刚才说到，所有的学校都应该进行这个框架自评，这是一个周而复始的过程，在9月和2月举行两次。必要的时候会征集外方数据，比方说教育部方面的数据，也会看学校自评方面的数据，包括一些正式和非正式的数据，并且在此基础上设立一些合理目标，看看学生成绩是否有所改善。而这个框架会和老师的整体技能挂钩，学校管理团队也会通过这样的过程，发现在管理过程当中哪些方面还要继续完善。而且他们还会征集建议，采纳一些样本来对结果进行评估，校长也会发挥领导者的作用，参与到团队的例行会议当中，提出自己的指导意见。

教学改善计划是一个计划而不是一个事件，刚才已经说到，不仅有中央教学部门的定期检查，还会有学校之间彼此之间的检查，每隔2~4周，学校之间会进行互评，而且3~4年，监管部门会进行一次总体评估。我们也非常鼓励老师定期进行自评。这个框架之下，列出的就是一些相关标准，也就是说，在这个有效框架之下的所有的内容，都可以作为评估绩效的一个指标。建议大家记住这张表格，这样教师在每次上课之前都可以问自己，每一个方面做得怎么样，或者提高自己的相关表现，自己应该怎么做。这些标准也是各个学校进行自评和教学改善计划的一个依据，学校工作人员也会针对每一项内容来收集证据。当然，这些收集上来的证据它只会包含到学校教学改善计划当中，这主要是为了提高教学效果。而且我需要指出的是，这里涉及的证据不应该是针对于一个教师，而是针对学校的整个教师团队，它可以说代表的是学校的整体形象，是教学质量的一个标志。

1994年的时候，有一本关于SEF框架的书，给教师提供了一个很好的反思机会，让他们能够很好地反思自己的教学实践。在安大略省，没有任何一个项目是不包括上述的这种规划行动、观察和反思的整个周期的。可以说这是我们现在的核心，重要性非常突出，所以我们投入了大量时间和精力，让学校的管理者和教学人员都有机会来审视自己的做法，因为只有回顾式的深思才能够改善学习效果。在21世纪的教育者中，我们一定要让老师有时间进行反思，所以在安大略省推出SEF这样的框架之后，所有学校要强制参与，而且正是通过这样的一个过程，无论是教师的需要，还是学生的学习需求，才能够成为各方关注的重点,才能够改善学生的学习效果。

一旦学生完成自评,我们会写一个报告。报告是基于我们在学校看到的内容,相应的团队会写出他们在现场看到了什么,最初的教学目标是什么,实际的教学目标完成如何,学生的表现如何,老师的表现如何,改善的领域还包括哪些,等等。我们会对这里面的信息进行整合,学校也会在此基础上推出下一步要采取行动的计划,我们也会让学校指出在未来阶段希望开展的工作有哪些。在必要的时候,我们也会进行集中式的协调,来帮助学校完成这些目标。这项工作的重要作用自然也是不言而喻的。

创造 21 世纪的班级：灵活的座位和自我调节的教学

安德鲁·詹姆斯·特克

（美国　奥斯卡卢萨学区中学校长）

　　近些年，爱荷华州在塑造教师的领导能力方面投入了大量资源。该州几乎每一个地区都充分利用国家赞助的"老师领导力拨款"从事该项目。我们意识到，从校园内部培养领导者，可以大大提升教学质量和互助合作。在此基础上，学校还参考了 Rick 和 Becky Dufour 的工作成果，建立起"专业学习社区"。

　　通过将教师放到领导地位，并将协作时间融入日常时间表，我校创新性实践得到了快速增长。我们使用 PLG 机制，一些教师勇往直前，而且还鼓励不情愿的同事前进。现在，我校的传统配置大势已去，正朝着更为个性化的学习结构前进，希望能为 21 世纪的年轻学习者前行做好充足准备。

　　我相信为预期行为树立榜样是重要的，学生在每一堂课开始时都需要首先了解他们应该学习什么。这就是我们每一堂课都通过"我要能……"进行造句来确立学习目标的方法。

　　我今天的学习目标是：我要能创建灵活的座位安排并引入自我调节式教学，为 21 世纪的学习者改善课堂体验。

　　为了提高 21 世纪学习者的技能，我们相信必须给学生选择权，同时为他们的学习量身定制个性化策略，与他们的学习节奏相吻合。我们努力开拓更多的合作机会、沟通机会，并把批判性思维与学习内容相联系。因为我们相信，这是进入 21 世纪的学习者的必备技能，所以我们必须为这种形式的学习提供有利空间。但目前面临的最大挑战，是在预算紧张的条件下创建这样的空间。

　　在我们学校，一个学生的学习生涯从小学到中学的过渡至关重要。早期青春期介于童年和成熟青春期之间，它在一个人的成长过程中是很独特的阶段。我们都知道，在这个阶段，孩子会经历重大改变。我们都致力于创造这样的教室，它不仅可以支持学生的发展，同时也能培养优秀的公民，我们期待这些孩子将来加入世界学习社区内。

在过去25年的职业生涯中,我在爱荷华州一直致力于中学生的培养。我认为,中学阶段美好、可塑性强,也是最具有挑战性的人生历程之一。

为了达到终极目标、培养最优秀的公民,我们在规划青少年的学习时必须考虑智力发展差异。针对这种多样性,我们必须因材施教。中学生的认知能力和行为控制能力差异很大。我一直扪心自问:"我怎么更好地为学生的具体思维提供更具结构性的环境,同时又能为学生的抽象思维提供更具挑战性的环境?"我们的青少年需要教师们的了解,更需要他们的理解。我们这些教师必须了解每个孩子的思维和学习方式。

为了让孩子们能够在21世纪取得更好的机会,我们需要培养他们哪些技能呢?我们的真实社会正在经历急速变化,因此我竭尽所能地让孩子们做好适应这个社会的准备。孩子需要知道怎么解决生活中的实际问题,同时时刻准备好面临两难选择。这就意味着我们的工作是创建一个充满了真实的学习环境,这就需要"元认知"。我们必须让孩子具备快速分析、整合信息的能力,他们需要和同龄人甚至是成年人在以项目为本的学习环境中进行实践体验。另外,这些青少年还需要学习并参与交流反思。我们提供机会让他们做出预测,形成理论,攻克难题,这很重要。

优秀的中学老师不仅要为人师表,同时还有义务引导学生,把智力思维和道德理性相结合。如果你们有人关注了近期的美国大选,就会知道我们在这个领域任重道远。我们必须用积极的方式构建解决问题、通畅合作和沟通技能的模式。不幸的是,这些孩子会面临"利害攸关的测试"以及一些硬性规定,这些都超出了我们的控制范围,因此,所有三年级至十一年级的学生都要接受标准化考试,学校也必须汇报成绩。

上述所描绘的21世纪技能,并不一定是我们中学测试的技能。今天的学校似乎有持续改革的苗头。为了使孩子成为优秀公民并更好地适应全球化,我们正努力建立一个新型教育模式。

然而,我们意识到考试成绩不能够代表学生的创新和创造性。学校的教师领导层在一起研究的结果是:让学生能够进行批判性思考、紧密联系现实生活,将学生更好地培养为能够解决问题的优秀公民。

我们做了哪些直接改善学校学习体验的事呢?首先,因为我们意识到青春期过渡非常重要,所以改变六年级的教室结构就是我们的行动起点——让孩子们自行选择。我们让8个老师两两结组,形成了四组双人教学,共同管理40名学生,并且按照灵活程度表进行管理工作。由小组教师领导一起想办法,提出新颖的方式创建学习空间，以此促进协作、批判性思维以及交流参与。对于最终改变他们的教学方式，老师们有共同愿景。筹备数月后，我们成立了一个新型空间，此空间可以使孩子们协作学习；反之，如果学生们一整天被限制在固定座位上，这是不可能实现的。

从关注教学方法跳出来，现在我们一直关注什么才是重中之重——学生的学习。一直以来，我们都在接受这样的经典理念——培养学生未来解决问题的能力。我们相信，如果我们期待学生们在未来生活中成为解决问题的能手，现在就应该刻不容缓地开发他们解决问题的能力，让他们全天候地积极投入其中。

学生动员以及怎样让学生有更高的参与度并进行深层思考，一直是老生常谈的问题。那么怎么来定义参与呢？在我们学区，当学生们表现积极且人人参与其中，在学习中表现也会很活跃，参与度也尤为明显，专注于眼前任务，且学生和老师都十分高效。我们学区耗时四年研发了一项度规矩阵计划，其理论基础是五项公认高效的教学特征（爱荷华州的部分核心）。我们称之为"进步的工具"。两年前，我有幸受邀参加 SFEL 20 年庆典。那时，我和同事们也是在这间会议室和大家一起分享了这个"工具"，并且描述了我们怎样关注工具中的特定元素，及其在计划和监督高效教学方面的效用。

这样的简便工具对于指导规划行之有效，并在不同的教师中都能稳定发挥作用，但也有不足。教师必须适时调整以适应学生，对此，我们心中早已有数。如果我们不保持持续改进的势头，处境可能更为艰难，会让我们的孩子在不远的将来举步维艰。

我们学校六年级至八年级共计 550 名学生，许多课堂还在使用传统教学方法。我们某些班级是否还和传统的班级相似？是的，我认为这暂时是可行的。但是，我们同样见证传统和创新相结合的可能性。我认为这样的模式合理且前景光明。我们针对传统课堂取其精华，同时推动面向未来的创新型策略，这样才能让改革的磨合过程最平稳。一个更易于理解的融合体就这样应运而生。

这些年，我们历经数次改革，逐渐意识到我们的结构也必须与时俱进。做出改变有时很难，最困难的一个过渡是从一整天坐在成排的课桌里变成孩子们可以灵活选择座位。我认为许多教师可以意识到改变的必要性，但是他们也在纠结挣扎，因为老师们预测不到这种新方式会对他们的课堂产生什么样的改变。

我想下面举的例子能让诸位感受到这种差异。想想你在最喜欢的地方完成自己的重要工作这件事。你为什么选择在那里？仔细想想那个地方以及你如何选择座位？从我个人来说，我一般选择坐在桌前，而我妻子更倾向坐在舒适的地方。引申而言，难道我们的教室就不能设置得舒适些吗？通常成年人的自由选择空间非常大，而孩子却不能。比如，当我忙于工作或写报告时，我可以随意选择自己的座位，不会有人强调我必须坐在那儿一整天。我最佳的工作状态就是起床后散散步，或者时不时换个地方坐。我知道这与某些人的课堂管理理念相冲突，但这不正是我们今天在座的任务吗？即敢于挑战他人的理念。这不就是变化形成的途径吗？

去年，几个敢于创新的老师进行如下反思——为什么我的课堂非要传统单调？难道它就不能像个咖啡厅吗？如果你走进我们的灵活座位课堂，你会看到孩子们有多种选择。你会看到各种工具、舒适的座椅、变形椅、健身球、普通座椅和很多垫子。为了节省空间，我们的老师已经腾出他们的桌子，取而代之的是与学生课桌体积相似的小型讲桌。这样桌椅就可以在多余的空间任意移动，因为师生有时会根据教学需要重新规划课堂布置。

我们仍然有许多的当然，为了促成协同作业，我们也使用大桌子。有时桌子上盖着厚纸，学生们可以在上面提出创意并写下问题。我们正着手将墙壁刷成白板，这样学生可以直接写在墙上，然后用板擦擦掉，以此鼓励孩子们提出问题进而解决问题。他们迷上了这种方式并延长了学习时间，还使得学习更加深入。

我们知道，将个人需求与学习空间相结合会对学生产生积极影响，尤其体现在学习方式、与其他同学的协作、改变整个课堂以及学习体验等方面。实施该项目后第一年，我们欣然看到学生学习质量的飞速提高，见证了他们成绩的进步。就我个人来说，孩子们在教室中对话的深度让我讶异，而教师办公室也有同样的惊喜。

20多年来，我所做的一切，首先呈现在自己的课堂，进而逐渐影响整个学校，这些决定是以研究和关注什么对孩子最好为基础的。现在，我们课堂灵活座位的安排与上述理念是一脉相承的。

学校仍然存在许多问题，就像我谈到自己已经完成的工作，第一组问题总是围绕以下提问：如果孩子们不安分，教师应当如何管理环境？怎样让孩子们关注课堂任务？怎样对待行为不良的学生？

我们的PBIS数据表明，学生分心扰乱课堂秩序的问题明显减少。我认为这归功于教师给了他们选择权，尤其是允许他们自选座位。工作本身是不能选择的，对于这一点，每个孩子都心如明镜。事实上，在我们学校，"不做作业的结果还是要完成作业"。如果我们想要高质量的成果，我们想要孩子们做到最好，难道不应该给他们一些选择权，让他们去选择能顺利完成任务的座位或合作方式吗？

由于当今的学生是动态多样的，我很惊讶美国的大部分学校模式还是"填鸭式"。如果我们期待学生目标明确、具备协作能力，同时我们明了这样的课堂已经落伍，那么为什么我们还要继续采用"一刀切"式的教学模式呢？每一位在这种变革中挣扎的人都应该思考这个新角度并扪心自问：我们教育学生是为了让他们适应我们的过去，还是他们的未来？

我们正在深入了解思想和身体是怎样联系在一起的。我们相信运动与认知有力地联系在一起。我们越来越接受学生在学校里站起来走动，这样能制造更好的学习者，孩子们的课堂行为会更积极，并且我们也希望他们能获得全面发展。我们意识到爱荷华州的学生们坐的时间过长，而体育活动锻炼的时间过短，所以健康政策、实践和课程也正相应地发生改变。我发现灵活座位的直接益处之一就是运动，相当于燃烧卡路里、消耗多余的能量，增强动机和参与度。毫无疑问，体育活动与学业成绩的提高、健康状况的改善、行为的改进息息相关。

现在我要谈谈自主学习。我相信，大部分教师在因材施教上都有上升空间。老师们并非不想这样做，因为我们都知道，学生们的学习速度各不相同，有些孩子需要老师给予更多帮助，而有些想要加快进度。但面临这样的问题该如何处理呢？如果你的课堂上每个学生的速度都不尽相同，你的对策是什么？如果我们的班级容量跟现在的普通公立学校一样，老师应当如何区分每个孩子的学习速度呢？

在我的职业生涯中，我一直致力于创造以学生为主体的环境。我第一次接触到学生自学的环境是两年前。针对学生个性化差异授教的课堂也许就是这种自主学习的产物，包括分小组教学。

我们学区六年级的数学教师通过让孩子们自学的教学法来寻找解决方案。他们能够将传统数学课变为高效、个性化的学习环境，学生的参与度远超过前几年，因为学生在习得相关技能时可以自控节奏。我发现这个概念如此简洁易操作，现在我鼓励其他学科的教师在不同领域也尝试此法。

我们已经意识到，把握节奏是良好教学的关键，学生攻读学习内容的速度是差异化的核心。有些学生需要更多的复习时间，有些学生为达到目的则需要多次浏览学习内容。自主学习的主要好处在于，学生可以多些时间按照自己的节奏审视学习内容，而不用笼罩在传统班级授课的压力下学习。

还有，记住我们是一所 1∶1 的学校，我们的学生离开父母、朋友的陪伴简直就像鱼离开了水，他们每天都接收实时新闻媒体报道，也对电子游戏着迷。他们远程了解学校的班级情况并且线上完成家庭作业。这是孩子曾经了解的唯一世界。我们许多人是传统主义，对孩子们成长下的 21 世纪的各种新鲜事物，我们这些老教师心生畏惧。我们好奇这一代会变得怎样，花几个小时畅想未来子孙们生活的世界也嫌不够。

　　但是，我此刻就可以说出当下年轻人的生活方式。他们的世界灵活动态、节奏快、个性化而且持续变化。他们需要学习信息社会所提供的环境，并且支持自己独有的学习方式。这一代学生生活在充满选择的世界，这是前所未有的。对于一些没有做好准备的孩子，这会对他们的未来产生破坏性的后果。从这个角度来看，这项任务迫在眉睫。我们一定要将自己成就为坚实的榜样，设定目标，集中精力改善我们的方法，鼓励孩子们去有效解决问题、高效沟通并最终做出正确选择。

把世界带进课堂

萨拉·伯格斯特龙·佩尔森

（瑞典　法尔肯贝里高中教师）

当我 10 岁时，我的世界就是瑞典东海岸的一个小村，我得到的信息要么来自老师，要么来自每天七点半的新闻。尽管我知道有更大的世界存在，但是我接触不到。如今，我看到女儿 10 岁时，就已经有了全然不同的世界。她能够轻易得到她需要或者不需要的信息，世界上每天发生的事情，不论好坏，她都能知道。因此，如何在这样一个新型世界里引导学生使他们成为有文化的公民呢？

我所供职的学校位于瑞典西海岸的一个小城镇，这是一所有着 1200 个学生的高中，我教授的学科是社会学和历史学。我还教授职业课程和高等学校预备课程。此次，我的演讲主题是"怎样在教室中为学生的将来做准备，并让他们乐于面对这样的新世界"。

我国规定，所有完成义务教育阶段的学生都有权再享有三年的高中学校课程。学生们通常 16 岁入学。我们全国有 18 个学习项目，每个项目持续三年。在法尔肯贝里，我们有 13 个这样的项目，根据我国法律，所有教育都得建立在科学证据和确凿经验的基础上。老师有权决定学生的学习内容，同时也要强调科学方法的重要性。

在瑞典，学生必须参加社会研究（有些国家称之为"社科教育"）。这个科目有其政治学、经济学和社会学渊源，同时还包括其他社会科学和人文科学的涵义。开设该科目的目的之一是帮助学生了解政治学、社会学和经济学之间的内在联系，它使全球各领域的人联结在一起。另外一个目的是普及公民教育，使学生成为活跃的社会成员。因此，社会研究是一门集科学和规范于一体的二元学科。

国际公民及公民资格教育研究（ICCS）是一项国际比较研究，重点关注公民教育。ICCS 是几个国家共同参与的广泛研究，由国际组织（IA）旗下的教育绩效评估（IEA）发起。此项研究 2009 年的调查结果显示，瑞典学生对政治及国际政治不感兴趣。当涉及国际同学相处或相关问题时，这可能会成为隐患。

虽然学生很容易对世界发生的事件感兴趣，但是许多仍局限于自己的日常生活和小圈子。因此使学生认识世界是我作为老师的责任。

现代社会三大突出问题是和平、环境和资源分配。不管我们身居何处，这些因素都对未来有极大影响，而当下我们并没有解决方案。以环境和气候变化为例，冰川融化导致海平面上升是已知的事实，这意味着我们必须共同解决这个问题。在瑞典，这是无法绕过的问题，使学生感兴趣的方法之一就是制造问题让他们解决。对他们来说，与日常生活息息相关的问题解决起来会更有意思。我和技术老师一起设置了一项任务，要求学生去解决。

我曾提到法尔肯贝里坐落在海边，学生得到的问题是"如果海平面上升若干米后，会怎样？"他们结组讨论了海平面上升对交通、电力、经济和学校的影响。接下来，小组同学需要一起提出解决方案，并展示给其他同学。这个活动的目的所在，是让学生讨论真正灾难对周遭社会的影响，以及需要进行怎样的准备工作。不管对经济、社会还是环境，自然灾难造成了诸多不良后果。当科学与社会研究等学科结合在一起时，教师就为学生塑造了整体观。

这是我的教室，在图片上，可以看到学生们正在讨论世界各地正在上演的冲突。这门学科可能颇有争议，但这也正是社会研究存在的原因之一。我们的课堂里有来自世界各地的学生，他们对于冲突的起因以及后果各有不同见解。因此，当谈到冲突时，我们不仅会给孩子们讲解起因、过程，还会深入调查该事件对学生日常生活的影响。当学生对此进行比较并讨论这些冲突对他们造成的影响时，他们就对冲突、对自身乃至对世界有了更深层次的理解。

学生面前的任务（当他们进行冲突分析时）使他们成为问题解决的多面手。尽管他们可能无法解决这些冲突，但是他们不得不思考多种解决方法。

完成此类任务面临的一大问题是使用何种资源。只要鼠标轻轻一点，学生们就可以获取到造成冲突的上千种成因，其中也有许多并不真实。在课堂，我们试图从两个角度分析冲突，从而得到客观评价。这种方式并不仅应用到冲突解决中，还可以反映到学生们的日常生活之中。这种方式使我们将世界引入课堂，谈论各种问题。

那么是否我的女儿就会比我优秀，并成为更有文化的公民呢？我当然希望她如此，并且我认为，不管我们身处何地，老师们都起着重大影响。对学生而言，解决问题、合作以及关注解决方法，这些能力都很重要。但是，我认为使学生意识到世界和他们紧密联系在一起，这是其中一个关键因素。

和平、环境保护和资源分配是当今社会的重大问题，这些因素对于人类未来生活的影响举足轻重。世界将越来越紧密地连接在一起，我们需要为下一代做好准备，这就是需要在学校里就关注这些问题的原因。根据瑞典学校法所示，所有教育都应具备科学证据和已经验证的事实基础。

　　解决这些问题的方法就是将世界信息引入课堂，从而扩大学生视野，让他们明白冲突、自然灾害和污染会如何影响他们。为了使他们理解这些问题，我们应该从学生角度思考问题。谈到冲突时，我们不仅要告诉他们冲突的起因和发生过程，还要弄清楚这些冲突会如何影响学生的日常生活。如果同学们对比不同冲突并理解了这些冲突是怎样影响他们的生活的，孩子们就会更好地理解冲突、理解自身和世界。

　　进行较大的项目合作也是让学生深入了解如何在全球背景下协作的良好方式。近年来，自然灾害在世界各地频发。自然灾害对环境、经济和社会造成严重后果。当教师将科学和社会研究等类似科目结合在一起后，教师就给学生们在课堂上创造了一个整体。

　　和平、环境保护以及资源分配是当今世界的心头之患，我们的学生也应该去面对这些问题。这就是解决问题、相互协作以及注重解决方案之所以至关重要的原因。因此，需要使得年轻一代意识到他们与世界浑然一体，是其中一个关键部分。另外，孩子们还需认识到班级课堂并不是全世界，因此，将世界引入课堂便是教师的责任。

教育——通向世界视野之路

布拉德·坎贝尔

(澳大利亚　新南威尔士大学预科学院副院长)

　　会议主题的关键词是在全球化背景下培养有文化的公民，高尚却也充满挑战。关乎国际教育的研究和文献充斥着这样的词汇，但其中意义也有着微妙差异。

　　会议组织者选择采用"培养"一词尤其令我欢欣。"培养"这个词蕴含着积极的教育内涵，语言的更新与发展更赋予了它丰富的含义。它塑造了教育者的正面形象，即教育者就是学生及其学业成长进步的沃土，并且他们与孩子们一起处于创造性的协作过程中。

　　在我上学时，文化意味着读写能力。今天，学者和文化的意义远未止于此。只要大致浏览就能了解这些文化能力：数字、计算机、媒体、信息、政治、文化和视觉等。幻灯片上的概念图展示的是独特的视角，同时也显示了学者和文化这两个词的应用多样性。

　　"文化"这个会议主题自然会与它的传统定义相关，但当与"公民"和"全球"相伴出现时，该词的内涵已然扩大。当今世界，有文化意味着在专业领域有知识、有建树。对于任何学生来说，在掌握或具备高层次文化之前，先获得读写能力是基础。然而，在国际教育背景下，我想聚焦点在学生的文化素养。

　　"公民"，就像在它之前出现的"文化"一词一样，不再能够被狭隘地定义为传统意义上的某国成员。因为当这两个关键词和"全球"紧密相连时，就极大地影响了我们对它们的定义。国际学生即全球公民，他们的国籍已经超越了国家的边界。

　　全球显然指的是世界，它意味着国际视角和前景。在2014年联合国教科文组织的一篇关于《全球公民教育》的论文中，说国际教育"为了获得更加公正、和平、宽容、包容、安全、可持续的世界，学习者需如何开发知识、技能、价值观和态度"。

我们的世界已经全球化，交通拉近了城市和国家的距离。政治家远赴重洋签订贸易协定、开辟市场，自此，各国虽相互不了解但也成为贸易伙伴。不管是现实世界或虚拟世界，实时远程通信拉近了人们的距离。是这些让我们成为了全球公民吗？我认为还不够。成为一个有文化的全球公民远远不止你家附近有一个麦当劳店，也不是驾驶新款奥迪车或进优衣库购物。成为全球公民远不止是成为世界品牌消费者。

增加对文化素养的理解是成就真正的全球公民的唯一路径。这个知识的深度并非通过贸易协定或市场全球化达成。彼此建立相互信任之前，我们需要了解彼此，否则就不可能促成长久友谊。公司在市场上穿梭不止，而国际教育为人们的共同学习和生活提供了沃土。社会化促使学生们对自己的经验进行反思，并产生观念上的变化。一篇研究论文发现"当身处一个全新的社会环境时，学生们会质疑自己的深层信念，他们的价值观会因此发生重大改变"（《剑桥教育和科学》杂志，2016年1号，P755）。或者，正如另一个解释：通过审视世界观的相对性和多样性，国际教育可以让学生看到"自身观念、信仰和知识的局限性和狭隘"（《海登》2015年，P140）。

我目前在新南威尔士大学全球部大学预科院任职，在那里，我亲眼看见了全球背景下文化公民的培养，包括在中国和我在悉尼任课的班级。我对中澳教育体系之间差异的理解不断加深，而我在中国的访学经历已为我的学生工作提供了更多借鉴。今年我们班级中有来自中国、印度尼西亚、缅甸、越南、斯里兰卡、美国、泰国、哥伦比亚等全球各地的学生。这个国际大熔炉孕育了交流、共享思想和差异的机会，并且激发了对其他视角和现实的理解。如此交流催生的参与度和全球意识是通往全球视野的天梯。这一点，贸易协定或创建全球化市场并不能达到。

话题回到新南威尔士大学全球部。我校位于澳大利亚悉尼，我们是新南威尔士大学的非营利性全资独有子公司。新南威尔士大学最近公布了其2025年战略，包括：致力于2025年成为澳大利亚地区的全球性大学。我们力图实现以下目标：1. 学术领域达到世界领先研究水平；2. 研究成果推动本地、全国乃至全球经济繁荣；3. 通过创新成就示范性教育；4. 培养优秀的、市场导向的毕业生；5. 为学生和员工提供平等的机会；6. 培养学生的领导能力，培养学生辩论、制定政策和关注全球问题的能力；7. 为国家和全球繁荣做出巨大贡献；8. 成就卓越国际教育（目前拥有14000名国际学生）；9. 与其他知名国内外机构建立伙伴关系；10. 帮助国内外弱势群体工作，展现公平正义。

以下三个关键策略是这些承诺的基石：1. 通过研究质量和科学教育经历达

到优秀学术水平：个性化、灵活、创新、全球化。2. 帮助创建一个公正的社会，引导对世界正在面临的巨大挑战的探讨，运用知识的力量促进经济繁荣和社会进步。3. 通过日益拉近国际交流、逐步加深伙伴关系以及援助弱势不发达地区，扩大全球影响力。

将这个策略清单联系到会议主题并非难事，因为新南威尔士大学同样致力于为全球培养有文化的公民。作为新南威尔士大学的分支机构，新南威尔士大学全球部也为这同一目标奋斗。通过在全球范围内开展促进优质"教育"的"评估"和"专业技能"，为我们的大学提供支持、增加附加值，这即是我们的共同目标。

教育集团有两大支撑利器：大学预科和语言研究所。澳大利亚教育评估机构关注学校的国际评估基准，并且 Unisearch 会针对性地提供专业意见服务。大学预科可提供一系列大学预科课程。通过关注沟通能力、学术成就和社会文化意识，我们构建了大学教职员工以及学位课程。我们大学的特色领域：商业、物理学、生命科学、美术设计和艺术/社会科学，这些专业都在新南威尔士大学的学位授予之列。我们学校的教职员工经常到国外访学、开展示范课程或短期项目合作。由此可见，全球化确实是我们的重心。2600 多名学生将完成澳大利亚及海外院校基础研究课程。我们的学生来自约 50 个不同国家。

新南威尔士大学语言学院提供英语预备课程。开设该门课程是为了帮助无法直升大学的学生，学习准入大学课程或大学预科课程。显然，语言学院课程的完成与完成大学学业有着密不可分的联系，即培养有文化的公民。

在全球背景下，学生们远离家乡甚至跨越重洋，辗转在不同中学和大学学习，因此，这也有了成绩测试的需要。诸如"国际学生评估测试"，此类测试在全球范围内提供了测评。在新南威尔士大学全球部，我们有"学校国际比赛和评估"（ICAS）。该测评覆盖科目广泛，并以心理测量为支撑，目前在全世界 20 多个国家实施。

测评报告可以为每一个学生显示正确的和错误的测评结果，以及学生对特定板块的掌握情况，随着时间的推移还可以跟踪记录学生后续掌握情况。当某所学校已经录取整批学生后，该校也得到这批学生的详细反馈。同时，国家机关如想与他国做对比，也有机会咨询数据。

在全球背景下培养有文化的公民需要超越全球化消费观，转而关注国际教育，这才是更有效率的方式。通过教育收获改变从而培养文化理解能力，新南威尔士大学和新南威尔士大学全球部将坚定地致力于全球公民教育。

大学语言入学要求

阿莱西亚·托马逊

(美国　凤凰联盟高中校区升学指导顾问)

美国凤凰联盟高中是一所公立学校,校区有3000人,在美国排名第25。我们有100多个老师,有10个顾问,然后还有几个社工。但过去不是这样的,没有社工,而且教师或顾问的人数也是不足的。我们有一个行为心理专家,主要就是来帮助一些在这方面有障碍的、需要特殊教育的学生。除此之外,我们还有一个专职的员工来帮助学生解决餐饮等生活相关的问题。94%的学生都能够顺利完成高中学业,这在美国来说是非常好的。考虑到我们地区的条件,而且有很多学生可以流利地讲西班牙语,大部分学生还能够享受免费午餐,未来成为家里第一代能够上大学的人,这是我们觉得非常自豪的一点。

我总是告诉我的学生:你可以成为自己想成为的人,只要努力工作就可以实现自己的梦想。我已经提到,我的很多学生其实家庭背景并不是特别好,但是我想让他们知道通过教育、通过培训、通过努力工作,将来总有一天会梦想成真,而且现在就要思考自己将来要成为什么样的人、做什么样的工作。我告诉他们要有解决问题的能力、有处理冲突的能力。就在几个礼拜之前我碰到一个高中生,我就问他想接受什么的教育或做什么工作。他告诉我,他没有想清楚。我告诉他:已经高中三年级了,很快就要毕业了,我们希望知道你的打算。他后来就说:我们家没有钱,我可能得工作。所以我跟他说:看着我,你要相信我,你要成为什么样的人都是有机会的。稍晚些,我会告诉大家我们怎么帮助学生申请上大学;如果需要财政资助的话,又该如何申请。这个学生的家庭是低收入,所以是符合申请救助金资格的。我会保证这个孩子有机会到大学校园去参观,去考虑自己上什么样的大学,而且我们还会有机会让社区大学的代表到我们的校园来与学生开展互动,为学生提供更多的机会。

学生在毕业后有很多的选择,很多学生申请大学,然后为大学入学做准备,还有一些进入社区大学,还有一些会参军,再有一些加入技能培训学校。当然也有高中毕业之后就直接就业的，所以说没有一个固定答案，只要选择最适合你的就可以。

还有一点我感到很骄傲，就是在亚利桑那州，我们有一个"教育与职业行动计划"，简称是 ECAP。这是 2008 年发起的，即学生可以有他自己关于就业方面的计划，包括了他的职业愿景、教育兴趣以及课外活动。这就是我们行动计划的具体内容，每年都会进行更新，因为学生每年在选择职业方面都有很多变化。根据这个计划，他们会选择在接下来的三年要学习什么样的课程，其中还包括了一系列考试。

我们州也有自己的一些入学资格考试，还有毕业考试，必须要参加这个考试才能拿到毕业证。我们希望他们能够更好地去参与一些课外活动，不要仅仅关心考试分数。而且我们也要确保每一个学生都有自己的规划，会一对一地跟他们交流他们的学习计划。我主要就负责这个计划的执行。

我们学校学生毕业要求积累 22 个学分，主要是在英语、数学、科学、社会研究，还有美术、卫生等学科，还有其他一些选修课方面的要求。

我们州内也有大学，因此要确保至少让学生能够去参加 16 门核心课程，有 4 门英语课、4 门数学课、3 门科学课、2 门社会研究课，还有 1 门美术课和 2 门外国语课。

在高中不要求学习外语，但如果要上大学，肯定是要学习一门外语的，学分注册要求 GPA3.0，或者你在班级的排名是前 25%，还有 ACT 是 22 分或 SAT 是 1120 分。这些是大学注册的要求。

今年我还有一些工作，就是在亚利桑那大学申请的活动，我们所有的学生都会去那里进行继续教育，在 2013 年、2014 年的时候，14% 的学生申请了高等教育，我们也希望这个比率能再提升。去年，有 31% 的学生得到了奖学金资助。学校会对学生进行一系列流程培训，确保他们在校园里面就能够预料到将来走出校园可能会遇到什么样的情况，这样他们可以有很多选择。学生在高中毕业之后，会让他们选择自己喜欢的继续教育方向，而且我们还有资金支持，也会更多地协助学生获得相关资金的资助。学生可以根据分数得到奖学金，也可以得到一部分社会捐助和学生贷款。有的时候学生需要贷款买房买车，这也是没问题的，在大学期间可以去贷款，只要工作之后偿还就可以了，还有一些勤工俭学的机会，同时父母也会帮助他们。

克拉克学区的读写能力及学习

史蒂夫·赛义德

(美国　克拉克学区学监)

高中读写能力的培养需要教师在读写教学中对学生进行干预及拓展。同时，各个年级的读写水平要求及教学模块也各有差异，因此需要因材施教。对于从9年级到12年级的所有年级，我们需要给他们提供专业指导，让他们完全理解教授的内容。也要让教师了解到学生的素养教育非常重要，我们会制定整个学年的教学内容与主旨，让学生也有机会、有能力进行阅读，并提供相应的评估方法看还有哪些方面的欠缺需要弥补。而且安排相应的时间和资源，让学生在专业的学习团队里自主地获取知识。

我们还开设了特设课程，将其命名为：每日双赢互助课。特设课程通过选派学生会参加某些教学模块中的常规教学或进行拓展，抑或两者同时参加。互助学习的同学在选派课程这一天可以来自任何一个班，开学前三周几乎700名学生完成选派课程学习。该课程目标为：增加选派学生比率，每天或每位老师至少15人；增加学生在常规课程学习中的成就感；提高学生在爱荷华州ACTs中的成绩；降低学生在常规学习中的不及格率。

我们也有一个日常素养协议，也是为了提升学生的阅读理解能力。也可以通过PLC测试来评估学生的阅读素养是不是真正提高了，他们每一堂课都需要首先针对某一内容选择一段文献，教师会指导学生进行有目的的阅读，比如提问，或更好地想象，或更好地了解文章背景，之后学生就会去阅读，老师也会组织一些简短的讨论。通过这样一些方法，我们把阅读当作协议或规则固定下来，每一堂课都要做这件事情。我们看到，从3年级到6年级，更多是让学生根据教学大纲的核心内容，更好地提升自己的阅读理解能力。通过课堂干预和评估，可以看到，我们每一天都把素养教育放在核心位置，真正地根据学生的个性化需求来加以培养。包括教师也获得了很大的益处，提升了自己各个方面的能力。

在我们的校区，有很多英语学习者，绝大多数来自墨西哥，22%的人都是学英语的学生。在今年的英语学习项目中，可能会有6%的学生毕业，他们会非常流利地读写英语，而且在区域评估和一些测试当中，也能够证明他们在语言掌握方面非常精通。还有其他一些项目，比如说小项学习，一些学得不太好的学生也可以利用这种小项学习的方法来弥补自己的缺陷。我们在努力更好地帮助这些英语学习的学生，提升他们的素质。我们也知道父母的参与非常重要，因此还有家长教育会议和家长学生会议，一起讨论一些非常重要的话题。比如父母在家里如何配合学校的这些工作，更好地辅导学生。我们也会给家长一些相关书目，让他们给孩子们读；还有一个学校提升咨询委员会，有一些家长志愿者参与进来，把一些重要信息传达给社区，更好地协助学生的成长。我们和社区有非常紧密的关系，所以我们建立起的这种联系也是非常关键的。同时我也非常深刻地感受到，学校和家长有非常好的联系，而且我们和家庭和学生的父母都是不能够分隔的。

芬兰新课程改革

亚里·安德森

(芬兰 许尔凡综合学校校长)

芬兰和中国能够相互理解交流，因为我们的教育系统是相似的。在芬兰，当全部学生完成基础教育之后，一部分学生会参加中等学校的入学考试，一部分会参加职业资格考试并参加相应的职业技能训练。参加中等学校入学考试的学生后续会深造，获得学士、硕士学位乃至博士学位；而走职业技能道路的学生在积累了一定年限的工作经验后，也可获取相应的职业学位。

芬兰教育体系具有一个基本原则和优势：所有人必须有平等机会享受高质量教育和培训。各级教育均免费，所有学生都有受教育的权利，教育系统没有死角，老师训练有素，坚定地致力于他们的工作，各级活动相互交叉并建立伙伴关系，高度体现各级自主教育。

通识教育改革主要体现在针对课程的整个改革上，即学校课程、国家核心课程和地方课程的时间分配。整个改革发生在 2012 年至 2016 年、2017 年，核心课程的每一步都涉及与相关人士和专家的合作。那么我们为什么需要进行课程改革？因为受全球化和可持续发展战略的影响，自进入 21 世纪后，各国的学校都发生了很大的变化。社会要求人们具备的工作、生活能力较之以前有了很大的变化，我们需要新的技能去构建一个可持续发展的未来。对于学校的教育内容来说，教育和教学实践需要检验，所以改革势在必行。

我还要强调的是改革的重要性以及成功之处。我们的决策影响着未来，学校在创造未来的过程中扮演着重要的角色。对学生来说，学会学习这项技能至关重要。芬兰的学校里有着具备巨大智慧潜力、知识技能的人才，这将为未来的建设打下良好基础。当然，我们在改革中也遇到了一些问题。例如，未来的教育是怎样的？需要什么类型的能力？什么样的努力才会达到我们想要的教育效果？如何在城市文化和学校文化中实现每节课的改变？为了促进未来的教育和学习，学校教师和其他成员应该具备何种技能？国家核心课程和地方课程在指导学校教育、支持教师个人和学校团体的工作中扮演着什么样的角色?

国家核心课程的改革目标是为学校的教育创造更好的条件,让每一位学生更有意义地学习并拥有可持续发展的未来,将学校发展为一个以成长为主题并充满学习氛围的社区。如果你想建立好奇心,请允许学生发问。如果你想培养解决问题的能力,将你所讲授的话题和实际问题联系在一起,那就鼓励学生跟你一起寻求解决方案。如果你想促进理解,就要将不同主题联系在一起。如果你想教育公民构建和谐社会,提高每个人的参与度,就要给他们机会去培养积极而非消极的批判性思维。如果你想巩固学习者的自尊和学习动力,请给予他们适当的激励。永远不要小瞧一个正在学习的人。

我们还倡导学生在未来的社会中学习。学生是一个积极的参与者,积极的情感体验和愉悦的心情能够促进学习。学习要在群体交流的前提下进行,并积极地反馈,以激发学生学习的积极性。

2010年,新的基础教育法案要求学校务必保障每一个孩子的学习需求。有三个支持阶段:一般情况下,强化和特别支持,重点是早期预防的支持。这些教育支持都是很谨慎的、长期的,并且由专业的教育团队所提供或为学生量身定制,并需要定期对其进行评估,课堂重复率仅为2%,中途退学的人只有0.3%,96%的学生在接受完义务教育后会继续学习,20~24岁的年轻人中,35.8%在大学或学校学习。

下面我来介绍一下芬兰教育系统的特色。对于不同住所、性别、经济状况或母语情况的人来说,教育机会平等,各种族接受教育机会均等,没有不同性别的分班;教育完全免费,全面、无选择性的基础教育;支持性极强且灵活的管理模式——整体转向,局部实施;各级互动、合作的工作方式与合作理念;对个体学习的支持以及相应的社会福利;面向学生发展的评价和学生评价,没有测试,没有学生排名。

我们取得成功的原因包括芬兰的综合学校系统,是基于公平的原则;学校给予每个学生充分的学习支持(以学生为中心教学、辅导、出现问题及时补救);教师团队中的老师具有很高的教育背景(硕士学位)和教育专业知识以及比较强的以主题为基础的方法——教师基于完成这个主题所设置的项目,以及课程的灵活性和教学的自由性。同时我们的成功还得力于PISA测试和芬兰国家核心课程的良好配合,国家发展计划在文学、数学和科学方面的渗透,全民参与阅读——公共图书馆机构建设。

此外,教师作为有价值的教育专家,可促进良性的教育与教学。教师积极参与教育事业的发展,大力支持教育事业,他们较高的社会地位和良好的工作环境使得大家对于教师这个职业都很渴望，这也促成以下几点：选择性和密集的教师准备计划；早教的成功；教师的相对稳定性和培养出成功的学生。

关于创新，PISA考试的结果还是很让人喜悦的，并且我们已经总结了一些成功的经验。

然而，问题依然存在：在芬兰的教育制度中，如何做才能更好地体现创新意识？未来会成功吗？发展创新的可能性体现在我们的学习环境中。我们的班级规模相对较小，个性化的关注更能体现其优越性，对学生的监督条件较好并能够及时修正学生出现的一些问题。学校规模相对较小，可以更好地了解学生的学习情况和监测学习的进展。教师和学生较稳定，学校之间的差别不大，教育相对均衡并且每个家庭中都很尊重学生的稳定需要。

我们对自己的经验做出了总结：深化教育改革需要战略目标、时间和足够的耐心；权威的专业化教学会产生好的结果；对教育的全方位支持很重要；对所有学生抱有较高的期望，鼓励并使学生能够尽其所能；一直在更新中的教育政策和教育实践。

还有一些需要未来完成的目标，包括继续加强教师培训——卓越的教师培训；广泛参与——通过各方面的资源，提高整体水平并实现教育公平；支持与引导学生的学习及成长；高质量的学习氛围——在不断创新的环境下学习；通过定期的评估来不断促进各方面的发展与改进；加强学生学校学习与现实生活之间的联系；不断加强与提升领导者的能力；教育和培训部门的指导——不断根据实践情况制定正确的教育教学政策。

最后，用彼得·克里夫特的一句话与大家分享："热爱教育，热爱学生，这双重的热爱造就了优秀的教师！"

设置推动课程：发展明日世界的全球思想家

波莉·安娜·帕克

（美国　蔡斯预备中学校长）

蔡斯预备中学成立于1865年，是一所独立的12年制全日制学校，位于美国康乃狄克州的沃特伯里，占地47英里（约为285亩），学生来自康乃狄克州中的40多个城镇地区。蔡斯学校提供了一门特殊的大学预科课程，为学生提供21世纪必须要掌握的技能，以确保学生在毕业后能够获得成功。蔡斯预备中学以勇气、信心和同情心为核心价值观，这展示了学校的深度品质和严谨的校风。

蔡斯预备中学的任务是培养未来的领导，并激励学生建立终身学习的热情，实现个人成就并贡献于社会。下面我要介绍的是蔡斯的设计驱动课程，这是蔡斯预备中学一项新的尝试。蔡斯预备中学是一所历史悠久的中学，所以我们首先要做的就是改变我们固有的一些观念。我们决定承认并拥抱风险和失败，以从中得到经验和教训；建立学生的同理心，这是解决任何问题的第一步；同时引导学生建立情感联系，因为这种联系对合作来说至关重要；最后我们还采用了设计思维活动来指导解决创造性问题的方式，让教师培养学生的勇气、激情和毅力，当问题有意义的时候，学习就会产生。

今天许多发言人都提到了解决现实生活中的问题。蔡斯预备中学在这个问题上首先是问学生，他们眼中的现实生活中的问题是什么，然后把问题交给学生，让他们运用思维协作过程，创建和测试一个可行的解决方案。

蔡斯预备中学的挑战是用一种批判性思维和分析能力从多角度认识和解决现实问题，它为学生提供了发展的机会，让学生做好扎实的准备以全球思想家的身份参与到生活和工作中去，将以前的知识和经验运用到新的环境中去。

为了实现这些目标，我们开展了"创新日"活动。这个日子是不讲授传统课程的，学生被分配到各种相关、有意义并亟待解决的挑战中去。"创新日"通常是连续三天，为学生提供机会，让他们练习自己的设计思维能力，并为自己所分配到的创新挑战寻找解决方法。学生将以小组形式对自己的挑战提出一个解决方法。在每轮挑战回合结束时，学生将在社区提出他们的解决过程以及解决方法供大家讨论。这有助于培养学生的陈述技巧、公共发言能力和团队合作精神。

我们运用这一套完整的方式来引导学生。首先是好奇，学生可能想了解别人对于这个挑战的方法、影响、结果和受益之处，想知道其他人在问题和解决方法上的观点；接着是探索，学生可以透过事物表面来充分理解任务内容。他们要思考挑战的本质以及原因，集思广益，考虑所有可行的解决方案；此外就是创造，行动！学生会构建一个范例，创造一个模型，设计一种方案来解决问题。我们鼓励学生在创作过程中要大胆和自信；除此之外还有坚持，要让学生懂得失败是过程的一部分。保持活力，下定决心并果断地进行挑战，这有利于对未来任务的信心；最后是提交，交付测试原型，提出解决方案或实施过程。交付的结果表明过去步骤中采取的方法。这就是我们所遵循的创新方式，运用在学校生活的方方面面。

下面大家看到的是学校的学术计划。它是关于技术的，我们认为技术在学习过程中很重要，但最重要的是思维能力的运用。我们还开设了设计驱动课程，使学生重点了解他人的需求，作为解决问题的一种教育方法。我们还开展了年度国际日，引导学生实践，替代种族主义的思考。

正如我在今年秋季与我们学院的代表会面时所谈，强调创新和设计思维。我们学院的核心是鼓励，并很乐意看到我们运用不同的方法，将独立思考和好奇心纳入课程。更重要的是，我发现许多大学代表将我们"创新日"的概念和各自的学院项目相结合。许多人表示这种课程和他们的荣誉课程十分相似，并且其他人已经做好准备，帮助学生迎接竞争性就业和小组面试。我知道大学的确对我们正在创新时代所做的工作感兴趣，因为我们在解决问题，而且当我们进入社会并获得工作时，这就是我们必须做的事。

建立终身健康模式的学校典范

兰德尔·皮特斯

(美国　德雷克大学教授)

在就职德雷克大学之前,我分别在美国五个州和美国之外的两个国家担任过教师,做过高中和大学的篮球教练、学校顾问、校长和学监。我研究的领域包括升学和评定改革、基于能力方面的教育和学校及社区的健康活动。最后一个方面正是今天我想谈的基于全球素养背景下的该领域情况。尽管凭直觉看,健康的话题与全球素养无关,但是我希望能使大家相信事实绝非如此。我的主旨是具备全球素养的公民必须有关怀全球人民生活的兴趣和承诺,先从自身和家庭开始,逐步延伸到他们的社区并最终到全人类。研究足以说明,如果我们不能维持自身的健康生活方式并倡导他人的话,就忽略了一项基本技能。这项技能不仅能够帮助人类在地球上的生活,还能够极大地影响我们作为初学者的发展能力。

既然此次会议是为教育者举行并由教育者组织的,那么我就专门讲下学生的健康方面。首先我要指出的是许多人都能够强烈地意识到的事情:作为教师、顾问和管理者,我们往往忽略自己、家庭和其他人际关系,试图以这种方式来完善我们在工作中的角色。这种情况在给予关爱的职业中十分常见,但是当代教育领导者们遭遇了学校面临的最严峻的挑战,这使得情况更加恶劣:将学习提高到和历史上的最高基准线一致的标准。除此之外,学校还要把每个学生都带到这种高标准上。杜佛和玛扎诺曾强调说:"没有哪一代的教育者要求为这么多的人付出如此之多。"因此,我们在德雷克大学的研究就发现了学校管理者对健康关注的缺乏,而且意识到策略无法补偿教师或校长所面临的因个人疏忽而导致的健康问题。过一种均衡的生活和保持健康,对于有挑战的学校领导这样的岗位,维持高水准的服务是绝对必要的。

当然,在这个舞台上均衡生活,对于有25年教龄的老教师和管理者来说是和13岁的青少年一样必需的。

我经常引用肯尼迪总统的话让学生们思考，即"不要成为一个旁观者的国家"。如今存在的娱乐活动跟1961年相比完全不同，那时个人电脑、电视游戏和24小时不停的电影和体育频道都还不存在。这也许不是偶然，只有一小部分的孩子超重或者肥胖，而现在西方国家的肥胖儿童已占到儿童总数量的三分之一，而且比重还在上升。另外，II型糖尿病那时只是成年人独有的疾病，而现在和肥胖情况类似，将近三分之一的儿童被诊断出有早期症状发作。所以，我把问题抛给你：上个世纪关于肯尼迪总统的远见卓识，给我们带来了什么？

诚然，许多国家都建立了儿童健康政策。然而，在很多地方有一箩筐的问题都是由对该政策目标的理解欠缺导致的：

- 持续强调核心学科，导致学校体育教育边缘化。
- 肥胖儿童数量稳定增长，而青少年活动却相应地减少。
- 此外，很多国家的人口老龄化导致医疗成本不可持续地增加。比如在美国，据估计当今GDP的16%用于医疗健康方面，如果没有实质性的干预和生活方式的改变，这一比值将在21世纪末占到大约GDP的一半。

基于以上挑战，我想列举一下关于学校和周边社区所执行的比较完整的健康项目。

我想先提出一个健康的定义：健康是人们选择一种较养生的、均衡的以及成功的生活方式的积极过程。

在这些选择中，对于年轻人来说，最有影响力并需要他们了解的是有规律的活动和良好营养。这些好处早已很好论述因此不再赘述，但是我要指出的还包括增强持久力、自尊心和骨质密度，还有减肥和健身的优点。运动和营养的结合还降低了心血管病、焦虑、抑郁、糖尿病、肥胖症和一些癌症的发病率。

但是大脑研究越来越多的证据表明，可能把体育锻炼更多地融入学习环境中的最主要原因，在于体育锻炼能够使学生拥有更强的认知性能、灵活性和执行功能。从本质上说，就是能够使人们高效学习的理念在身强体壮的人的大脑中。这种效果十分显著，因此哈佛医学院的约翰·瑞提博士称之为脑源性神经营养因子（简称BDNF），它是通过锻炼"学习主分子"或"大脑奇迹"生成的。研究同时表明，从进化的角度说，我们每天行走5~12英里（8~19千米）时，大脑功能得到再次开发，因为大脑基本上是建立在这一水平活动上的。因此，瑞提博士指出，减少锻炼机会（提高认知表现的活动——提高考试成绩）就像"用饥饿的方式增重"。我要提出的是，从大脑研究所学到的关于锻炼的经验，就像发现在一个临床实验中对照组的治疗效果是类似的，它的意义重大，如果阻止它向更大的人群中传播是不人道的。

然而，基于以上认知就贸然行动具有挑战性且令人质疑，因为实际花费的被动努力时间估计超过了人类历史上第一次进行体育活动的时间，而且趋势数据也不是我们想看到的。

所以，在学校和社区背景下采取什么样的惯例，才能满足师生的健康需求呢？

首先，在获得这方面成功的学校中，最重要的因素是持续强调终身健康活动。既然有规律的体育活动具有组成不同健康模式的最直接好处，学校从一开始就应强调那些习惯，很可能使学生们人到中年仍然保持。这个目的可以使参与度最大化，使学生在毕业后能积极主动地选择健康的生活方式。在有些我研究过的学校中，学生可以选择多达6个领域的50多项活动，包括冒险运动（攀岩，带绳索的课程）、小场地游戏、有氧运动和舞蹈课程等。

其次，这些学校强调儿童的全能发展：跨课程来提高合作、信任和冒险精神。常见的是运用批判性思维解决问题的方法，目标是将每种活动中学到的知识迁移到其他生活情境中。学生学习了关于锻炼、营养、调理紧张情绪以及决定学习能力的良好睡眠之间的关系，活动中还融入社交技能——学生能够和团队有效沟通，而且还强调对自我、同龄人和大人的尊重。同时，学校和社区合作者也是这些健康项目成长的重要催化剂。在内容方面，教师和健康项目人员有内在合作，一系列外部合作培养了医疗社区、商业捐赠，他们提供了设施和健康设备以及当地大学毕业生的浸入式教育。

最后，很多我研究过的以健康为中心的学校优先使用对自我和项目进行提升和评估的技术，给研究人员提供所需数据，以寻求将体育活动重新构建为一个有效的必需整体的组成部分。现在不再评估原本和健康无关的运动能力和行为，相反，学生评分是看其朝向目标的努力和进步，这就增强了他们内在的动机。这些学校还呈现出研究数据推动的文化氛围，这就表明他们的项目促进了学生方面的积极效果。终极目标是，随着给学校带来的达标和提高考试成绩的压力，正确对待锻炼和积极学习效果是重获重要地位的一个途径。

还要承认的是，即使最好的学校健康项目也会在扩展实验和长期坚持自己的模式方面遇到挑战。长久的承诺和接触到的资源是经常提及的问题，领导和员工的持续性问题也是关于这些项目的主要问题。项目的发展还聚焦在改变学生众多不良饮食习惯方面的困难，需要不断找到更多依据，去判定如何有效地将学生锻炼出的好习惯坚持到成年时期。

因此，我们能从一个更加全面综合的学校的、社区的和全球化共同体的健康教育里得出什么结论呢？

214

也许，我们的教育体制看起来是有"问题"的，但是似乎意识不到这个问题的严重性。因此，我们不太乐意采取行动去努力"解决"它。

我们也许需要留意玛格丽特·惠特利的主张，即要有勇气放弃那些主张，它们是旧的、我们曾珍惜的，包括改善青少年健康方面所做出的和没有做出的。

这些方法需要相当大的承诺和合作。没有大量时间、人才和其他资源的付出，这些东西就不会产生。然而，一点也不过分地说，对于我们的公共健康关爱体系和作为国家生活品质的可持续性，就是我们的最大赌注。

这些问题并不容易应对，但它们却是我们作为教育者的中心任务。我坚信如果我们愿意去理解真正的措施和对职业的忍耐，就必须要严格审视它们。

运用原始资料分析和理解培养全球化公民素养的目的和重点

科琳·克拉斯

(美国 迪弗莱斯特学区教师)

迪弗莱斯特校区有3500名学生,由4个初级学校、一个中学(5~8年级)和一个高中(9~12年级)组成,其中高中生1000人。我所教的课程有世界历史、大学预修美国历史、美国政府史、大学预修美国政府史。我从事教学已达17年,今年是我在威斯康星州执教的第五年。

作为一个社会研究部门,我们的宗旨是帮助迪弗莱斯特高中生能在未来成为有文化素养的全球公民,即"迪弗莱斯特高中社会研究部门的目标,是在多元文化的国际社会中培养高效率、有责任心的公民"。

在社会研究课程中,我们关注两种资料来源:原始来源资料和次级来源资料。次级来源资料可以帮助学生了解基本的课堂知识。科技已经替代或正在试图迅速替代我们传统的课本。我们运用多种多样的课本之外的次级资料来源,完成获得基本知识的任务。社会研究所特有的来源是原始资料的主要来源,它们是一个历史事件发生时所写下的。我们运用那些原始资料帮助学生把他们与历史人物相联系,并且向经历了那些历史事件的人学习口述历史。原始资料让历史对学生来说变得更加形象。

关注原始来源,通过对原始资料来源的分析,读者会获得对历史话题各种各样的观点更深入的理解,然后再运用这些信息去理解和阐释作者的意图和观点。对于学生来说,能够理解世界上每个人的观点并不都一样非常关键。通过阅读原始资料,他们会从不同角度理解历史。

运用原始来源的最终目标:

学生能获得同感并理解那些与他们不同的人,然后对周围世界会有更深层次的理解和鉴赏。反过来,这样也会帮助他们成为有文化素养的全球公民。

每天能和我的学生讨论历史我感到很幸运,但是我也很幸运成为一个阅读和写作老师。阅读原始资料对某些学生来说很难，所以我们偶尔会运用研读练习，帮助他们学习怎样阅读这些文件。研读就是有目的地仔细阅读文本。有些原始资料是用学生不太熟悉的方式或语法写的。研读需要学生一篇文章读三次，每次阅读都需要使用不同的技巧。

研读的第一步是保证学生理解这个过程，学生需要知道他们从事目前工作的原因。有一点很重要，就是帮助学生看到他们自己的生活和居住的世界同历史之间的联系，也看到他们所做事情的价值。

学生阅读文本的第二步就是先自己读一遍，对词、人物、概念做批注。然后利用小组合作互助的方式，解决自己不懂的问题。一旦他们完成了，我们会再读一遍文本。这次，我会大声把文本读出来，好让学生听到作者的语气和声音。当我大声朗读时，当他们弄明白，学生可以标注一个叹号，而在不明白的地方则要标注问号。

第三步是合作式阅读法。我们把阅读分出层次，以达到对文本更深层的分析。这些部分将包含有批判性思维的问题，以帮助学生全面理解这些文本。

最后，我们做一个终极练习，就是学生回答一系列问题，以帮助他们理解作者的观点。但更重要的是，他们需要把作者的观点和他们现居的世界联系起来。我们需要他们通过这一过程，看到贯穿时代的模式和联系，真正认识到我们所有人都是有联系的。理解这一点是成为更有文化的全球公民的关键。

总之，我们发现分析原始资料、帮助学生理解历史人物的观点极有价值，如此学生就理解了过去。我们帮助学生把握当下，并让他们看到他们能影响未来。

数学教学练习

珍妮佛·贝格斯

（美国　迪弗莱斯特学区教师）

我想介绍一下有关数学教学实践方面的东西以及它如何帮助学生，使他们更具批判性思维，并成为全球性公民。

在我所执教的迪福莱斯特高中，有3500名学生。我们这个学区由4所小学（幼儿园到四年级）、1所初中（五年级到八年级）和1所高中（九年级到十二年级）构成。我在高中教的是几何学和AP微积分。在教学中，学生们会以四人小组的形式来学习新的数学概念，并实践他们学过的数学知识。

我演讲的核心是我校数学老师是如何运用全美教师委员会提出的数学教学实践的。全国数学教师理事会（NCTM）推荐的这些基于研究的教学实践包括"建立以学习为中心的教学目标""实施促进推理和解决问题的任务""使用并推算数学表达式""促进有意义的数学演算""提出有目的性的问题""在理解概念的基础上建构步骤流畅""支持学习数学时有成效的努力"和"启发和运用有论据的思考"。因为时间有限，我无法深入讲解每一个实践方法，所以我将集中讲解以下几点：

首先是建立以学习为中心的教学目标。我们认为要想锻炼学生对某一话题或概念的批判性思维，首先要和他们进行沟通交流，教会他们该如何思考。在学校，我们使用"我们将如何如何"和"我将如何如何"这样的表达来跟同学们沟通，让他们知道今天应该学到什么。"我们将如何如何"描述的是学生们要学习的内容。"我将如何如何"描述学生应该完成的任务或在这节课结束时学生们应该拿出的成果。例如，在我的一节几何课上我就运用了这个理论："如何运用三角比率，找到一个直角三角形未知角的度数，并引入'反'的概念，利用反三角建立方程，求出直角三角形未知角的度数。"

我要介绍的第二种重要的方法是："实施促进推理和解决问题的任务。"我们的课堂是以提问为基础，这就意味着学生们通过小组协作解决问题，然后在调研基础上寻找理论支持。在我的几何课上调研的例子就是让学生运用斜率的背景知识，画出与之相似的图形，然后让学生测量这些图形的角度并且让学生们自己归纳斜边和角度测量的规律。一旦学生小组对概念达成共识，我就让他们将已学知识记在他们的学习日志上。这是一个小本子，学生可以在上面记录或反思他们学到的东西。这种培养学生理性思维和解决问题的过程每天都会发生。我相信这对培养有素质的全球公民来说十分重要。

另一个培养全球有素质公民的重要实践是"促进有意义的论述"。学生以四人小组的形式学习。为确保学生们能够有效合作学习，我们为每个学生都规定了角色：协调员、记录员、项目管理者和材料管理者。协调员负责阅读第一个任务让小组活动进行起来，还应保证每个小组成员都知道自己该做什么；记录员负责向同学展示小组数据，并确保小组成员专心讨论数学问题；项目管理者为小组提供供给并负责组织课后的清洁工作。

对于学生们来说，我们相信有机会互相讨论学习十分重要，因为我们认为"学生能够在讲解中掌握知识"。我们还相信教会学生共同学习、合作的能力对培养全球公民至关重要。

在我们学校的各学科都实行"随身携带问题"计划，来保证提出的都是有目的性的问题。这些问题能够帮助老师检查学生对学习的理解，并且帮助引导学生更加深刻地思考，建立更深层的关系。

我要讲的最后一个实践就是"支持学习数学时的有成效的努力"。我们学校的数学老师运用小组学习法帮助学生在共同解决问题的过程中，遭遇困难时勇往直前。如我运用过"抱团"这种方法。在"抱团"学习法中，我和每个小组的一位成员分享信息，然后让他们回到各自的小组并和小组的其他成员分享信息以解决问题。这一实践能够帮助学生，不仅是因为接收到的信息能够帮助他们解决问题，我认为更重要的是，学生们是从另一个学生那里得到这一信息的。这种实践让学生懂得了老师不是课堂上唯一的"专家"；相反，所有学生都能够各抒己见，成为专家。

还有一个可以鼓励学生有效学习的方法，就是运用成长心态语言。拥有成长心态就是相信一个人能够通过努力来学到知识。我们将成长心态语言展示在教室里，正如照片中所展示的那样，鼓励学生运用成长心态语言。作为老师，我们同样运用成长心态语言，表扬学生在解决问题中运用的策略和过程，而不是表扬他们的智商。这样如果学生犯了错误，他们会被鼓励不断尝试，因为他们运用了不恰当的方法而不是因为他们不够聪明。我们希望学生即使遇到复杂的问题和困难，还能够坚持不断奋斗，因为这是成为全球公民十分重要的品质。

我想简单重述一下我讲到的这些方法，如何帮助学生成为问题解决者和有素质的全球公民。我认为，这些数学教学方法适用于任何老师，能够帮助学生更好、更深入地了解资料，以便在未来学以致用。

　　我想随着科技的发展，我们的社会和工作会不断发生改变，但是拥有较强的推理能力、问题解决能力和演讲技巧，学生在将来一定能够适应这个不断变化着的世界并取得成功。

　　在现代社会，有效的努力对于培养有韧劲的成长心态同样很重要，这样他们才会努力去获得成功，即使面对困难也会坚持不懈。

21世纪的教学、学习和全球交流

索尼亚·迪亚兹

（美国　弗雷明翰高中首席教务主任）

我今天的演讲主要集中在如何将学生培养成为21世纪人才的三点要求上。我希望大家记住的是：21世纪是属于教师的一个世纪，也是属于学生的一个世纪。所以在弗雷明翰中学，我们注重培养21世纪所有学生的领导力、教导能力和卓越的组织能力。

在21世纪取得成功，将有助于学生在全球竞争、不确定的就业前景、获取信息的无限途径、快速变化的科技等方面做好准备。那么为了实现这些，我们应该怎样做？我们要了解学生的学习过程、教学方法和策略，还应保证教师的教学效果达到最好。

在弗雷明翰中学，我们的工作就是达到以上效果，对此我们有三点目标：目标一：专业教学。我们如何支持中学的全体人员而不仅仅是教师队伍，完成自己的工作任务呢？依靠的是一个强有力的监督和评价体系。我们运用这一体系有四年了。这一体系非常重要，因为它能够帮助我们，评价自己在过去一段时间的工作状况。对于我们来说，能够跟学生产生联系和共鸣至关重要。要个性化学习，学生来到学校，他们具有不同的背景、语言，同时也做了不同的准备工作。我们必须准备好来面对这些不同问题。我们要帮助老师们了解学生的个性化特点。此外是综合服务，几年前，我们开办了双语教育、特殊教育。这些都是分开的机构，现在我们把这些机构结合起来，将学生进行分类，这样就能更好地服务学生。最后是领导力，领导力已经成为我们的工作重点，因为我们想激励更多老师。因此成立了有抱负的领导学院，学校也为此改进了计划。我们还具有自己的数据信息文化。这些数据可以向我们反映一些问题，比如学生情况、教室情况以及授课情况。通过数据，我们可以看到影响学生成绩的一切因素，从而更好地辅助教学。

我们的第二个目标：学生学习。2017年，我们的评估因素如MCAS 2.0的实施，使学生在评估中表现良好。作为学生进入大学和职业生涯的预备，我们会确保各方面数据平稳，并为学生将来的计划做好准备，不论他们是上大学还是走向工作岗位。课前课后项目的支持和干预：学生情况具有多样性，不同年级的学生有不同需求，不仅仅是课业上的问题，还包括情感、社交等方面。我们的课前/后项目能够帮助学生解决这些问题。同时这一项目为我们在课后了解学生、支持学生提供了便利。四年前，我们成立了 STEAM 中学。我们没有在其他中学应用这一主动性，希望确保它的正确性。K-12 人文课程：我们将继续改进课程，以确保它能够更好地服务学生。混合式学习：我们有几种不同的授课方式。有时老师会让同学们晚上在家里看视频完成作业，而在课上完成调查任务，这对加深对这一问题的讨论具有重要意义。综合评估计划形式多样，包括3年专业发展计划。对于世界语言，我们也扩大了学生们的选择。现在小学和初中都有中文普通话的课程。同时，也有来自中国的老师到我们学区工作，为我们提供了教师合作的机会。这为学生在团队精神、合作精神等方面都做出了榜样。老师们不仅教授课程还具有文学素养，他们可以邀请读者进入作家的工作室，提高学生的文学素养。

　　第三个目标是区域改进。我们将重点放在三级学校。那些学校面临着学生成绩方面的挑战。我们向他们提供支持、资源以及指导，好让那些学校可以继续帮助学生提高课业成绩。社会情感学习是十分重要的一环，我们希望每一所学校都能重视，帮助学生进行社会情感的学习。父母/社区交流：父母在孩子教育中的作用，在任何学校都是至关重要的沟通要素。我们正致力于同家长甚至整个社区的机构达成一致，他们会支持学校的工作。三年财务计划/报告：我们需要这一点，因为我们必须要清楚学校在向哪个方向前进，必须清楚自己的财务状况。资本改善计划可以帮助我们确保教学楼、操场等状况良好。招生趋势能够帮助我们预测本学区的学生人数、新生儿数量以及学生流动情况。我们的学区已经变得越来越拥挤，小学、初中学生人数较多，高中也在创建新的分校，通过空间/设施规划来帮助我们完成这些改变。

普通话浸入式课程的益处

迈克·托马逊

（美国　黑格里学区学监）

今天我想跟大家讨论的是普通话浸入式课程的益处。这一课程分为三个层次，即小学、初中和高中。那么，什么是浸入式课程项目？该课程的教学内容由英语和普通话来教授。学生一天有一半时间处在英语环境，一半时间处在中文环境。每种语言都有专门的老师。浸入式语言教学指用第二语言教学，不论是科学还是艺术，学生们都能接受到两种语言的教授。

当然，也存在对双语教学的误解。例如，误解一：有人认为如果学生在家中没有双语的父母/监护人来帮助他们学习语言，这名学生就不能学会第二语言。而事实是，大部分浸入式课程中的学生都来自单一语言家庭。误解二：孩子们会自然而然地学会第二语言。事实就像孩子们在学校努力学习基础的第一语言课程一样，他们也需要努力学习第二语言。误解三：双语学习会延迟第一语言的学习。事实是同时学习两种语言，学生会试着适应两种语言的教学需求。误解四：由于学生花费了一部分时间来学习第二语言，学生学习成绩会降低。而事实是，研究表明第二语言学习会提升学生的认知能力，包括提升解决问题的能力、数学能力和语言元认知能力（理解语言结构的能力）。

下面我来介绍一下课程目标。首先，学生能够熟练掌握英语和普通话；其次，学生英文和普通话的读写能力均达到高标准，而且学生在学习成绩方面，取得中等或高等水平；再次，学生将获得积极的文化交流态度和行为方式；最后，学生将作为一名双语公民而受益。普通话浸入式教学可以增加普通话流利度，增强学生的文化意识，提高学生对普通话的熟悉程度，从而获得文化意识。现在，我校有两个双语学习班，学生同时学习英文和中国普通话，以及两个纯英语学习班。目前，双语学习班的学习成绩超越了只学习英语的同龄人。双语学习班的学生形成更加强大的解决非语言问题的能力，还能够在认知能力上获益，获得更高的文化课成绩和灵活的思考能力。

有一点必须引起注意：课程项目的质量最重要。学生们需要进行至少6年的双语学习，成为一名合格的双语人才。同时，我们关注核心课程，这意味着学生会接受双语的高质量语言艺术学习，两种语言分科教学，保证学生至少一半的时间处于非英语语言环境中。我们需要给学生们提供一个有吸引力的双语环境，保证说不同语言的学生保持比例平衡，在老师和学生之间形成同龄人的圈子。为学生提供高质量的师资和工作人员。同时，我们也需要活跃的家校互动合作。

在我们眼中，最好的实践是不管何种语言项目，从研究中可以找到美国最好的教授语言的方法。教师完全用所教授的语言来授课，视觉图画和实物是帮助学生理解语言的关键。在开启课程之前，词汇储备和旧知识激活是关键，动作和肢体语言能够帮助学生理解。

下面是黑格里学区的课程项目，提早开始学习是关键。近几年来，我们已经将普通话浸入法应用到了小学教育层面。音韵学体系的习得，包括声音、语调以及它们如何组合为音节和单词，学习书写中的字形学构成，学习声音和意义是如何融合在书写之中的。这些知识对于学生来说是重要的学习内容，而年龄小的学生能够更好地掌握这些知识。

我们还制定了成功课堂教学的五条原则：1. 设立实际的书面目标，能够和项目背景保持一致并确保项目的顺利进行。2. 将听说读写和课堂活动结合起来，调整项目来形成和提升对普通话的认知理解。3. 有一个高水准的课程，并且有高效的产出。4. 在所有课程中包含浸入式普通话学习。5. 丰富的语言环境才能发展高水平的语言能力，更多的小组交流会提升口语水平，同时确保有众多的语言交流。

中国和美国都已经认识到全球经济背景下的高效语言教学日益增加的需求，未来同时会说英语和汉语的人会有优势。通过交换教学理念、教师、课程，及最好的教学技术和想法，我们可以学到最好的教授语言的方法，并从彼此身上学到很多！

公民是一个动词：加强年轻人的全球公民意识

奥德丽·达蒙－怀恩

（美国　麦克弗兰德学区教师）

我是一名社会研究学专业的老师。我们的学校坐落于威斯康星州，麦迪逊市的城郊，有大约 700 名学生。如果说我在过去 20 年的社会研究教育过程中有什么收获，我觉得有一点值得和大家分享，那就是"公民教育需要行动"。这就是为什么我的报告主题是"公民教育需要行动起来"。学生仅仅靠对本国以及世界各国政府的了解和学习是远远不够的。他们不能只是简单地通过学习书本知识或聆听专家报告，学习如何成为一个好的公民，而必须通过亲自体验并实践，才知道如何成为一个合格公民。

在我得知要参加此次会议的前一个月，我考虑了很多主题，最后我觉得模拟联合国是最好的选题。因为模拟联合国活动不仅仅为学生提供了锻炼 21 世纪技能的机会，更重要的是为学生提供了一个丰富其经历，甚至改变其命运的平台。

我想介绍几个我的学生。

首先是布丽奇特，她于 2009 年毕业于我们学校，然后在布基纳法索和平护卫队服役两年，最近才回国。我采访了她与接下来会提到的那些学生，问他们是否愿意分享模拟联合国对他们生活的影响。很幸运在她出发去摩洛哥沙漠之前我联系到了她，她这样说道："模拟联合国是我第一次和同龄人坐在一起，听到全球化、食品安全、发展这些词汇。我清楚记得，当时被其他人对世界的了解、对联合国的了解以及他们对于如何解决这些世界性的问题的那种激情所震撼。这次经历让我清楚地知道，接下来的日子里我要学习国际事务，并且加入和平护卫队。"

下一个是汉娜，她于 2010 年毕业于我们高中，现在在科索沃和平部队教授英语。上个星期，就在我着手准备报告的时候，我看到了她在 Facebook 上发布的照片和信息。信息中写道："周一晚上，我的寄宿家庭非常荣幸邀请到了

Adem Demaci 先生来家里共进晚餐。Adem 先生在铁托时代蹲了 20 年监狱,不过现在他是科索沃的英雄,他为科索沃的和平和安全做出了贡献。能够与为自己国家付出这么多的男人在一个房间吃饭,我感到十分荣幸。我觉得自己能来到这个美好的国家,和这些为了让国家变得更好而努力的人一起工作和进步,是多么幸运。"

汉娜去年获得了和平学的学位,这就得益于她在高中时候参加模拟联合国的经历。

另一个是詹姆斯,他于 2011 年毕业于我们学校,目前加入了驻扎在塞内加尔的和平队。他与和平部队的队友以及其他乡镇代表参与了由美国国际开发署赞助的食品安全运动。詹姆斯说:"模拟联合国为我提供了学习全球政府如何工作以及了解到全球各个国家之间的连锁效应,一个国家的政治变化也会影响到全球。也许最重要的是我学到了跨文化交流的重要性——特别是鉴于当今世界日益增长的特征。"

最后一个是罗根,他刚刚在 6 月份毕业,高三时曾担任模拟联合国俱乐部的主席。去年他在芝加哥参加了国际联合国大会。作为国际新闻团的一员,他站在伊斯兰新闻社的角度讲述故事并获得了最佳记者奖。当我让他分享模拟联合国对他来说的意义时,他说道:"在模拟国际联合国所学到的知识,让我更加了解全球政策和国际事务。我学会了站在别人的角度看世界,并且懂得了不同的生活环境能够使我们形成不同的观点。作为俱乐部主席,也给了我很好的机会来领导这么多杰出的同龄人,这让我在领导力方面和做人方面收获颇多。"

我介绍的这些年轻人有两个共同点,那就是他们都在高中时参加过模拟联合国俱乐部,而且他们都已经成长为思想成熟、懂得关心别人、积极参与全球公民活动的人。

模拟联合国就是这样一个组织,充满能量,历史比联合国还要长。

在 20 世纪 20 年代,美国大学生已经开始模拟联合国的演练,最早的高中模拟联合国大会是 1952 年在伯克利的加利福尼亚大学开始的,全球性开展是 1968 年在荷兰的第一次海牙国际模拟联合国大会。1999 年,美国联合国协会启动了非营利性"全球教室"计划。在此之前,模拟联合国会议都是由来自私立学校的家庭条件富裕的精英参与的。随着"全球教室"计划的启动,模拟联合国慢慢走向标准化,并且其课程也可以直接在网络上找到。2001 年,模拟联合国会议因为一部由玛丽·凯特和阿什莉·奥尔森主演的电影《姐妹双行之伦敦游》首次出现在大众的视野中,这两位青少年明星对 2000 年上高中的青少年参加模拟联合国项目造成了极大影响——成为许多年轻女孩参加模拟联合国大会的原因。

尽管许多人也许对模拟联合国耳熟能详，但是对于另一些人来说可能闻所未闻，或者还有一些人听说过但不是特别了解。简单地说，模拟联合国是对联合国大会和其他多边机构的仿真学术模拟，在课堂活动中，学生们扮演各国大使的角色来讨论各种各样的国际话题，诸如：气候变化、难民问题、提高公民素质和女性教育。

模拟联合国是以学生为中心的，它能够锻炼学生的公众演讲、批判性思维和深入调查的能力。学生们也通过模拟联合国活动学到了丰富的知识，并且其形式灵活：有些学校将模拟联合国作为他们的社会学课程；有的学校将此看作培养学生作为领导组织会议的一次机会；还有的学校把它作为去世界上其他国家游历的机会。幸运的是，我们学校以上三种形式都具备。

模拟联合国教会了学生们21世纪所需要的技能，例如：批判性思维、调研、沟通、领导、合作、公民素养、全球意识和人道主义精神。这些技能在许多领域都十分适用，许多参与过的同学都前赴后继地成为外交、政治、法律和传媒领域举足轻重的人物。例如：现任联合国秘书长潘基文先生；美国最高法院法官斯蒂芬·布雷耶；当前美国议长保罗·瑞恩……当然还有我的学生们：布丽奇特、汉娜、詹姆斯和罗根……他们都在高中期间参加了模拟联合国活动。

模拟联合国如何打造全球公民呢？首先，不同学生代表不同国家并对其进行研究：他们要了解国家地理位置、公民概况、它的盟国是哪些、政府机制是什么样、这个国家面对什么样的挑战、国内和国外的挑战都是什么，等等。因此他们看待世界的角度不仅仅是从自己祖国的角度出发，而是从其所代表国家的角度看待世界。

之后再给一些项目，让学生通过网络进行调查研究，他们需要对讨论的话题有一个清晰的理解，弄懂与话题相关的术语，并且能够回答以下关键问题，如："问题是怎么发生的？对谁造成了影响？与这一问题息息相关的是什么？"学生们必须了解问题发展的历史原因和当前状况，以及过去历史上的一些行动，包括联合国决议、国际公约和条约，还有非政府组织、其他国际和区域组织的行动。

学生对主题学习深入以后，可以更好地了解一个国家，了解这个国家的政策等。他们的国家认为应该做什么？这一话题将对他们的国家带来怎样的影响？从参考政府官网、大使馆官网或联合国任务网页着手是不错的选择。

自此学生们就变成了外交官，与其他代表们一道进行辩论、审议和谈判，最终为国际社会面临的问题找到合理的解决办法。解决方案不是他们的国家想要为自己做的，而是希望联合国在全球范围内解决这个问题做出什么行动。

除了研究沟通技能以外，模拟联合国也要求学生的写作技能。在仿真模拟之前，为了提高效率，学生提前写 1~2 页的文章，内容包含总结所讨论的话题和在会议中他们所代表的国家的观点。它通常包括主题背景、过去的国际行动、国家政策和可能的解决方案。它也可以作为模拟会议的开场演讲。在模拟过程中，学生要合作写出针对自己所提出问题对应的解决方案。所有的演讲、辩论、谈判和团队合作的最终目的，就是找出解决方案。

公开演讲技巧是学生在模拟联合国所能使用到的最重要的能力之一，种类有正式演讲与非正式演讲、即兴演讲和准备好的演讲、开幕式演讲和在辩论中的演讲，还有时候是大规模演讲，有时候是小组演讲。

当然谈判和达成共识的技巧对模拟联合国大会的成功举办也有着至关重要的作用。学生必须自信地提出自己的个人观点，也必须积极倾听且学会妥协。

有一个数据库可以连接到世界各地的模拟联合国会议，每一个月都有且为期 1~4 天。对于一些学校来说，漂洋过海参加模拟联合国会议不是一个很好的选择，或者是时间不合适，也有可能是因为经济原因，但是我们还有其他的选择。其中一个就是创建本市区或者本省甚至本国家的模拟联合国网络，这样就可以很好地加强学校之间的合作。

我们学校每年夏天都会和其他区域的两个学校联合举行活动，为 11 月份第一个星期六的年会做准备。很巧今年的会议主题是亚洲。我的两个学生要主持本次亚太经济社会委员会，他们选择了可持续农业和救灾准备这两个话题。

更简便的方法是你可以在自己班级举行模拟联合国活动。联合国美国协会（www.Unausa.org/globalclassroom）为教师和学生提供了免费课程和资源，里边的内容从如何写论文和决议，到帮助教师和学生方便地在学校开展活动都有涉及。我教授的国际关系班级也会用到好多模拟联合国的策略。学生被分配一个国家，并在课堂上代表那个国家，他们在桌子上放着写有该国家名字的桌牌以及国旗。我也会以他们所代表国家的名字称呼他们。他们分别代表科威特、德国、巴勒斯坦、斯洛伐克。他们关注这个国家的新闻，并在这个国家的政治和经济背景下组织发言，从这个国家角度来看问题，而不是从美国人的角度。

请大家一起携手培养年轻人的能力和热情，构建一个更加美好、更加和平的世界。甘地说过"如果我们想要做到真正的世界和平，那就必须从儿童做起"。

托马斯·杰斐逊高中对于科技课程的特殊要求

蒂内尔·普里迪

（美国　托马斯·杰斐逊高中校长）

当我初次听到会议主题时，我就在想托马斯·杰斐逊高中到底是怎样运用科技课程来使学生成为全球性公民的，所以我的演讲主要是向大家展示一些我们学校日常活动的状况。

首先，我想向大家介绍一些历史背景。托马斯·杰斐逊高中成立于1985年。根据国家风险报告显示，那时我们的国家形势严峻。我们学校位于弗吉尼亚州的亚历山大，与华盛顿特区、马里兰州的商业区距离较近。于是政府有关部门、马里兰州的商业与技术部门聚集在一起，决定在这里建立一所以科学技术、工程、数学为主的学校。因此，他们形成了这一想法并向大众推广，过程有些艰辛。他们将托马斯·杰斐逊高中规定为一所公立性质的高中。但是，我们还是一所地区性学校。我校位于一片大的学区，这里有20多所高中，而我们只是其中之一。我校有650名全日制学生。还有一点特别之处是，我们不仅是一所社区高中，还招收附近6个县的学生。这是一张我们校园的图片。学校的使命是：给学生提供一个在科学、技术、工程和数学（科技工数）方面具有挑战性的学习环境，激发学生发现未来视野和培养基于道德行为和人类共同利益上的创新文化。

我会花几分钟的时间来向大家阐述几种毕业证书，弗吉尼亚州有三种高中毕业证书。第一种是学生上任何一所高中都能够获得的；第二种是高级毕业证书，这一证书可以通过额外一年的学习获得；第三种就是托马斯·杰斐逊高中的毕业证书，该证书是受到全州、全国认可的。我想向大家强调的是，我们的高中是四年制的高中，其中一年的数学成绩要达到AP水平，还要学习一个学年的计算机技术课程，通常是在刚入学的九年级进行，大多数同学都学习了不止一年的计算机课程，还包括一年的高年级研究。因为我们具有全球性的学术项目，所以为学生们提供了可以学习七种语言的机会，包括中文普通话、法语、德语、日语、拉丁语、俄语和西班牙语，要求同样要达到 AP 水平。

我校还拥有 14 个研究实验室，这是为高年级同学一年的研究任务提供的。所以，学生们从 9 年级到 11 年级都在接受我校的核心课程。同时他们也参加了选修课程，以便在高年级时进行研究。14 个研究实验室包括天文学和天体物理学、自动化和机器人技术、生物技术、化学分析和纳米化学技术、通信系统、计算机系统、能源系统、引擎设计、微电子学、移动和网络应用程序开发、神经科学、海洋与地球物理系统、量子物理和光学以及工程材料学。

我们也要为学生的高年级研究工作打好基础，所以在 9 年级时推出了一种课程，叫作 IBET。IBET 即综合生物学、英语、科技，它是我们指导新生融入杰斐逊高中的四个价值观和技能的过程。这是将这四门课程融为一体的综合型课程。这门课程向学生们展示出，知识并不是要单一地学习各自的原理，而是把它们结合起来去解决身边的问题，所以我们以这种课程来作为研究的基础。

下面，让我们来看一下艺术课程方面的情况。我校有四个音乐项目，我在 PPT 中添加了演出的图片。这张图片是一次训练，在图片中我们的学生穿上了美人鱼的服装，这是最近迪斯尼出版的剧集。"国际之夜"是我校的一个大型活动，这里有一些去年活动的照片供大家欣赏，希望大家能够感受到我们是如何与文化相处的，并且感受我校课程的多样性。

最后，我知道篮球这项运动现在在中国很受欢迎。这里有一些学生参加的活动：橄榄球、拉拉队、高尔夫、篮球等。总而言之，托马斯·杰斐逊高中的独特之处以及我们如何将学生们培养成全球公民，我认为原因有以下几点：我们的毕业生要求在美国是独特的；我们的 IBET 课程教授给学生的不仅是单纯的知识，而是学生解决问题的能力；高年级研究项目让学生们能够在某一领域积极钻研，同时也培养了学生的合作精神和沟通能力。

托马斯·杰斐逊高中是美国排名第一的高中，我们与北京的清华附中和上海的一些学校都有过合作，我去过南京、上海，了解中国是很愉快的体验。这是我第一次来到这里，非常棒，期待能有更多的合作。

马斯康诺学区的 21 世纪技能

南希·米拉

（美国　马斯康诺高中国际教育主任）

我是一名外语教师，一直都在用外语将外国文化和我的课程联系起来，也用这种方式教育孩子。我来自马斯康诺学区高中，它位于波士顿以北 25 英里，我们共有 22000 名学生。马斯康诺学区花了相当多的时间和精力，制定地区使命和期望。在学术方面，我们希望学生具有有效沟通的能力、展示数学的能力、解决问题的能力，以及能够使用各种技术和信息资源来收集、分析和综合事实、结果、想法和概念的能力；在社会层面，希望学生能够对自己的行为负责，为学校或社区内其他人的福祉和福利做出贡献，表现出对自己和他人的尊重；在公民层面，我们希望学生能够参与决策和团队建设活动，展示和实践对全球公民权利和责任的理解，对社区做出积极贡献。这些是真正有助于指导我们的相关文件，提供迈进 21 世纪的技能，完成在学校生活的各个方面的使命。

正是在教师和管理人员于 2007 年参加最初的 MIIS 会议并与全球伦理学院举行会议之后，我们的区域决定进行全球性推广。我们的课程目标是为学生提供一个渠道，发展与 21 世纪技能相关的全球能力，并希望学生通过在校内外的经验，获得更广阔的全球视野。

道德决策技能是 21 世纪全球社会所必需的一项技能。决定变得越来越复杂，甚至可能产生全球影响。我们的许多毕业生进入了最好的高校，然后在私营企业或公立企业获得重要职位。在马斯康诺，我们认为有必要与学生合作，以便他们能够成为现在和未来更好的决策者。我们有很多在 21 世纪美国和世界其他地区做出重要决定时缺乏道德的例子，因此必须与学生解决这个问题。

我们与全球道德研究所合作，创建了一个由教师和学生组成的道德素养小组。该小组的成员与教师和学生代表一起，为学校创造了核心伦理价值观：尊重、责任心、诚实和同情心。我们正在将这些核心价值观纳入我们的学科系统、课程、所有出版物和我们在马斯康诺的日常生活中。我们的目标是让学生和员工自然而然地使用我们的核心价值观，过滤决策过程中的困境。

英语系为高年级学生开发了一个题为"全球文学"的新课程。在英语系，他们以个人的文章作为一个单元的开始，并且刚刚学完了第一课《疾病解说者》，这是一本由印度裔美国作家裘帕·拉希莉所写的短篇小说集。这些故事围绕着印度人和印度裔美国人的生活，传达了关于印度文化和传统以及移民经历的大量信息。学生通过故事集追溯到的一个主要主题是文化的陌生性，以及那些从他们的土地上分离的文化在同化和坚持自己的文化传统之间的冲突与磨合。除了学习文化的特定主题和经验，学生还批判性地审查了适用于所有人的普遍主题的文本，不论种族、社会经济地位、宗教或国籍。小说关注的一些主题是：人对自己身份认知的探索；人与人之间的障碍；社会隔离、误解以及在人际关系中沟通的重要性。现在，学生们正通过连接这几个故事的主题撰写分析论文。然后他们将开始学习《追风筝的人》，这本书将为他们提供了一个极好的机会，来了解阿富汗的文化和动荡的历史，以及普遍的内疚、救赎和宽恕。他们将继续他们的旅程，不仅探索多样性，而且探索所有人和文化的共同性，并努力回答课程的核心问题：什么是人类本性以及我们如何知道。学生对这个新的选修课程反响强烈！他们对能够选修这门课表示感谢，比以前12年级英语学生上课更加热情。全球文学有五个区域的学生来上课，他们真正渴望了解其他国家和文化，并客观面对美国和欧洲以外的文学。他们愿意考察全球的不同视角，并且能够看到这样做的价值。因此，学生积极参与日常讨论，学习活动的水平显著提高，看到这种变化非常令人兴奋。

外语系在高中引入普通话，并在学生的课程中加入了亚洲语言部分。该项目开始是高年级的选修课程，现在已发展成为全方位外语学习的选择。我们现在在初中部也实施普通话课程。目前，初中部中文课程的推广由马斯康诺初中的课后兴趣班负责。

每年学校都会主办与国外合作伙伴的交流计划。每年都与法国雷恩进行交流，已经有20多年的交流了。还包括旅行部分，目的是研究巴黎的文化并沉浸在法语语境中。此外，西班牙语课程的学生最近前往格拉纳达、马拉加和塞维利亚，德语学生前往柏林和特里尔。国际周在每年的3月份举行，超过550个学生和家庭的国际晚宴是本周的亮点。在那天晚上，学生以他们的母语表演或玩国际音乐、吃世界各地的国际食品、参加国际饼干比赛。学生们展示交流旅行的幻灯片，向参加者介绍他们的经历。晚餐赚取的钱用于支付外国学生在马萨诸塞州实地考察时家庭住宿的费用。其他的跨国旅行除了能够让学生接触外语的语境外，还有其他的任务和服务成分。来自马斯康诺的学生已经去过巴拿马和秘鲁。学生们在极端贫困的条件下工作，为当地的医疗机构、日托和课后活动中心出自己的一份力。马斯康诺的音乐、英语、社会科学和科学部门为学生们提供了更多的机会去国外旅行。已有学生前往意大利、奥地利、非洲国家、中国、哥斯达黎加、秘鲁、英国、希腊、加拉帕戈斯和加拿大。

马斯康诺数学部的三个亮点是建筑项目、工程日和全球倡议的志愿者俱乐部。在第二个学期的大部分时间，CP 几何和 H 几何的学生将他们在几何学课程中学到的技能和概念都应用在平面图和高程的设计上，以满足自创客户的具体需求。项目呈现在课堂上，每个类别中最好的都包含在建筑博览会中。该项目是期末成绩的一部分，将占学生们二年级期末成绩的 20%。高中第三年的春天，学生选择四个早间课程，每一部分的课程都由一名工程师讲授。这些课程包括广泛的当前应用的工程学位以及各种类型的工程信息。在过去两年，一群由数学教师担任志愿顾问的学生已经进行了一些筹款活动。他们的目的是筹集资金，为在马拉维的孤儿院购买电脑。一组学生和他们的监护人在 2010 年 4 月前往马拉维，除了交付计算机外，还在孤儿院志愿工作了两个星期。今年一个小组去了南非。

科学技术和工程（STE）系的核心课程是培养学生 21 世纪的技能，促进科学探究和批判性思维。学生在正式引入概念之前调查现象、进行观察，并在正式介绍概念之前产生问题。这个实验室计划的设计也显示了学生的想法，并提供必要的经验，用科学上可接受的解释来代替这些想法。STE 部门提供了几个选修课程，促进了批判性思维和对科学与技术在其他学科中的作用的认识。生物伦理课程让学生检查由生物技术进步所创造的伦理困境，使科学家能够改变活生物体的自然生长过程。学生从多个角度审视这些问题，了解反对观点，并更好地形成个人观点。同样，在"普罗米修斯释放：科学与社会"中，学生研究科学、政治和文化的相互作用，以了解诸如 H1N1 流感大流行等事件的复杂性。我们的法医科学课程利用学生的所有科学知识，分析信息和推断因果关系，发展他们的能力。在技术领域，STE 部门与建筑课程的艺术部合作。学生在艺术课程中从功能和美学角度审查建筑学，然后学习如何在技术课程中运用计算机生成设计平面图的图纸。通过与其他机构联系，STE 部门向生物学生提供使用波士顿大学城市实验室公共汽车的先进生物技术设备的经验。在其他课程中，学生们参观了当地的污水处理厂，前往哈佛大学，在大学生物实验室进行实验，并听取了许多客座演讲，开展了许多特别的主题课程。

高中和初中的学生参加科技展。在高中阶段，展会已经重新格式化，以使学生面临挑战，创造符合特定规格的有用产品（例如，仅使用现成材料的水净化系统)。新的格式增加了学生的参与,并导致他们对科学和技术的更高赞赏。

马斯康诺提供了一些科学和技术相关的课外活动。机器人俱乐部在中学和高中都有。高中还设有一个环境俱乐部和一个科学团队,与该地区的其他团队竞争。几年来,由于同学们所表现出的极大兴趣,我们会每年派出两个队来代表马斯康诺参赛。

10 月,学校将正式致力于开设由马斯康诺教育基金会资助的新的 STEAM 实验室,学生和教师来自科学、技术、数学和艺术部门,他们可以利用这个实验室学习最新的技术。

马斯康诺社会研究部致力于通过开发和实施几个年级项目,来吸引每个学习者的思想,这些项目致力于让学生掌握并运用 21 世纪学习所必需的技能。

11 年级的学生整个学年都沉浸在家庭传记项目中,要求学生采访、研究和记录每一位家庭成员的"生活"历史,并在美国历史课上将他们的故事编排出一个完整的学习时期。通过学生采访、体验式研究和"重新讲述",移民和文化意识的问题自然而然地表现出来,并栩栩如生地呈现给学生。

10 年级的老师正在忙于实施艾塞克斯郡历史项目,要求学生找到"后院中的历史"。我们居住在美国历史最悠久的地方之一,年级的团队认为,涉及当地埃塞克斯郡历史的研究项目,将激发和吸引学生了解他们周围的历史。

使用埃塞克斯郡遗产委员会和埃塞克斯郡国家遗产区作为起点,团队要求学生选择埃塞克斯郡的一部分进行研究,目标是将历史遗址置于埃塞克斯郡以及美国延伸的社会、经济和政治发展的背景下。学生在参观附近名胜古迹的过程中,利用 21 世纪的技术进行录像、信息收集,并让自己完全沉浸于体验式的学习机会当中。

除了这些年级项目,社会研究部致力于我们的道德和全球重点提供的几个选修课程当中,如全球性研究、古代史、世界宗教,还有题为"普罗米修斯释放"的跨学科科学/历史课程,研究科学和历史间共同涉及的领域,以及你中有我、我中有你的互融关系。

马斯康诺的高年级学生实习计划已经有 11 年的历史了。学生在第三季度后离开学校,在他们感兴趣的学习领域实习,最终的活动是实习展会。学生向老师、学生和社区成员展示他们的项目。最近由马斯康诺高年级学生进行的实习项目案例如下:

某学生去了新斯科舍,在一位给埃里克·克莱普顿和詹姆斯·泰勒做吉他的老师那里实习。他学会了如何用原木制作吉他,最后他回到学校用他亲手做的吉他演奏,来展示他美丽的乐器。

还有一个有趣的实习,是一个学生去意大利学习如何成为一名优秀的咖啡师。他在实习展会身穿晚礼服,从铜缸供应浓缩咖啡和卡布奇诺。他的实习为他提供了接触意大利语语境的机会。

在过去的一年里,三个学生为米德尔顿迷你高尔夫做了一个非常棒的广告。他们使用图形建立网站,并将公司的链接放到Facebook上,最终将公司的销售额增加至少20%。另一个是壁画,三个艺术生在学校的技术课教室的墙壁上画上壁画。每个看到壁画的人都十分欣赏壁画中所呈现的意境,并纷纷表示这些壁画给了一间普通教室独特维度。每年都有学生跟随州议会的议员一同实习,也有在美国教育民权办公室学习的学生。去年,这名学生将实习期延长为整个夏天。他负责编写关于某些案件的决定摘要,他现在正在考虑在民权法方向就业。

在过去四年中,高级放置工作室的艺术学生参与了记忆项目(www.thememoryproject.org)。这一项目将马斯康诺的艺术生与来自世界各地的孤儿进行一对一分组。这些艺术生将他们创作的这些孩子的美丽画像,通过孤儿院寄给那些孤儿。这些孤儿将会把他们收到的画像当作他们童年的美好回忆。然后,给孩子们送肖像画的工作人员将孩子们接受画作的瞬间拍成照片回寄给马斯康诺的学生,这样就完成了从捐赠到接受的循环。这是一个充满了正能量的项目。到目前为止,马斯康诺学生创作了分别来自乌干达、洪都拉斯、尼加拉瓜、厄瓜多尔、罗马尼亚和泰国的儿童画像。生活肖像艺术部正在本舒姆记忆项目的帮助和鼓励下,与玻利维亚的孤儿院建立合作伙伴关系,这将使我们的一些学生能够亲手把肖像画交给孤儿,然后留在孤儿院做一到两个星期的志愿者。这是一个能够直接绑定到马斯康诺全球文凭课程的机会。

最后,多个部门的几位教师致力于编写与我们的全球道德素养重点相关的课程教材,并进行课程实践。通过开发当前活动,如维基空间、谷歌文档、能源意识课程和关注历史、道德的单元课程等,我们的老师将继续围绕全球意识、道德意识、公民文化和积极性投入等几个方面,继续向学生的思维和行动提出新的挑战。

综合教育的世界课堂体验

阿尔贝托·文森特·佩斯卡多

（西班牙 格雷圣地亚哥学校校长）

格雷圣地亚哥学校通过与世界各地的学校进行广泛的经验交流，建立了一个教育和组织模式，每学年与大约 15 个国家的 2000 多名学生开展有意义的活动。格雷圣地亚哥学校的目标在于建立一个聚集出色教师和学生的全球社区，保证迷人的环境、积极的教育项目和从多元文化角度学习的自由。为了做到这一点，我们将继续与世界分享我们的经验，并鼓励新的学校与我们一起参与。

格雷圣地亚哥学校（GSD）是一个独立的教育合作结构，它由 8 所 K-12 学校组成，总部位于西班牙的马德里和中美洲的哥斯达黎加。

教育和帮助人们在不同生活阶段发展价值观，目的是改变和改善我们的世界，发展高效的学校并从社会经济的视角创造持久的工作。

格雷圣地亚哥学校是由 17 名老师在 1987 年创立。现在 32 年后，格雷圣地亚哥学校已经由来自 28 个不同国家的 1500 名成员组成，其中 1000 人已经是该项目的合伙人。"合作"一词是指格雷圣地亚哥学校的结构。一人一票系统，保证其合作伙伴对最重要决定的影响权不超过董事会，并且只有在董事会批准后，项目、想法或影响组织生活的任何其他特定问题才能落实。每个在学校工作的人，不仅是老师，还有行政人员、维护人员和厨师都是学校的合伙人，或者正在通过入股成为学校的合伙人。

格雷圣地亚哥学校为社区提供教育服务，带入每个人的个人动力和集体荣誉感，从而组成一个强大的教学和激励团队，不仅保证最好的学术成果，而且保证项目的长期稳定性。我们的教育项目核心思想意味着，整个学校社区都参与到儿童的教育过程中来，无论是在教室里，还是在学校的任何一个角落。

事实上，我们采取"学习合作经验"的座右铭来提高我们的教学效率，这种教学不仅仅是指知识的教授，还有通过社会团体合作、个人责任感和包容性教育的应用来分享普遍价值观。

在这 32 年中，格雷圣地亚哥学校广泛地实现了它创立时的目标，然而这并不意味着我们将止步不前。在这段时间里，我们学到了新的方法在原来的基础上继续添加新的价值观，试图将我们的模型投资到教育以外的领域，或分享到西班牙和世界各国的不同地区。

总而言之，格雷圣地亚哥学校的每一个面孔都反映了我们所期望的教育形式，不仅从学术角度，而且从诚实、团结以及尊重自己和他人合作价值观的角度，将学生和现实世界联系起来，以促使其向好的方向转变。

我们期待着在这些日子里与大家分享我们的非凡经历，通过交流关于教育的观点、内容与价值观，来继续学习和成长。

全球公民：来自英国的故事

爱德华·凡肖

（英国　英国雷顿帕克学校副校长）

在全球背景下培养学生的公民素养是一个非常重要的主题，同时也让人感到有点沮丧。因为有公民素养的人群比例还真是不高。

有素养才能生存。它把巨大的世界展现在你的面前，你可以了解到那些隐秘的、以前闻所未闻的事情。

作为教育的领导者，我们要把培养阅读和书写能力放在优先的位置上，使其在全世界的学校里成为事实。我们都在尽最大努力做这件事，把我们的经验和梦想和他人分享，就有可能让世界变得更加美好。

我希望和大家分享我的学校是如何让学生开阔视野、为他们打开新世界的大门的。

第一部分：背景。我来说一下自身的体会。我来自雷顿帕克学校，被亲切地称为LP，这是所男女混校的寄宿学校，学生年龄从11岁到18岁。我们的学生刚来到这里时，就需要具备最基本的素养——他们需要通过入学考试。

第二部分：文化素养。在雷顿帕克学校，素养的含义包含阅读能力、写作能力、思考能力、创新能力、交流和倾听的能力。尤其是后两者，我们经常讨论每个人都有被倾听的权利，我们也有义务去聆听他人的想法。

我们寻找所有可以使沟通变得更有效的方法。这绝非易事，青少年有不同寻常的个性，他们会做一些不可预测的事情，冲破界限。我们需要这些技能，让所有学生不仅可以阅读写作，还可以向他们提供与所居住的世界建立复杂联系的有效技能。他们需要最基本的素养，让他们在社会中发挥自己的作用。

联合国教科文组织为了世界和平、消除贫困而奋斗着，但如果没有一定的读写能力，不具备一定的公民素养，和平就难以实现，贫困也难以被根除。这些目标是值得称赞的，而且如果整个世界团结一心，谁知道我们会取得什么样的成就？

没有公民基本素养，创新就会被扼杀，紧跟着就是理解能力的缺乏。

第三部分：雷顿帕克学校的素养计划。在雷顿帕克学校，我们有清晰的学生素养提高计划，这很大程度上要以阅读作为工具。通过阅读，可以让学生的素养有大幅的提升。这通过每天的课程来实现，比如科学中的历史等等，这样我们可以做更多。

所以，我们该做什么？这个项目的关键人物是我们的图书馆负责人克里斯，她三次在英国的年度图书馆员中排名第一，她就是一个动力，支持着所有的学科。克里斯是我们追逐梦想的关键，我肯定大家的学校里都有像克里斯这样的图书管理员。阅读是一把钥匙，就像我说的，许多事情都是以阅读为基础的，下面就是我们的一些重要方法：

1. 阅读是一场战役，能使文献浏览变得更好。

2. 读书俱乐部在我们学校非常兴旺。我们的家长俱乐部现在已经发展到很大规模。学校也有针对年轻学生的图书俱乐部，每周都十分火爆，他们还组织拜访作家活动、在学校活动中发表读书感想。

3. 这个角色谁认出来了？儿童故事是我们项目基础，可延伸到小学，这些从5岁到11岁的孩子，他们边说边听。

4. "撞击诗"的活动也开始进行了，这是个非常神奇的方式，引导孩子们进行"听说读写"中最不受重视的"说"。

5.《哈利·波特》是最成功的小说之一，我们还为插图家吉姆·凯举办了一个活动，她刚出版了插图版的《哈利·波特和阿兹卡班的囚徒》，这是继插图版的《哈利·波特和魔法石》之后的又一次成功。

6. 图书节会大大吸引人们的注意力，我们经常会举办作家活动和家长的读写素养培训，还会去伦敦参加相应的活动。

7. 作为一个课外的检查性的科目，我们还提供创造性写作，它完全是学生自选的。

8. 我们鼓励让学生写小说，有学生会完成一本。

9. 2016年文化节，因为奥斯卡·王尔德曾在雷丁居住过，今年那儿会开展相应的戏剧节、读书节和其他活动。

第四部分：数字。这个世界发展得很快，尤其是高科技，同时也带来了焦虑。我们处在历史上最大规模的社会实践中，而且这完全是不受管理的，没有人知道这会把我们带到何处。高科技素养带来的影响可以作为下一次会议的主题。

罗兹·帕克学校：学术教育实践

亨利·科瓦伯塔

（赞比亚　罗兹·帕克学校校长）

具有良好读写计划的学校才是一个成功的学习机构。

读写是一切学习的基础。在罗兹·帕克学校，我们重视读写，因为我们在教和学过程中一直在运用读写能力，就需要确保学生从入学开始就有充足的工具，学习读写这一基本能力。

通过执行针对所有学生的读写计划，我们学校的学生做好了学习的准备。我们将自己的经验和国内外学校的经验做了结合。

RPS 读写能力在每个学年的开始进行测验，同时也进行计算能力测试。所有老师和学生为每周的读写活动做准备，这是 2016 年多伦多地区学校董事会的后续工作，我们的测试针对来自全世界的学生而不仅仅是赞比亚。

我们有三个校园，每个都有独立图书馆。我们用英语授课。学校招收来自世界各地的学生，在一个多元文化的环境中工作，我们教育学生尊重学校社区的所有成员团体和个人。

所有的老师和学生都要参加读写计划，未能参加该计划是不能蒙混过关的，这是由学校的教学活动所决定的。

所有教学都应该涵盖所有计划中的语言概念。每个孩子都应该相互教学，两周结束时进行教学评估和学业测评，本项目也允许家长参与评价。

从教学的第一天开始，所有教学贯穿从每学年第一天到最后一天。在学生年幼时，我们会花更多的时间进行读写教育。

学生应该自主学习，老师应避免完全主导学习和教学。每个老师被鼓励严谨教学，以免学生掉队，教学安排合理规范，学生课业被分配在每个语言学习阶段。

所有的学生在小学阶段至少学习两种语言，最多四种语言。在 2017 年，中学生需要学习两种语言。

240

我们的读写活动包括：有声朗读、默读、墙上词汇、词库、词汇树、快速阅读、术语、写作比赛、公众演讲、诗歌。

我们鼓励所有的教师在教学时构建概念顺序，检查学生的理解情况，以便学生按部就班地学习。

在小学阶段，我校有一套小学生遵循的写作系统。所有教师都负责素质教育教学，它体现在讲话、阅读和写作中。规则有助于我们工作的展开，所有语言的教师都应该严格指导并及时纠正学习者的错误，及时进行沟通。

我们教授所有小学生必须学习和背诵黄金法则，轻度破坏校规的高年级学生要背诵黄金法则来纠正其错误。所教的课程是为了让学生在学校时表现良好，语言流利、准确。每个人都参与学校项目，确保所有项目遵循指导方针及时实施，并敦促所有的老师都尽其所能地完成学校的任务。

整体观察学生：关注适应力培养和教育的重要性

阿曼达·沃恩

（加拿大　滑铁卢天主公立教育局心理健康指导）

在安大略省，每个教育局都有自己的下属学校。以我们教育局为例，我们有 55 所下属学校，而有的教育局可能有 100 所甚至更多。安大略省的每个教育局都必须设立心理健康指导部门，有专门人员为学生和学校老师提供心理健康方面的项目、服务和帮助。在心理健康指导部门工作的人员都要有一定的心理学知识背景，我的专业更偏向于精神病学。在三四年前，我才开始接触教育。

教育行业给了我新的机会和视角，我每天都会处理学生和教师的日常心理健康问题。作为教育局，我们试图重新定义心理健康，希望让学生了解心理健康的重要性，让他们知道我们谈论的是心理健康而非心理疾病。我们指导学生维持心理健康，就像我们要保持身体健康一样。心理健康和身体健康二者是相互促进的。只有当二者均处于良好水平时，才能提高学业，获得幸福感。

因此，我们制订了一项心理健康计划，并且每三年就对该计划的内容进行修改和补充。该计划为"如何把心理健康内容引入学校的提升方案和教育局改进方案"提供了针对性的指导，它也是我们努力提升师生心理健康的众多措施之一。我身后的图片对心理健康指导做了详细介绍。

在安大略省，我们提供幸福感指南策略。应当知道在谈论幸福感时，我们需要记住什么和关注什么，这很重要。我们会谈及生理、认知、情感和社会，以及自我感悟。

总体来看，学生只有在感觉安全、被关爱且心理健康状态良好的情况下，才会在学业上有所进步。我们要了解一点，心理健康状态不佳的同学，其学业水平通常也不会很理想。另外，我们要关注教师的状态，因为老师是学生的教授者和引导者，这点我们也要时刻谨记。我们意识到，很多学生不愿提及自己正面临的困难，这在我们确认学生是否需要帮助和采取何种帮助方法上，造成了很大的障碍。

所以，我们在师生群体中开展了一项"反耻辱运动"。我们告诉大家，如果你想讲述自己的需求以及面临的困境，尽快来找我们。除了活动宣传，我自己还深入滑铁卢教育局所管辖的每一所学校，确保搭建活动平台，此后我们会在平台上发布一些有关心理健康的信息。

我们很快意识到今天早晨同事所说的男女生心态的不同，也乐意讨论年级的差别。这两种差异让学生们的某些错误变得可以理解。我们很多学校已经对男女生差异做了深入讨论，这能够很好地解释我们在心理健康计划中提到的诸多问题。

适用力是我们探讨的另一个重点。现在我们有一个以滑铁卢教育局为范围的系统，并且已经运行了四年。我们需要做的工作还有很多，如希望用调查问卷的方式或者面对面谈话的方式，对所有从幼儿园到十二年级的学生进行调查。现在，我们已经和所有学生进行了交谈，了解了他们在不同领域的状况。这是一项复杂的工程，一方面要确定学生在各个方面的状态，另一方面要提供支持方案。

此外，我们还为教师开发了一套有关心理健康的学习指标体系，有针对性地培养教师如何在心理健康方面了解和帮助学生或同事。我们还开发了一套终身学习体系。滑铁卢教育局也与公共健康部门有着非常紧密的合作，我们的健康顾问和我们一同致力于提升师生的心理健康和幸福感。

在设置心理健康课程和开发额外课程资源方面，公共健康部门给予了我们很大的帮助。这样一来，我们的教师在课堂上有充足的资源，为学生讲解心理健康相关内容。今天上午我还意识到学生发言的重要性，因为这能使学生感知自己意见的重要和意义。我们不仅要分析学生的意见，还要将其纳入方案，让学生意识到自己意见的重要性、参与性，并且明白自己的意见不仅对其自身有好处，也能使整个学校受益。

在预防心理健康问题上，我们做了许多工作，如为幼儿园至三年级的孩子们提供了社交和情绪方案。这些方案的主要内容包括：我应如何感受，我该想些什么以及我要怎样控制情绪。似乎很多学生都把自己的情绪问题当作临床疾病，这不是我们愿意看到的。我们希望他们明白，有情绪没关系，状态不好没关系，每天情绪多变也没关系，这就是我作为心理健康指导师的工作。

我很荣幸有机会与 7 名临床社会工作者共事。他们热心支持学校发展，我们共同开展了一些心理健康项目和班级活动。

比如去年，我们为七八年级学生准备了有关心理疾病和自杀方面的很多问题。我走访了 45 所小学，到每个班级与学生交流，向他们普及相关知识。这些学生在与朋友相处时，也会把这类知识传递给他人。我们所在的地区，有滑铁卢天主教地区教育局和滑铁卢地区公立教育局，这两个教育局在心理健康教育方面相互合作，这对滑铁卢地区的学生来说，无疑是个福音。不管去哪所学校，都能获得相同的心理健康资源和信息。

我们发现另一个比较有效的措施，就是让师生知道，他们可以向我倾诉心理健康问题，从我这里得到帮助。他们不用通过校长或副校长，可以直接给我发邮件、打电话。他们可以直接求助于我，为自己或者自己班内的学生获取一些资源。

这就是我想向大家介绍的有关适用力的例子，很抱歉只能讲这些。但下面大家请看我们向学生们讲述的几个有关心理健康的领域，它们是社区凝聚力、家庭支持、美好希冀、同龄人关系、学习投入和校园文化。这个圆的中间还有社会敏感度以及和它平行的自我控制、自我意识和文化敏感。这些结果是经过大量调查才得出的，覆盖面越广，对学生的影响就越大。

大家可以看到，家庭支持、美好希冀以及校园文化对学生的影响较大。还有我们之前未曾关注到的方面，就是留学生问题。滑铁卢市有大量的国际留学生在滑铁卢大学、劳瑞尔大学进行学习，这些学生也是我们关注和工作的对象。我们甚至还接待过来自安大略省金斯顿市皇后大学的国外留学生。滑铁卢地区有很多来自中国或其他国家，且处于九年级至十二年级年龄段的学生。我们很快意识到这些国外留学生和加拿大孩子一样，也需要我们的帮助。

现在，我们为国外留学生也制定了从小学到十二年级的方案，提供他们所需的帮助，探讨他们与加拿大本土孩子所遭遇心理问题的异同处，并且为他们的心理问题量身定制解决方案。这对解决他们的问题很有针对性，也很有帮助。这也是我的基本工作准则，我们了解了很多不同类型的心理健康问题。我认为，在各种资源的帮助下，我们能够为学生提供帮助，解决问题。

滑铁卢教育局有很多合作伙伴，比如加拿大阿尔伯塔省的卡尔加里大学。我们和卡尔加里大学密切合作，帮助学生、了解学生并倾听学生的心声。这对我们提升师生的心理健康和幸福感很有帮助。

21世纪英语学习者的读写能力

钟梁珏然

(美国 弗雷德里克美籍亚裔中心执行董事)

我并非教师,而是在一家非营利性机构工作,工作的重点就是促进全球联系。我们把教师带到美国,也帮助一些学校引进外教,还会把学生送去美国。这样的组织被称为非政府组织(NGO)或社区组织(CBO)。非政府组织的理念就是实现大家共同的梦想。

今天我不仅代表自己,也代表了我们学校的所有教师。我们总是讲怎样训练学生,但又该如何培养教师呢?中国有句古话,我把它用中文写下来了,但不知是不是这样说:工欲善其事,必先利其器。对吗?若想成功做某事,你需要做什么?首先要有工具。对,你们就是"工具"。不然我们如何来武装教师呢,不管是中国的英语老师,还是以英语为母语的教师,这就是我们的视角,也是我今天要与大家分享的。

首先讲一下我们在吴江的经历。这是两位老师,其中一位是名校长,另一位是新疆学校的阅读老师。我们曾向新疆派遣了一些中国教师,她是其中一位负责教阅读的老师,而且最终还成了弗莱德里克教学体系的负责人。

关于全球化。如果认为21世纪是解决经济学问题和应对全球挑战的关键时期,同时也是这些领域取得高效发展的关键时期,那么我们必须相信,这些相应的技能培训在全面教育体系中是可行的。我已经看到了中国的改变。每次回到中国,我都感到惊喜,人们的生活也变得越来越好。

最重要的就是技能。我想请大家认真思考这一点。老师们,想想你们所拥有的技能。你是谁?具有批判性思维吗?能很好地解决问题吗?擅长与人合作吗?是否在参与公民活动?作为一个非营利性组织的CEO,我要告诉大家,公民参与非常重要。因为我们需要了解政府体系、学校体系,它对社会研究乃至国家的方方面面都很重要。老师们,请仔细想想自身还有哪些技能需要提高?在这里,我不能为大家一一展示,但如果大家有兴趣的话,我很乐意分享。

再来说说全球化能力。我们必须具有全球化思维。世界不是这里一块，那里一块，它是联系在一起的。可以想想近日英国金融体系和经济体系的变化，这些变化对我们的未来、货币和投资都意味着什么？我们必须从多个角度思考。

顺便说一下中国式思维。中国内地、中国香港和来自美国的中国人有着不同的思维角度，但因文化根源相同，所以又具有很多共同点。我有一位犹太朋友，我发现我们两人之间也有共同点，并非只有不同。我们要会欣赏这些不同，同时也要赞赏这些相同之处。人们需要在有差异的群体中交流想法、付诸实践。老师们，你们也需要用这种思维方式来思考、行动、探索和交流。

作为教育者，我们帮助学生为新的全球化社会做好准备，教授他们核心知识课程，比如数学、社会研究、艺术等；我们还要培养他们的技能，教导他们进行批判性思考，告诉他们学会问为什么。在以前或直到现在，并没有多少老师喜欢被学生问为什么。很多教师都会说"别问我为什么"。但是我们需要问为什么，需要交流、合作和创新。这是我们在这次会议中用得最多的词，我们要接受、思考并应用这些词。

我懂大家的感受。我们要使用一种非母语的语言。想想中国教师教授外语有多难？真的不容易。我们需要不断地转换思维、切换背景，所以我们需要有技能。即使母语是汉语，教授汉语也并非易事。教师们需要明白它在二语习得中的种种含义，英语教学也是如此。学生们的母语并非英语，那么该如何教他们英语呢？我记得以前有句名言：好记性不如烂笔头。我就是这样学英语的。

这绝非说说而已，我们要做点什么才行。我们要给教师提供工具支持，训练教师的专业技能，包括让教师采用新的课堂教学策略。一如我刚才所用的那句古语，要想做成某事，必先打磨好工具，也就是技能。有哪些技能呢？这里包括指导、咨询、辅导和反思性监督。老师们可以思考一下这个问题，对高中生群体，你应该做学生的教练、做他们的导师。

教师也是一名学习者。今天我能从大家身上，从在座的各位身上学到很多，而且每天都是如此，所以要去学习、去寻找技巧上的辅导或监督，反思如何提高自己。这些是新的工具。我说过，如果再给我一次机会，我会读师范大学，因为我希望自己成为一名教师。但是已经过去16年了，很难再回到学校。我们需要从专业发展着手，关注学生的发展、教师的发展。为此，我们7月在吴江培训了6天。7月份的吴江真的太热了，气温达到103华氏度（大约43摄氏度）。我们都在楼里待着，根本不想出去。那简直是酷热。

接下来谈谈教师的发展。这是我们在某所学校进行的教师培训。该校的40多名教师成了我们的学生，学习如何依据学习社区，建立合作教学和文化交流。

这些是我们在那6天里所讨论的。我虽然不是教师，但我认为自己的培训工作做得不错，我会听取教师们的意见并竭诚与大家分享。这是几个课程示例，6天是很难完成这些的，所以我们承诺6天后还会提供网上培训。同时，我们欢迎他们寒假时来我校继续学习。

我们讲到协作，就要学会共同工作。我们如何帮助课堂上的教师呢？不管是幼儿园、初中，还是高中课堂，都是组织学生一同学习。这就关系到交流，也就是要在交谈中读取信息。用英语问问题，学会分享，学会如何互相交流和高效地协同工作。在具有差异化的团队中工作，必要时还要学会妥协。同时学会付出和获取，才能实现目标。在其他发言人的发言中可以发现，这种方法是以学生为中心的，所以需要大家共同学习。教师需要亲身实践如何教学以及如何高效地指导学生学习英语。

再来谈谈解决问题的技能。假如你是实验室里的一名博士，研究的是气候变化或金融变化，在针对小学水平讲解时，自然要把问题简单化，所以教师也需要在学习中有所互动、有所创新。我希望大家通过创新这样的词汇来关注多元化问题。大家可能不会遇到类似的问题，但在美国，作为一个亚裔美国人，我和其他美国人是不同的，也正因为有了这些不同才有了多元化。有多元化是好的，为什么？因为它有益于创新性思考，接受他人的想法，如此会有与之前和其他人不一样的思考方式和视角。这就是所谓的智慧，多元化就是智慧。

我们要学习，学习如何交流。大家可以讨论一本书，然后分享其中的观点；我们不做评判，无须决定谁的观点更好。我们要学习的是，如何接受彼此以及彼此的工作。差异化是铸造团队成功的必需品，所以我们要学会交流和协商。

这里我给大家分享一段吴江夏季培训的录像和我们将来的计划。毫无疑问，技术整合是我们现在日常生活必不可少的一部分，能提高我们的信息化体验。在做课程计划时，要问问自己如何运用技术。我们给夏季培训的教师看了一些美国的资源，比如测验卷，还有帮助孩子学英语的技术软件。我们有许多可用于语言教学的资源。

培养和发展这种全球化技能需要寻找伙伴并制订计划，需要培养教学能力和加强实践研究，这很重要，所以大家正在做的这件事非常伟大，也非常不易。我感同身受，也一定会与大家共同学习进步。让我们面带微笑，一同自信地面对全球化。

教会成功：西部学校的教育途径

辛西娅·得尔加多·伊达尔戈

（哥斯达黎加　西部学校校长）

哥斯达黎加的受教育率居世界前列。从1870年起，我国6~15岁年龄段的孩子必须接受免费义务教育。今天，15岁以上的人群中，受教育率能达到96.1%。根据世界经济论坛中针对教育竞争力这一方向的排名，哥斯达黎加的教育体系位居世界第23位，中美洲第1位。国家财政预算的11%都用于发展教育事业。哥斯达黎加拥有9300多所学校，其中大约包括200所私立学校。我们还拥有50多所大学和4所公立重点大学，这4所公立重点大学都是国内顶尖的大学。我就毕业于其中一所。

我来自哥斯达黎加的西部学校。我们学校的教学体系是跨学科的、具有结构性的，也比较复杂，它兼顾了学生在学习过程中表现出的差异性。在我们这项跨学科的教育愿景中，最重要的一个方面就是我们把所有事物看作是相互联系的。

在与学生相处或关注学生的时候，我们会采取各种策略，也会利用各种方法来帮助他们理解事物之间的联系。我们每年都会有一些比较具有针对性的话题，涵盖不同的领域和不同的学科。我向大家介绍一下，比如今年，我们的话题是培养健康习惯。今年刚开始，我们首先要做的就是提倡健康饮食，之后再过渡到心理健康。目前，我们还处于改善身体健康阶段。我们把该活动扩展到数学、英语、西班牙语、艺术以及学生能够想到的一切学科。

我们的使命就是希望学生能够学会如何学习、如何理解、如何应用所学内容，以及如何走向成功，所以我们认为他们能够从事任何工作，并且都能取得成功。我们的愿景是，让学生在学校获得幸福感，与社会、国家和人生形成完美的融合。再者，学校也会对教授们进行培训，让他们以系统的方式教授学生知识，并且培养学生自我更新知识的能力。

学生们应充分理解所学内容，之后再有效地活学活用。有些策略致力于让学生学会如何更新知识。我们希望他们能在社会中找到平衡感。要想找到这种平衡感，就得跟得上社会发展的步伐。

学生们找到这种平衡感之后，需要试着为国家做出一些改变。当然，他们还需要实现与环境的平衡发展，这在哥斯达黎加是非常重要的一个方面。

我之前提到，我们设立该教育策略的目的是让哥斯达黎加的学生能够系统地构建知识，并根据需要适时地对知识进行更新。在学生把知识学以致用方面，我们下了很大功夫。他们应该把自我构建的知识应用于日常生活中，并使之成为一种习惯。

我们学校属于蓝旗学校。蓝旗是一种荣誉，代表向自然所做出的贡献。你可以看到，我们校园的绿化程度非常高，这就是西部学校。我还会向大家展示一些西部学校以及学生的照片。我们的学生曾参与过一些活动，随后他们也鼓励其他人参与这些意义重大的活动。

这个游行的目的是节约水资源。我们已经连续两年被邀请参加世界环境可持续峰会了。在哥斯达黎加，很多人包括很多国外留学生也会加入这一活动。在参加此次活动的 5 所大学中，我们是唯一一所连续两年参加的学校。

在此次活动中，我们学校有多位代表进行发言，比如来自加拿大的阿力古，他们在这次活动中设计了环保项目。我们一直遵循联合国教科文组织所推崇的教育理念，也经常和学生一起参加联合国教科文组织倡导的活动。

我们弘扬哥斯达黎加的文化，但前提并不是建立在打压其他国家文化的基础上。大家需要不断发展的国家文化，很多人会进行不同类型的实地考察，这里可以看到一些哥斯达黎加妇女们所做的工艺品。

就像我之前提到的，很多个人与社会保持着良好的平衡。他们经常进行实地考察，以谋求在各个层面与社会保持良好关系。

在全球化的背景下，作为一名公民，去旅行并了解不同地区的文化和风俗，对学校也至关重要。我们有不同的文化交流渠道，并且每两年就与加拿大进行学术交流。在交流过程中，学生可以锻炼英语能力，同时我们也欢迎加拿大的学生来我校学习。我们参加了在美国阿拉巴马州举行的学术活动，并且也参与了在英格兰的学术交流活动。我不清楚你们是否了解该学术交流活动，它的名称是"BU 英式英语奥林匹克"。在这项活动中，我们的学生分别在 6 个项目中与来自世界各地讲英语的学生同台竞技，获得多项冠军。使用英语是他们参与比赛的必要条件。对我们而言，领导力指的是在社会中具有竞争力和具有领导者素质。

当我们探讨社会竞争力时，我们也要讨论学生们应该拥有的品质和特点。

我们要尊重并欣赏学生表现的差异性和个性。多元智慧及其价值对学生来说很重要。学生要根据不同的需求，学会在不同的背景下应用其所学的知识和技能。

对学校进行评价时，学生要对课堂状况进行调查和研究。这种做法会一直持续到十一年级。毕业前，学生必须写毕业论文，进行实地考察，写明研究方法并切实运用。最后，学生需要进行论文答辩，就像我们当时在大学一样。

无论是我们教育工作者个人抑或是我们国家整体的教育愿景，都是重要且宝贵的。我们的教育愿景就是希望学生走向成功。我们坚信，在此愿景下，我们能更好地培养、塑造学生，让学生意识到，每个人在对自己准确定位或了解自身能力后都有机会迈向成功。同时，学生们也应该懂得欣赏周围人的优点，并且在结识新知时，充分利用他们的现有资源。

在课堂运用正念战略和全球意识来促进学生4C：交流、合作、批判思维和创新

玛瑞安妮·大卫

（美国　内蒂克公立学区人力资源部主任）

我是内蒂克公立学区的人力资源部主任。我们学区在波士顿的西边，距波士顿大约有20分钟的行程。这是一个非常具有创新性的学区，七年级及以上的学生都有手提电脑。我们热爱科技，而且在生活中也用得非常多。

作为人力资源部主任，我常要处理的一个问题就是员工的压力问题。在座各位是否有人也正面临着压力问题？大家的学生是否面临着压力问题？我希望这个问题能引起大家的共鸣。这里我要把全球意识、正念和教师以学生为中心的课堂相互联系起来。我想指出的是，正念是一个非常简单的概念。正确地运用正念，可以给我们提供极大的支持和帮助，例如课堂的师生交流、合作、批判性思考和创新。

在你成为真正的全球公民之前，你需要知道自己是谁。如果你不清楚自己是谁、从哪里来，你就不可能融入社会，不会成为这个伟大世界的一分子。所以我们要引导学生自己回答这个问题：如何融入集体？我们要让学生学会将自我认知超越地理、政治的范围，让他们把自己当作人类的一部分，既不是马萨诸塞州的一部分，也不是美国的一部分。要让学生知道，他们和世界上的任何其他人一样，都是人类。我们向学生分享文章和著作，让他们了解世界上其他人的生活是怎样的，并帮助他们学会把自己融入环境中。我觉得所有这些文学作品都透露出一个信息，那就是，我们都是一样的，只是因为出生在不同的地方，生活才会有所不同。

我们学校的高中生都具备全球化技能，他们一人一部笔记本电脑。我们的老师也接受了大量有关混合式学习的培训。我们有专人给他们上这样的课程，这些人专门为老师提供混合式学习的培训，所以我们的老师有很多不错的资源，帮助他们使用来自全球的资源。

我们的初中和高中设有第二语言和第三语言课程，不仅是学习如何用这种语言说话，更多的是要学习不同社会的文化和价值观。我们向学生讲授经济、社会问题，以及其他国家和文化正在面临的挑战，让他们学习文章，我们喜欢把世界名家的讲座作为课文。在课堂上，我们也鼓励学生想办法解决全球性问题，并进行实际运用。比如，我们的一位社会学老师制作的网页，成了一个有关全球意识网站的主页。

讲到正念，我来为大家解释一下。正念是以一种特定的方式来觉察，即有意识地觉察、活在当下及不做判断。换句话说，正念就是我们鼓励师生调整频率，在正确的频道中找到正确的位置，让学生和老师大脑中的频率达到和谐。让学生能够确切地接收教师今天所讲的内容，全身心地融入课堂，而不单单是坐在那里。

我在本学年初准备这次演讲时，走访了几间教室。我先去了一所高中的英语课堂，这里是刚刚步入高中的学生，老师在课程刚开始时引入了冥想的概念。许多学生来到学校时，或是迟到了，或是没吃早饭，或是只喝了一杯咖啡。他们现在坐在那里，脑中想着自己昨晚做了点什么，或者在想今早到学校时发生过的对话。他们的双手要端正地放在今天英语课要用的课本上。这位老师要做什么呢？她让学生们进教室坐下，关了灯，然后开始用她沉静的声音引导学生进行冥想。学生坐得笔直，闭着眼睛，大脑逐渐平静。他们试着清空思绪，融入课堂，准备学习，准备好好听课。

还有其他引入正念的方法，不用非得坐下。你可以专注于走路，观察自己踩在地上的每一步，这时你是在移动的。有些学生坐着可能会不舒服，所以为了达到正念，也可以边散步边冥想，你眼前可以显现一幅平和画面。我分享一张学龄前儿童的照片。就是这张，大家可以看到，这些彩色的书本和彩笔可以帮助大家平静心情和集中精神。所以，很多方法都可以让大脑平静、注意力集中，如此我们就可以专心做手头上的事情了。

再来说说视觉问题。我在这里可以看到你们每个人，同样老师在教室里也可以看到每个学生。但是，我不知道大家是否真的在听我说话。或许，你正在想今晚要做什么，明早会发生什么。所以，我们所有人，包括老师和学生，都面临着一个挑战，那就是如何活在当下，如何全身心地投入现在所做之事。这并非易事。在这里，我要强调下，学生来学校时可能并没有做好学习的准备。许多学生来到学校都是带着负担的，这些负担或许与家庭或朋友有关，或许是没有家，或许是饥饿、毒瘾、酒瘾、彻夜未眠、邻居的暴力事件、失落无助，抑或是家庭的贫穷。此类事情都会给孩子们带来困扰，当然除了这类事情，还有其他的事情。所以，如何把所有人的思绪聚集起来，让他们专心学习？除了正念，我想不到别的方法。

正念不仅是对学生，对一些高管也同样适用。我读《哈佛商业评论》时，几乎每年其中都会有关于这方面的文章。还有美国畅销刊物《时代周刊》里，也讲到冥想最有助于健康。教师和学生都能从冥想中获益，它可以使教师更好地满足学生需求，帮助教师进行管理，减轻教师压力，还能活跃课堂气氛。因为大家能够专心倾听他人，也能更好地交流。此刻因为我们进行过冥想，所以我知道大家都在听。

合作和创造的平台早已建好。学生们在课前几分钟做点小练习，能让他们安静下来，清空思绪，做好专心听课的准备。我们会帮助学生专注于功课，在测验前进行一次安静的冥想正念。这能提高成绩吗？答案非常容易。这些对孩子和他们的成绩都有好处，能提高学生的课堂参与，因为上课后他们能马上融入课堂，大家在一起也会感到舒服，充满集体感。同样，冥想还能促进社会和情感学习。

这就是我走访的学前班课堂。老师教 4 岁的孩子通过瑜伽进行冥想。她问孩子们，他们的能量等级是多少，孩子们就思考自己今天的能量是多少级，然后走上去，贴上自己的能量等级。如此，老师就会了解每位孩子今天的状态。老师在教室里四处走动时，听学生们讨论自己的安乐所。有的说是自己的卧室，有人说是妈妈给自己读书时，还有人说是在海滩上。从老师那里，他们学会这种处理压力的方式，之后就可以在冥想中来到这样一个地方。闭上双眼，想象你和你的狗来到海边，慢慢你会感到平静。如果幼儿园的小朋友都能自己做到冥想，那课堂秩序一定会非常好，教师也能把信息很好地传达给学生，帮助他们学习。

在幼儿园的课堂上，对孩子们来说，一切都很新鲜。在课上，老师让他们摆出树的姿势，教他们借助瑜伽进行冥想。孩子们尽力平衡自己，他们的躁动会慢慢消退。老师让学生注意自己的呼吸，只需要几分钟，孩子们就平静下来，专心学习。

这是四年级的课堂。学生们学习如何端坐，借助瑜伽让呼吸和身体都达到专注的状态，而且他们还学会了一些瑜伽姿势。正念能使学生平静下来，投入学习，这样的课堂学习也就会更加以学生为中心，让老师不再是人们所说的"讲台圣人"。这种办法可以弱化老师的角色，让学生更加专注自己的学习。经过冥想，学生已做好了学习的准备，也能更好地掌握自己的学习。我们为学生准备了课程计划，为学生提供了更多的指导和选择，也使得学生有机会实现多方向发展。

　　这只是这种方法在记忆层面的体现，现在我们来谈谈创造力。

　　事实证明，这种方法也确实有助于交流。合作就是让学生尽可能地在一起做项目，进行批判性思考和创造。这里有一些适用于高中生水平的项目示例，例子中的学生做完冥想后能更好地接受项目。几十年来，学生学习英语，思考美国人在一些事物上的价值观，比如唯物主义、科学、技术和女权主义等，我认为这对他们认识自我、认识社会有帮助。我们还借助信息图来培养学生的创造力。信息图便于阅读，能传递大量信息。但在制作信息图时，需要兼顾所有信息，考虑怎样安排这些信息才能更好地展示，从而让观众易于接受。所以，让学生共同完成信息图对他们的创造力很有帮助。在数学教学中，老师们使用YouTube 上的视频给出示例，找到抛物线的定点，不会只单纯地提出问题。老师们会给学生展示足球运动员射门的视频，根据足球的飞行轨迹创建一个二次式模型，利用数学将现实世界带入课堂。

　　科学方面。他们会从美国广播公司的广播中搜集各个国家的人口信息，然后通过研究形成各国对环境影响的报告。所以，老师上课并非只是传授知识，而是通过集体合作、发挥大家的创造性来学会解决实际问题。

　　社会学科。我们每年都会开设一个课程单元，名为模拟联合国。学生们要了解当前世界存在的问题，以小组形式进行专题研究，并在最后进行展示。

　　通过正念训练，学生们还学会以不评判或无偏见的形式接纳他人，学会对世界各人种抱有同情心。这就是我们的目标和关注点。它也使课堂成为一个让学生感到轻松愉悦的场所，因为所有的偏见、评判都被有意地关在门外。

　　这就是我们的成果。通过课堂的正念训练，成功提高了学生学习的投入程度。我们已经高度掌握了学习目标，课堂积极性和参与度都得到了提高，趋于崇尚自我，变得更加积极，知道自己为什么在这里。我们的缺课率有所降低，因为学生们感到自己是集体的一部分，而不是"我要去上历史课，坐在座位上，等着 50 分钟后下课铃响"。他们更愿意参与其中。

　　有了这种技能，学生毕业参加工作时，也会成为更优秀的职员。他们能够高度集中地完成工作，不会三心二意，能够更好地管理自身安全和压力，还会是很好的倾听者。他们能与世界任何一个地方的人协同工作。

　　我对未来有一些新的设想，即全面地教育学生，不仅仅是从知识和智力上，还要关注他们的社会、情感和生理需求，并开展更多合作。对于教师，我们要给予他们适当时间共同安排计划，这很重要。

芬兰新课改的执行及对未来教育的影响

李 栋

(芬兰 芬中教育协会执行副主席)

今年是芬兰教育的一个特别年份。芬兰每十年进行一次课改,今年从8月份开始实行了新的课程大纲。下面我从中国人的视角谈一下芬兰课改。我今天的报告为三部分,一是芬兰教育的简介以及其特点;二是芬兰的课改;三是芬兰教育未来发展方向。

芬兰是北欧国家中唯一一个加入欧盟的国家,并且在中西两大阵营之间相对中立,所以在政治上,实际上是欧盟中一个政治独立的国家,它的教育跟中国有些类似。由于芬兰科技发达、创新能力强、教育和社会福利制度好(和北欧其他国家一样从摇篮到坟墓),曾多次被美国的新闻周刊评为全球最好的国家。

关于PISA考试,2009年以前芬兰一直在全球排第一,之后中国上海加入并一直名列第一。最近两年亚洲国家比如韩国、新加坡成绩增长很快。有很多人质疑,是不是芬兰的教育跟其他国家相比落后了,但从质量、公平、效率这三个角度来分析,目前还是很少有国家能与芬兰媲美。我这儿有一个分析数据,是通过PISA考试的中学生进行的能力分析,数据显示中国上海的学生跟芬兰的学生相比,知识获取方面,中国的学生远远高于芬兰学生;应用程度方面,芬兰就会略高于中国;互动性方面,两个国家几乎相似;自我控制这方面,中国学生落后很多。这份报告是今年中芬技术论坛时重庆评估院龚院长分享的研究结果。自我控制就是自我学习能力和自我计划能力。由于中国学生习惯了老师的安排和指定,习惯了考试要争高分,习惯了老师指重点和押题猜宝,这跟芬兰的自我学习方面和自我控制能力差距是特别明显的。这就是为什么我今天这个报告要从这里开始。如果芬兰跟全球其他国家比的话,从教学时间、学校差异、男女生方面、国家投入、社会投入、教师的社会地位这六个方面来看,芬兰的优势还是非常明显的。

下面我逐条给大家做一下介绍。

从芬兰的总体效果来看，它的班额是 OECD 国家的平均值。刚才有人已经讲了，不管是中学还是小学，芬兰最多是 25 个人一个班。因为在芬兰，有的学校在北极地区或者是在农村，5~10 个人的班甚至有的学校总人数才 10 个人，把这个平均值拉低了。但是一般我们见到的，也就是 24 个人是正常的规模。OECD 国家平均超过 20 人，G20 平均来讲不到 30 人，而中国内地有些地区人数确实太多了。去年我去石家庄附近一个省做报告，班里小学生将近 100 人，这是很恐怖的。芬兰总体上课时间少，小学的学习时间在 OECD 国家也是最少的，初中的学习时间也是比较少的。

不总结一下芬兰的教育特点，就很难说透这个改革的方向。科学素养方面，芬兰和其他国家相比，就像我刚提到的，学生的应用能力很强，这点芬兰比其他国家做得要好。这与其学生从小学到初中都有手工课相关。

根据统计数据显示，芬兰初二学生的综合素质在 G20 国家是排第一的。芬兰各学校差异非常小，教育非常均衡且教师素质非常高。在芬兰，教师、律师、医生这三个行业是最受人尊重的。而且在芬兰，最好的学生不是考上所谓清华北大的学生，而是学教师专业的学生。芬兰对老师的要求是非常严的，而且不会因为学生的家庭条件影响学生的教育，这方面芬兰也是做得比较好的。

下面就进入课改。

芬兰课改十年一次，社会投入大量的资源进行课程的研究。芬兰课改的推行跟中国基本一致，由上往下推。唯一不太一样的，可能就是中国学校的自主权相对要弱，因为大多数都觉得课程改革是国家的事情、是政府的事情，跟学校和老师关系不大。而芬兰给予学校充分的自由，所以在芬兰，所有老师和校长以及学生的社会参与度都是非常高的。从学校角度，课改涉及不同层面，课改包括怎么实施、课程领导力、教师如何把握国家的课程、如何把握地方的课程、如何选择教材等。因为芬兰没有指定教材，教材由教师自己选并由教师跟校长决定，然后报到政府，政府采购，所以芬兰学校的职责分工是把权力相对下放到下边。正是因为这种模式，所以其课改的针对性非常强。芬兰课改的核心理念有以下几个方面：一是倡导。课改的主要目标就是培养学生的积极主动性、培养会学习的学生，而把原来知识性、内容性的部分相对缩减，增加培养学生能力的相关内容。这是今年课改的最主要的一个核心。其次就是培养可持续的生活方式，培养学生养成一种健康的生活方式。各国课改的总体目标都是一样的，但在真正落实的时候还是有些差距。比如中国的学生初中考高中、高中考大学，学生整天就是想能考上一个好的高中或考上好的大学。而芬兰，主要培养学生某些方面的能力。在他们看来，没有一个不能成才的学生，强调一个都不能少。所以在他们的眼里看到的所有学生满是优点。他培养孩子如何有一技之长，如何适应社会，如何幸福地生活，这是最主要的。另外，芬兰学校进行融合式的教学，也就是学科融合和社会融合。家校之间的合作，举办学习社区进行综合性的教育。

芬兰的教育为什么能够引领全球？第一，学习环境方面的创新。第二，课程方面的创新。第三，学习方式的创新。在芬兰的老师概念里，把一切有利于学生成长的因素都视为课程，所以不管是小孩们吃饭穿衣还是出去玩耍，都视为课程的一部分。他照顾到了方方面面，老师在观察、帮助学生成长的过程中，把环境利用得非常巧妙。在芬兰教室，有玩具、洗手的池子，学生可以随便走动，想上厕所就上厕所，想喝水就喝水，数学课把题一做完，就可以在地上做俯卧撑。大家可以看PPT上的图片。这是化学实验室，大家可以看到，很多设计都是比较超前，好多的动物标本都在外边。包括这幅图，老师取了秋天外边的树枝拿进来给学生上课，这就是我们所谓的现象式教学。学习环境和学校建筑也是站在学生的立场，从学生的角度、视角去看，什么样的是一个好的建筑，什么样的是一个好的校园，什么样的是一个好的学习环境。正式学习环境、非正式学习环境该怎么设计，都是基于学生，有利于学生的发展，有利于学生之间的交流，这些都是目前芬兰极其推崇的。我也参观过很多新建的学校，它把光能、风能、电能的使用都告诉学生，包括整个设计理念。学校很多墙都是可以推开的，三四年级之间、一二年级之间、幼儿园小学之间，都是互通的，这就给学生一个整体延续的成长学习环境。

这张图片是石外学生到我们那儿去体验芬兰学校的课程。大家可以看到，这同时也是一个项目式教学、主题式教学。孩子做陶艺的东西，先设计再烧制成。石外学生跟芬兰学生在一起体验什么是项目式学习，这个主要是培养孩子的想象力和创造力。我们在学习过程中，比如说小学课程，课程需要纵向连贯。现在国内有很多学校请我们去帮他们做课程开发。我们发现，很多老师在教授过程中是把课程割裂开的，初中跟小学是割裂的，小学跟高中是割裂的。所以学生不知道这个知识点学了之后到初中该学什么，纵向的连贯性不够。另外横向融合性不够，数学就是数学，语文就是语文，英语就是英语。我们现在在重庆的夏家湾小学做课改，10门小学课程变成6门。同时，我们把教材之间的联系，包括数学怎么融入英语、英语怎么融入数学、融入语文展示给他们。从这个角度说，中国的教材在这方面相对来说就要弱一点。另外，芬兰的课程注重把纯知识的讲述变成能力的教授。关于学科融合，从学科角度应该去研究怎融合。我给大家简单讲个例子,这是芬兰小学五年级的一节欧洲地理课。本身这是两星期的内容,结果地理老师就跟生物老师一块上,把两个班合在一起,给他们一个虚拟地,然后以旅游的方式学习历史文化。分成不同的组,两周以后给老师展示,然后同组之间会有评比。这样一来,就完成了几个指标。第一,学科之间的融合。第二,把知识的学习完全交给学生自己,学生利用现代手段去上网查,包括查相关的人文、地理、历史,包括气候环境的方方面面,他把欧洲各个国家都以旅游的形式学一遍,这就是模拟旅游。通过这个小组学习并展示,同学之间可以互评也可以自评,同时老师也可以评价。这样教学,老师也简化了教学过程。我是专业做评估的,很多人咨询我芬兰的评估怎么做,其实芬兰看似没有评估,但评估落实在了每一天、每一节课的小组学习中。所以,最后学生的平时成绩就能作为升学的依据,这一点是跟国内不同的。

芬兰知识系统分为两类,一类是 ICTT 技术的应用;另一类就是特殊支持,就是对尤其学习弱的学生、学习困难的学生,给予他们关注,给予他们支持。芬兰在这方面做得非常好。另外就是残疾儿童、智障儿童怎么学习。

在芬兰,社会、家庭、学校都在关爱着学生这一棵小树,让这棵小树长成材,这就是芬兰教育。芬兰进行因材施教,不管学生是什么树种,都能让学生茁壮成长。同时芬兰学校有教无类,无论是残疾儿童,还是正常儿童,都一视同仁。结合我们今天的这个话题,其实就是说芬兰在培养公民意识方面,从小就教育孩子做全球公民。我感觉我们在国内也确确实实应该做到这点,要告诉学生们,他们在石外上学,不仅仅代表石外,不仅仅代表石家庄,不仅仅代表河北省,今后更应该注意自己是一个地球村的人,应该有全球意识。

全球素养包括为人类提供食物的能力：
将食物与学生相连

凯瑟琳·吉莱斯皮

（美国　德雷克大学副院长）

  我是凯瑟琳·吉莱斯皮，美国艾奥瓦州得梅因市德雷克大学教育学院的副院长。我的演讲主题是关于全球素养的。意思是具有全球素养的公民必须具备照顾他人的能力，利用所学能力照顾自己乃至家庭和社区。衣食住行是人的根本需求，接下来我主要就"食"这个方面进行讲述。如果我们自己无法在食物上满足自己，那就错过了很多维持自我生活的基本技能。

  我所了解的很多孩子甚至是成年人，在给他们提供犁、种子甚至几只鸡时，也很难养活自己。很多人认为养活家庭成员及其所在的社区，是一项不可能完成的挑战。作为教育工作者，我们有义务向学生甚至是大学生，讲授有关食物的知识，引导他们接触食物，并且帮助他们了解食物的获取过程。希望大多数学生在课程结束时，能够掌握为他人提供健康与营养食物的能力。

  我想向大家介绍一下德雷克大学的相关情况。德雷克大学是一所私立大学，也就意味着它没有政府的资金支持；同时它也是一座非宗教大学，也就意味着它也没有任何来自宗教组织的资助。我校共有大约5000名学生，本科生和研究生各占一半。本科生是全日制类型的，大部分都住校；研究生中，部分是全日制的，部分是非全日制的。德雷克大学位于美国艾奥瓦州的首府得梅因市，艾奥瓦州位于美国的中西部偏北地区。

  艾奥瓦州主要发展农业，并且其农业在美国非常出名。其实，整个美国的中西部地区都以发展农业为主。位于艾奥瓦州南部的堪萨斯州因电影《绿野仙踪》而闻名，也种植小麦，但以种植玉米、甜豆，养殖猪而出名。艾奥瓦州是全美最大的鸡蛋供应商，但很多美国人却对此并不了解。

  很多不在美国中西部地区居住的美国人都会自驾游，从美国东海岸穿越至西海岸，途中会经过艾奥瓦州。他们看到玉米就会想：哦，我喜欢玉米，原来玉米是长在这里的呀。但他们不了解，在艾奥瓦州种植的玉米和大豆并不是供人食用的，玉米是牛饲料，而大豆是用来制作大豆油以及加工食物的。还有些玉米是用来制作甲醇、制作汽油的。鸡蛋是可食用的，猪肉会制成各类猪肉制品，比如培根，广受艾奥瓦人欢迎。我将其称作20世纪的农业模式，因为这种农业模式在艾奥瓦州已存在了近50年了。

此外，我们还开展了一项名为"21世纪农业"的新运动。其范围仍然包含玉米、猪、大豆和鸡蛋，但是也有其他一些，包括社区支持的农业运动、农户市场和食品合作社。在以上这三种模式中，个人或家庭可以直接从农户处购买食物。除此之外，还有社区园，没有土地的人可以在社区园中种植植物。

整个艾奥瓦州都在开展此类项目，拉近人们与食物的距离。在德雷克大学，我们有一系列致力于直接拉近学生与食物距离的项目，包括"萌芽菜园"，这是德雷克大学的学生可参与菜园种植活动或参加菜园劳作的活动。他们和当地一些高中甚至更低年级的学生俱乐部合作，一起种植、收获食物。

社区对这种项目非常支持，大家完全自愿参加，所有教职工也都有机会参与。只要支付一定费用，就可以每周定期在收获季摘取新鲜食物，带回家与家人分享。最后再举一个例子，德雷克大学利用农户市场，让学生接触食物。大学曾长期向街对面的农户市场提供金融帮助，但现在那些农户都可以自主经营了，他们独立工作，向学生、教师、职工出售食物。

我们在大学里向立志成为律师的学生设立了一个农业法律中心。罗素是德雷克大学法学院农业法律中心的协调员，他非常热心地为"21世纪农业"活动培养法律专业的学生。他帮助学生们联系食物以及复杂的农业系统。

我来中国之前，曾与罗素先生谈过话，他希望我能在这次演讲中着重说明，尽管让孩子接触食物很重要，但农业比食物更复杂，它包含着法律、环境文化、金钱等很多内容。两周前，罗素先生在德雷克大学举办了全美食品法律领导峰会。来自美国各地的法律专业学生都参加了此次会议。本次会议取得了巨大成功，他们在会议上度过了愉快的时光。如果想了解有关本次峰会的信息，可以登陆该网站（PPT上有网址）。

除了德雷克大学开展的项目，我们还有一些其他项目。我现在想和大家分享三个小型项目，正在得梅因公立学校学区开展。我们把很多学生送到这些学校当老师。沃尔纳学校有一个水培菜园，不需要泥土，他们用竹子建了一个装置，并设置了一个送水系统。水培菜园就在学校的大厅，是一个室内菜园，来上学的孩子们每天都可以看到种子生长。即使他们在一个非常现代化的学校，即便学校周围没有绿植，但学生还是能观察到种子的整个生长过程。

第二个项目是在另一所得梅因小学开展的,孩子们用废弃材料给菜园安上了轮子,方便随时移动,所以这个项目叫"轮子上的菜园"。学生们可以很轻易地移动菜园,并且这是有土栽培的。他们种植草莓等瓜果,成熟后也会食用。这个项目是有所发展的,沃尔纳学校实际上就是在种自用的一些食物。

最后介绍的也是一个在小学进行的项目,这是更加传统的菜园类项目。学校周围有绿植,也有供学生玩耍的操场。在学校和操场之间,他们开辟了蔬果种植带,学生们大多选择种植蔬菜、香草和水果,但水果种的量不大。学生吃完午饭后,把剩饭做成肥料用到菜园里,所以能够了解怎样种植蔬菜,他们也能吃到从菜园里采摘的蔬菜。

得梅因并不是唯一开展这些项目的地区,很多地区也都在推行类似的活动。但是我想说,如果孩子没见过蔬菜是怎么种的,他们就不知道蔬菜的生长过程,认为去超市、去餐厅就能得到食物。但人们应该了解如何种植食物,这样我们才能养活整个世界。

通过普通教育培养世界公民

马修·廖·特罗斯

（美国　夏威夷太平洋大学副校长）

夏威夷太平洋大学以全球公民意识而闻名海外，全球公民意识是我校的使命。也因此，我们接到邀请来此，谈谈如何将全球公民意识融入大学生主要课程、辅助课程和其他活动中。同时，我们也要思考全球基础教育研究联盟在这方面应如何做。

夏威夷太平洋大学是一所国际化的学习社区，与夏威夷的文化背景密切联系，有与众不同的使命。全世界的学生加入我们，接受基于通识教育的美国教育。我稍后会再提及通识教育。我们具有创新性的本科生及研究生教育，时刻为应对不断变化的社区需求准备着，致力于从生活、工作和学习方面把学生培养成参与全球事务的活跃分子。我校有大约4000名本科生。其中，大约有20%来自海外，主要包括北欧、北亚等地和日本、韩国，也有些学生是来自中国，但不是很多。大约50%的学生来自美国大陆，也就是大家所知道的位于北美的48个州，但夏威夷并不属于北美。

许多来自美国大陆的学生打算到国外上大学，但他们的父母对此有些担心，因而他们折中地来到夏威夷——白人从未达到多数并且官方语言是非英语的地方。这里的人种多样，主要是欧洲人、亚洲人和波利尼西亚人，余下的是本土学生。我们鼓励这些学生出国，特别是从未离开过欧胡岛的学生，鼓励他们体验国外的大学环境。我校的每个班级都由来自各地的学生组成：夏威夷、美国其他地方以及其他国家。因此，这也是我们课堂的话题之一。

几年前，我们修改了我校的普通教育课程，也就是我们通常所说的通识教育课程。在新古典希腊罗马文化的影响下，18世纪的美国将通识教育作为大学课程的基础内容。那时的通识教育以5世纪罗马对通识的解释为基础，即所有受教育者都要学习的科目，包括四术（即算数、几何、天文、音乐）和三学（即文法、逻辑、修辞）。现代的通识教育主要指人文科学、社会科学和自然科

262

学，包括数学。

在美国，各大学通过多种方法来实现普通教育。有些大学，例如布朗大学，让学生自己选择普通教育课，如此能让学生成为一个全方位自由发展的个体。还有些大学，例如哥伦比亚大学和哈佛大学，主要依靠设置核心课程——你必须学习8门课程，以此让学生接受自由教育。这是几本非常不错的书，内容或是关于学校如何随时代的不同来设置大学的普通教育课程，或是随时间的改变对大学的普通教育课进行调整。

还有一些大学使用分类的方法，把学生的知识需求分类，再提供相应课程供学生选择。普林斯顿大学和耶鲁大学用的就是这样的方法。美国的学校多数使用混合型方法，也就是结合上述三种方法来形成他们自己的方法，这使美国的每一所大学都与众不同，但问题在于如何利用这种普通教育。在夏威夷太平洋大学，我们发现普通教育不能如愿地反映学校使命，因此，我们用了约一年半的时间重新设计普通教育课程，以使这些课程更符合我们培养全球公民的愿景，这是我校的一项成果。

我们主要设置了两类普通课程，第一学年是公共课，每名学生都要学习夏威夷的相关知识，包括它在太平洋中扮演的角色。因为如果不了解家乡文化，就不会有地域和文化感受。由于70%的学生都来自岛外，他们需要知道在夏威夷生活意味着什么，也需要了解我们学校的核心价值：热情迎接、肩负责任、为所应为。我们要求学生具备符号推理能力，因为这种能力对逻辑和数学应用很有帮助。第二学年是文学和信息素养。这很关键，因为即使像维基百科这种已有20多年历史的大众在线数据库，仍有许多学生不知道如何用它来检索信息。所以我们教学生如何获取信息，如何判断信息质量，从而利用信息做出决定。我们把这样的课程称为"维基破坏者"，它帮助我们了解一个事物是什么以及不是什么。

接着就是核心课程，它和普通课程分类相似，但内容更深入。我们设置多个课程并将它们分类，以供学生选择。我们希望利用这些核心课程，培养出即将成为全球公民的、接受全球化教育的、能够担负责任的大学生。首先，他们需要明白美国经历了什么。对于国际学生来说，这个问题意味着了解美国是什么和不是什么、美国创立的背景思想以及美国如何走到今天。这些问题即使对于本土学生也十分重要。因为在许多从未离开过夏威夷的学生眼里，130年前覆灭的夏威夷王国比美国独立战争更让他们印象深刻。因此，对留学生和本土学生来说，了解美国建立的原因将是他们所学课程的重要部分。

批判性思维表达。这是通识教育的重要标志，学生们可以获取信息、处理信息、对信息的各部分加入自己的理解，然后重组，确保能借助不同的方式将它们相互联系。这是一种认识世界的重要精神方法。

全球多样性。这里指的是正确看待世界文化的多样性，以及他们之间如何相互关联和相互影响。自然世界与自然科学不无关系，回到我们的核心价值——热情迎接、肩负责任、为所应为，这是我们作为自然和环境管理者的责任，同时也与我们接下来要介绍的核心课程有关，即可持续发展。

每名学生都要参与具有可持续性的项目，并且要参与到和环境管理及环境可持续有关的领域中来，发展科技、进行创新。对于夏威夷——这个距离下一片大陆有5000千米的地方来说，过去百年的科技发展给人们的生活带来了极大改变。夏威夷不是一个能够自给自足的地方，所以可持续性是它的核心，也不能忽略科学技术以及如何到达和离开夏威夷。为什么夏威夷始终如此重要，因为它的自然资源。这里有纯净的水，风暴跨越太平洋，带来充足的降水，过往船只还能从这里补充淡水。这些都是人们留下来的原因。

最后，来谈谈改变世界的传统和运动，比如今天发生了什么，是怎么发生的，包括今年美国大选的恐慌、叙利亚发生了什么、联合国领导层有了什么变化、世界在发生怎样的事情以及我们能做什么、如何参与其中。

通过这几类课程，我校培养了学生成为全球公民所必需的能力。其中，我们重点强调将文化理解和体验作为全球公民培养的基础。

学生们也会选择自己的主修领域。事实上，我们重新设计了课程，以保证每名学生都能选择双学位，鼓励他们从51个领域中选择两个专业。学生可以在教室里学习，但由于我们与环境的密切联系，也会让学生到室外进行学习和体验。

举个例子，这是芋头种植园。芋头是夏威夷的主要作物，我们用它来做芋泥，一种蔬菜布丁。芋头的叶子可以用来做包子。学校的每名学生都曾进过芋头田，对它进行耕种、建设或者在田地里收芋头。

我们非常鼓励学生参加实习项目。即使有时在这方面没有学分要求，多数学生也会选择把进行研究、参加服务学习或其他室外活动作为辅助课程。我们主校区每年5%~10%的学生都会有一次出国学习的机会。我们的合作学校有400余所。也有许多学生想到夏威夷来学习，他们喜欢这里的气候，但本土学生最好能出去走走。日本的议事会去年秋天接收了我们40名学生到日本学习，以后也会继续合作。

我们还设有生活学习一体化社区。学生入住时，我们努力确保来自夏威夷本地、美国大陆和其他国家的学生能够住在同一屋檐下，不至于让沙特阿拉伯、挪威、夏威夷、加利福尼亚的学生单独住一起。我们安排大家住在一起，尽量引导大家如何相处。有些新生希望住的地方有厨房，这意味着第一年他们需要自己做饭，这也是很棒的。

我们有非常勤奋的教师队伍，也有许多出色的学者，还有运动员队伍和联合国模拟团队。该模拟团队由来自不同国家（包括美国大陆和夏威夷）的学生组成，他们曾在日本和纽约参加比赛。我们的学生非常积极，坚持课外学习政治学。

我们还有海洋研究所，主要研究食品的可持续性。全世界的食用白虾有90%出自我们的海洋研究所。我们与中国、印度和印度尼西亚政府合作培育虾。我们不在海里或池塘里培育，那样会造成大量污染，而是在陆地上进行，所以我们可以为人类提供可持续性的食物。同时，我们的海洋研究所还利用海产品加工饲料。我们在夏威夷，还有两群小牛，牛饲料要从加利福尼亚运来，所以我们正在研究如何把海草转化为牛饲料。如果研究成功，这能为世界所有近海区域提供饲养陆上动物的条件。

海洋研究所还有另一项研究——黄三角吊项目。我们去年成功地在鱼缸中培育出黄三角吊。这是一项极大的创新，因为目前养殖三角吊必须依靠珊瑚礁，但这会造成极大破坏。每年有数十万人来夏威夷或世界其他地方捕捉三角吊，把它们养在鱼缸里，如此会对珊瑚礁带来非常大的伤害。所以我们去年成功实现对三角吊的人工驯养，意味着三角吊以后无须借助珊瑚礁培植，这是对全球公民意识和责任感的极大提升。关注珊瑚礁，不仅是为了海洋，也是为了世界健康，为了我们所食之物，更是为了我们的孩子将来有食可用。

真正的测试：在真实生活情境中应用学习

卡罗尔·赛义德

（美国　西得梅因学区人力资源部副主管）

我是卡罗尔·赛义德，美国艾奥瓦州西得梅因学区人力资源部副主管。我今天的主题是"真正的测试：在真实生活情境中应用学习"。首先我要介绍一下我们艾奥瓦州的学区。西得梅因学区拥有约9000名学生，这些学生从幼儿园到十二年级不等。为满足学生需求，我们雇有的职员大约有1400名。我们有着优良的传统，以提供出色的教学项目、学术、体育和艺术活动而著称。西得梅因学区与布朗语言学校是友好合作伙伴，我们为此感到自豪。

在西得梅因学区，我们专注于推进专业性的社区学习过程，过去两天其他学校对此也有所讲述。举个例子，我们会让从幼儿园至十二年级的全部学生进行气候调查，随后利用学生获得的信息进行数据分析。我们通过分析发现，学生接受教育的时间越长，积极性越低，从中获得的乐趣也越少。这让人非常困扰，因为这样会拉大学生和成功之间的距离。若要消除这种距离，我们必须让学习者有动力。在此基础上，我们的目标是建立或重建学生对学习的兴趣和热情。我们会树立模范榜样，同时也做好了失败的准备。

我们的学区有老师和社区参与，力求探索改善学生参与积极性的状态，并对教师和学生进行了一段时间的新科技网络教学。新科技网络教学在我们学区被称为NTN，它是一种基于课题的、利用一对一科技设备进行的教学，因此参与课题的学生都拥有一对一的教学设备。整个过程的目的在于通过设立教学计划激发学生的学习热情，提高学生参与性并尽可能地将其教学体验个性化，如此把学生的学习收获（不仅仅是核心课程）最大化。

我们学区基于课题的学习模式有两种：一种是校内模式，我们八座小学教学楼中的两座在实践这种模式，大约有1000名幼儿园至六年级的学生参与其中。另一种是校际模式，在我们两座初中教学楼中进行。这也是这种新科技课题教学实践模式的所在地，参与其中的各年级初中跨学科团队被看作一个整体，大约有 500 名学生参与了校际模式教学。

虽然是两种不同的课题学习模式，但二者使用的是同一种框架。我们基于课题的学习模式本质上是三角形的，是由学生、助理和教师构成的基础框架。他们关注学习过程，关注所拥有的时间和空间以及用于学习的工具。我们同样关注自己所创造的文化，并确保教师和学生在足够安全的环境中进行尝试，无须害怕失败。我更倾向于把"FAIL（失败）"这个词当成一个缩略词，是"First Attempts In Learning（学习的初次尝试）"的缩写，因为我相信事实就是如此。失败与文化一道，能培养人的领导能力，其中包括独立判断的能力，它们之间有密切的联系。我们希望能够培养师生的这种领导能力。

我们的学习者，包括成人和学生，使用的是一种循环式的学习过程，他们收集、分析数据并据此创建实施策略，如此循环往复。这种形式围绕特定的学习成果产出，寻求熟练和成长。在这个过程中，你会看到很多专业性的学习社区过程。

下面我展示的是一个单元设计，它展示了基于课题学习与进行课题研究的区别。首先是一个以解说结尾的传统单元，它的内容常常为讲解和测验。讲解、测验，如此循环，直到单元结束。你需要回顾，需要对该单元的学习进行评估。在教学和评估完成后，还需要解说，这与基于课题的学习非常不同。解说并不是真的解说，它贯穿于整个单元。

我们从启动一个项目着手，它是为了给该单元学习提供环境而设计的，随后它还可以成为我们向学生提供的学习经验，还可以是活动、研讨会、讲座、家庭作业，甚至是研究和实验。我们可能会为学习社区引进专家，让学生到社区去，这样我们就有了一系列选择。我们在学生进步的过程中提供衡量基准，在单元结束时设置解说和演说环节，让学生展示他们对所学知识的熟练程度。我们也要求学生从个体和团体角度反思自己的学习，因此这和传统单元有所不同。

这些是项目启动的例子。我们有科学教师作为助理员，他们用这份备忘录来揭开人生篇章的宏伟蓝图，他们加入社区，通过西得梅因的工程师来帮助学生解决实际问题。如此，我们的学生在帮助下具备了解决实际问题的技能。所以，我们试图参与到社区中来，确保为学生提供真正的问题或项目，为启动项目信息提供时间线和期望。在该过程中也会请具有批判眼光的朋友，把这些严厉的工程师邀请到项目中，让他们给学生提供反馈，让学生明白他们被寄予的期望，并收到来自老师以外的相关人士的反馈。

这是启动项目的另一个例子。它展示了助理员如何将专家和领域结合在一起，让权威人员与学生分享关于药物滥用的信息。我们也会使用每年在学区内进行的药物滥用的调查数据。这就是我们的学区数据，它展示了一个以演说为基础的启动项目。在该项目启动后，我们要求学习者消化这些被分享的信息。他们从该启动项目获取信息后，就进入了知与需知的过程，这有助于他们鉴别之前单元中的知识和该单元在项目启动过程中的重要组成部分，还有助于他们明白，为了完成前面的挑战，他们还需要知道些什么。

这个过程或许在每位老师和助理员的学习环境中都有所不同，但通常知与需知可以分成三类：内容、技能和逻辑。这样能使我们的主要目标真正成为单元中最重要的东西。人文学科的助理员或教师会率先成立知与需知的协作团体，这样就可以明白我们想要了解的内容，它对教师和小组学生都有帮助，明白自己对课题有多少了解，又需要知道哪些内容，所具备的哪些技能有利于成功，以及为了成功还需要继续培养哪些技能。逻辑学这部分则包括我们已经知道了什么，我们即将要做些什么，以及为完成课题还需要对哪些事物加深了解。

这是我在人文课堂上分享的关于知与需知的例子。这是一张在人文课上制作的表，主要关注的是权力与政府，这是当时的主流话题。从中可以看出，学生使用新科技的学习成果来自知与需知，而且与它有着紧密的联系。在这一单元的学习中，通过和助理员一起制作这个列表，学生明白了本单元的内容标准以及自己要学习的技能。

我之前提到新科技学习成果，它包括知识、思想、自主学习、合作、口头表达和书面表达。这让我想起了今天早些时候我们听到的潜在能力。新科技网络可以提供深入而不间断的专业培训和专业资源，比如由熟练度水平组成的评估准则。这些都是为了我们的 NTLO 和学习成果。它们还可以帮助我们评估这些学习成果，在全年项目中专注于这些内容，让我们不断进行领导过程的转变。我们要回答对孩子们目前阶段最有帮助的是什么，并要把孩子带到一个更高的层次，还需要将各个评估准则结合起来并经常提供反馈，关注过程而非结果，如此可深化学习并培养这种成长型思维。

我们来看关于自主学习和合作的两个 NTLO。自主学习被定义为培养和反映成长型思维的能力以及展示自我学习的主动能力，昨天我们也听到许多对此的元认知。同样，这些都与成长型思维和毅力有关。我们从这样一个层面来思考，即元认知思考就是你在思考什么。

我会分享一个视频剪辑，它展示了基于课题的学习，即在我们学区实施不到两个月后，小学教学楼对自主学习的应用。虽然是我在这里谈自主学习，但学生的话语比我更有力。我想大家可以看到，我们的学生更愿意接受挑战。他们明白他们需要实践，而且实践会让他们变得更好。他们能识别成功，也明白自己可以从失败中吸取教训，从不害怕失败。所以，他们是在不断地思考，而且能够有所成就。

我要分享的第二个学习成果就是合作。合作就是在多元化团队中，作为有效成员的能力，能够在团队中进行人际交流、取得成果并且具有领导和创新的能力。一个优秀的合作者在谈话时，能围绕主题与人交流、提出问题并给予回复。他们受人尊敬，能给出适当而真诚的反馈，并且时刻准备完成任务。这些就是我们认为高效合作者所应具备的素质。这里有两张照片，可作为我们关于合作和行动的例子。上面这张照片是我们社区的一名专家，他来到这里与学生分享知识，对单元课程给出批判性反馈，给学生提供了额外帮助。下面这张照片是学生的小组工作。为完成任务，他们需要在小组中协商各自的角色，还需要知道自己的任务是什么，要完成怎样的工作。因而，他们在共同学习和创造过程中能获得乐趣。这就是合作的一部分。

实施基于课题的学习，对学生、教师和助理员来说是一种转换，对家庭来说也是如此。它是一种从左到右的转换。传统的纸笔学习是在课堂塑造一种似是而非的场景，而基于课题的学习是创造一种真实且具有全球视野的学习环境，以解决真实问题，这并非只是一种转换，同时也是对学生的改造，它不再只借助演说学习或纸笔评估，而是给学生提供真实的课题和成果解说，这很重要。它来自我们的启动项目以及我们的知与需知。评估仍然要继续，但我们会更多地采用一种架构式评估。我们还会为更深入的学习建立基石或桥梁，而不只是评价知识，也会使用一些基准，以衡量学生的学习成果和我们所期待的成长。

我们要培养孩子们成为更积极、更努力、更有毅力的学习者，使他们有能力在实际生活中解决问题。他们知道自己为什么要学习，也知道自己在学什么，而且还能清楚地表达出来。这些素质将使我们的学生成为有文化且高效的全球公民，也能让他们为自己的未来做好准备。

为世界更相联的费迪南德国立学校

罗扎夫·尼科莱塔

(罗马尼亚 费迪南德一世国立高中教师)

我是罗扎夫·尼科莱塔,很荣幸作为罗马尼亚费迪南德一世国立学校的理事会代表来到这里。我在学校教的是法语和英语,已经教了17年了。今天给大家介绍的这个学校,位于罗马尼亚的东北城区。在我国,它属于最早的一批高中,可追溯至1867年。费迪南德一世国立学校有1200名学生,6岁到19岁不等,老师则有74名。它是我们国家最好的学校之一。我们给学生提供基本的理论指导,重点关注数学、信息技术和外语。大多数学生都对学术研究很感兴趣,他们有的在国内发展,有的已出国留学。因此,与其他国家建立合作关系,将非常有益于他们提高语言能力、扩展文化知识并加强社交技能。

我们学校不仅在当地有名,而且闻名全国。罗马尼亚很多著名的作家、科学家和哲学家都曾是这里的学生,现在学校又培养出许多奥林匹克运动人才,以及在生物学、数学和社会学方面取得卓越成就的人才。我们的许多学生都被牛津、剑桥、斯坦福、哈佛、伯克利和加州大学洛杉矶分校等名校录取,还有很多学生去了巴黎、里昂等著名城市。他们在那里代表着我们的学校和国家,得到了我们全校师生的一致认可。

我们的学生有很强的上进心,我们为他们的成就感到自豪。在过去五年内,我们与很多国外学校进行了交流,分别来自法国、荷兰、德国、波兰、俄罗斯、捷克、挪威、芬兰、意大利、西班牙、葡萄牙和立陶宛。我们图书馆的藏书众多,有的是年代久远的老书,有的是时代前沿的新书,当然还有许多辞书字典。学生们每天都会在空闲时间来图书馆看书,有时来这查阅资料,有时放学后来这里写作业。

我们重视学生和教师的能力培养及运用,同时也强调发展个人项目、选修课和大学预科课程的必要性。另外,我们学校推动适应教育过程的发展,将理论知识与实践相联系,尤其是将其与当前社会经济的现状和趋势相关联。学校理事会非常重视国际方法,将它看作是教育过程的一个重要组成部分。我们愿意参与交流,也愿意与全世界的学校进行合作,最终实现我们学校与全球的一体化。

说到国际视野,汉语将会是世界交流的一种重要语言,它会帮我们建立一个宽容的世界,让年轻一代和年老一代多进行正面思考,保证世界和平。我们学校的汉语课已经开办两年了,老师的母语就是汉语。孔子课堂获批也已有一年了,这给予了我们学生获取汉语能力证书的机会。

我们的汉语课上有200名学生,他们和热情的中国老师组织了很多文化活动,其中包括中国日、新年、端午节和孔子课堂。来自布加勒斯特大学的特殊中国客人也会参与到孔子课堂中来。我们学校的学生都很喜欢学习汉语。上面提到的这些文化活动,也为我们与中国的友谊及合作开辟了新的道路。我们明白,在各种项目和文化交流活动中的合作都有助于提高我校学生的全球意识。这是一个新的层次,一个新的机会。

从另一个角度来看,中国上下几千年的文化对整个人类来说都是一种古老的精神财富,这里有珍贵的发明,有睿智的人生哲学。能够辩证地看待这些,对我们每个学生来讲都是一种宝贵的经历。我们学校鼓励青年学生学习汉语,还有英语、法语、德语和西班牙语。学习这些语言能让他们成为文化社会的公民,在全球范围内展开学习交流。我们认为,这个世界需要有文化、有经验、能在国际背景下工作的年轻人。

20世纪,正规的基础教育已成为全世界的理想。我们的任务是让孩子们成为有道德、有责任、对社会有用的公民,能够为他们所生活的世界贡献自己的力量。

我们还认为,学生不应该是知识的被动接受者,而应是主动的探索者或自我学习者。今天,我还想和大家分享我校这些年开展的一些教育项目。这些项目与交流及国际项目相关,并且在我校学生中得到了良好的反馈。

举例来说,我们最成功的一个项目叫欧洲小记者。它属于交流项目的一部分,是在2009年到2011年期间开展的。对我们来说,这是我校与其他欧洲学校合作开展的第一批主要项目之一。我们有5所合作学校,有15名罗马尼亚学生和15名外国学生,他们在8位老师的带领下参加了这个项目。第二个是今天夏天开展的一个名为费迪南德导师指导的项目。

说起第一个项目,我要强调的是,这样的项目在我们学校很受欢迎,因为它给学生带来很多好处。首先,学生会有很强的参与感,他们也感觉很有用。他们还组织团队合作,和团队成员及外国其他团队成员进行各种交流。

这样的项目能锻炼他们的外语表达能力，让他们能接受他人的观点。因此，这让他们更加宽容、更能融入团队甚至整个世界。在这种情况下，老师只起辅助作用，只给他们提供一些帮助和意见。学生变得更加独立，学会了如何果断决策，还能从自己的错误中吸取教训。他们更加自信、更加宽容，思想也更加开放。这也许恰恰印证了我这次演讲的题目"为世界更相联的费迪南德国立学校"。

　　在第二个项目中，学生懂得了实践出真知。他们在一家意大利IT公司实习了三个星期，作为实习生真正参与到工作中来。

　　我们学校非常推崇并鼓励国际合作与交流，因此，在这里我代表我们学校、学生以及整个社区，向这次活动的主办方致以真诚的感谢。我会把这次大会上获得的所有信息传达回去。我们的学校、城市、区域以及国家，都会因此次大会而受益良多。最后，我想以伟大哲学家孔子时代的一句名言结尾：一年之计，莫如树谷；十年之计，莫如树木；终身之计，莫如树人。

灵感、投入与同理心：全球文化行动

霍莉·汉娜

（美国　马斯卡廷学区风险协调员）

在马斯卡廷学区，很多地方还在采用传统的教育方法，开展着传统的项目。但是一些老师已采用了生动活泼的教育方法，这也是我们正努力尝试的教育方法，因为我们意识到马克先生的方法真正改变了学生的学习方式。

马克·普林斯金先生，是一名教育家兼作家。他认为我们所处的数字世界有原生民和移民之分。数字原生民是伴随马克先生的技术出现并成长的，但数字移民的出现要早于马克先生。如果你现在是数字移民，不用嫉妒，因为马克先生曾说，对于非常喜欢数字技术的人来说，他们也能做得很好，并且能跨越数字移民与数字原生民之间的鸿沟。

所以当你观察数字原生民和数字移民的特点时，你会发现他们是完全相反的两种人。数字原生民更愿意接受挑战，而数字移民更倾向于从事传统和具有重复性的工作；数字原生民喜欢团队合作，而数字移民喜欢单独行动；数字原生民喜欢身兼数职，而数字移民更喜欢观察信息和细枝末节；数字原生民多为问题解决者，喜欢技术方面的事情，而数字移民更喜欢文本类的。

有趣的是，在你改变它们的称谓后，再看一下有什么变化。数字原生民就像是活跃的教育，数字移民就像是传统教育。所以你明白它们之间的差别了吧。我们必须通过整体改革和建立单个框架，来缩小两者之间的差距，但问题在于我们的教育体系。在美国，人们注重学术核心标准，也很重视对学生的考查标准。我们重视学业，却忽略了如何把学生培养成世界公民。你不能只通过教授学生有限知识，然后就期待他们明白以世界公民的规范行事。

所以我们关注的是其他标准怎么办？还有社会情感标准、全球能力标准、技术标准和专业技能这些方面呢？我们想把这些都包括在内。尽管我们只在马斯卡廷学区进行了改革，但我们也正在向国际竞争力等方面迈进。这些努力的最后一项就是立即采取行动，这是一项全球能力。学生在将想法和所学转化为行动，以证明我们的努力。

我们的目标是把课堂所学知识应用于社会具体情境，让世界更有意义。当我们想进行计划时就采取行动，不用努力就会触碰所有标准。因此，教育学生时扭转思想和心态很重要。学生们不能只是接触不同的观点，他们需要把这些观点进行融合。我们不想让学生一味地被动接受教育，希望学生能够自我提升并有所行动。

我们不想让学生模仿性地学习，而是希望他们学以致用；不想让他们相互竞争，而是希望他们具有同理心和合作能力。美国的教育系统一直很重视测试学生的能力，往往会忽视上述方面的教育。测试会把孩子进行比较，在你对学生进行比较时，就已建立了一个竞争体系。我们致力于让世界更加全球化、更加合作化，所以我们采用不同的教学方法。很多人觉得这种教学理念还不错，但是要如何实施呢？我将为大家介绍一些方法。

首先，我们要从解决问题入手。有时候学生会遇到问题，有时候老师会把问题抛给学生，有时候社区成员会跑过来说：我遇到一个问题，能让你们的学生来帮忙吗？

我向大家介绍一个非常简单的例子，这是我们曾遇到的。有一位社区成员跑过来说："我现在特别老了，但是我孩子给我买了一堆高科技的东西，我都不知道怎么用。"之后我们就让学生头脑风暴，于是有了一个办法，就是让学生为社区内的老人提供科技夜课，让他们了解电子产品。我们已经开展了很多次科技夜课，任何人都可以来上课，学生向大家讲解有关科技方面的知识。但我觉得存在这样一个问题，大家都知道，即使在不同的国家，总会有一群人非常乐于助人，他们的初衷很好，但是从来不问处于困境的人想要什么，只凭自己的主观意识决定他人的需求。

我们教导学生不要根据自我意愿来决定别人的需求，而是要给他人发声的机会。比如在"科技夜课"这个项目中，我们对一些参与的人员做了一项调查，询问他们的需求以及正在使用的设备，还有想要学习的操作或辅助程序。他们的反馈结果有助于学生了解这些被调查者的想法。

另外，我们希望把这个项目融入社区，与社区进行合作。我们不想以嘉宾发言人的身份站在社区成员面前。我们希望讲授者和社区成员紧密合作，每个人都为之有所付出。我们的"科技夜课"项目得到了很多帮助。网络商为我们提供了免费无线上网，并且在上课期间全程陪伴，时刻观察上网情况。我们可以在电台节目里免费宣传，有家餐馆还为我们提供食物。还有家很棒的机构为学生提供了漂亮的服装，让他们在晚上为大家讲课时衣着得体。

很多人问是怎样把社区与课程相融合的？"科技夜课"并非俱乐部，只是把学生平日所学内容发散给社会和公众。通过这项活动我们可以明白在英语课堂上演讲会出现哪些问题，哪些方法能有效地解决这些问题。我们坚信这种多学科教育是有帮助的，当然，这里我们是把英语课和科技课结合在一起了。

作为一名英语老师，我还会引导学生进行研究。我们的调查范围不是"你所喜爱的哲学家"这类话题，是常见的应用程序及其问题。然后，学生要向大家展示并修正他们所调查的内容。很多学生不仅能解决自己的问题，还教会我一些东西。我有时候会对他们说：说话慢一点，你跳得太快了。他们自己可能觉得有些地方是可以跳过去，但是这时候他们不得不减慢速度，不得不发清楚每一个音。因此，他们学会了照顾读者，学会了如何演讲。

在有些情况下，学生并不了解听众的知识水平，也不知道听众使用的语言，所有事情都需要他们的即时反应，这就是处理问题的真实场景，我们以真实的场景训练学生。学生还要学会倾听，因为有些参与者不能明确解释他们的需求，所以学生还要尽力发现参与者的需求。

只要我们乐于合作，就能建立全球联系、进行交流。我们从学生角度思考问题时，则会想到我不认识这些老人，但这只是我们的想法。学生们认为这些人充满求知欲，并且踏出了自己的舒适区。"科技夜课"是一项很棒的活动，它有助于社区的建设。我们在这里实时解决的问题都是真实存在的。

全球化的最大好处就是彻底地改变人们的旧观念。我曾遇见过一位女士，她走进教室时持有怀疑态度，离开教室时停下来对我说："我对今晚的课不抱任何希望，我不觉得这些孩子真能教会我一些东西。"但是，她觉得今晚最大的收获是学生们居然在讲课。她在被学生教授知识时，感觉自己真的很弱，但同时又觉得这些学生真的很棒。因此这位女士最终改变了她对我们学生的看法。

"科技夜课"带来的影响绝不仅限于学业上。有个学生帮助一位先生安装了Skype软件，之后这位先生和他以朋友的方式进行聊天。这非常有趣。成年人对这些学生的印象大都停留在之前的认识上，但这次项目后，他们对学生的印象开始慢慢改变，这些成年人开始以数字学习者的态度来了解他们。对学生而言，当你把学生置于教授者的位置上时，学生就会明白目标，并能自我掌控学习。此时需要老师给予信任和指导，帮助学生解决问题。当你把学生置于这个位置，他们则充满力量。我真的很开心，也很自豪，他们曾是我教授的学生，现在能胜任这么多事情。

学生们能给予的东西很多。我曾经负责一个项目，遇到一些麻烦，学生们对我说："霍莉，别担心，这个问题能够处理，我来解决。"学生们能解决的问题，有时我却未必能。这对一名老师来说可能会比较难以接受，因为我在班级中一直担任管理者的角色，我们需要一直讲解，告诉学生们该做什么。很多人可能不愿采取这种教育方法。他们认为，一旦失去主要地位，就没有办法控制整个班级了。但其实，当你赋予学生一定的自治权时，也就没必要再管着他们了，他们会慢慢地找到并喜欢这种自我控制模式。在我的项目里，曾有一位学生说：好奇怪，这节课竟然都没看手机。知道吗？我觉得这是我听到的最好的赞誉。

最后，这项活动最妙的地方就是，老师教授学生知识，学生再向大家传授知识，这种循环发生在社区里是很棒的一件事。我时常想，教育事业经常会寻求社区帮助，但我们能为社区做些什么呢？这种情况下，我们可以教导学生为社会做贡献，帮助他人，同时他们也会获得别人的帮助。如果学生知道他们有可能改变社会，就可能产生先改变自我的想法。

他们需要不同的学习类型。每完成一个项目，就会有所成长进步，而且这也是他们学习的意义所在。最让人伤心的就是，很多学生说"我非常高兴来这里接受正统教育"。我想对这些孩子说：你们没必要让自己变得正统，你们没有任何问题，是美国教育体制存在问题，不是你们。每次当我跟他们这么讲时，他们都会受到鼓励、充满力量。

我想说的是，我们在另一所学校也使用了这种教学方法，该校学生的知识水平很高。他们也觉得这种学习方法很特殊，不再只是学习课本上的知识，而是将这些知识逐渐用到实际生活中，同时他们也了解了社区的需求。这点很好，因为我们的教育需要放在真实的情境中。

素养：打破全球壁垒

安德鲁·塔迪斯

(英国 圣约翰公学校长)

我的演讲大致分为两部分。第一部分讲世界公民的定义、受欢迎的原因以及作为世界公民所需的素养；第二部分讲在培养世界公民素养道路上会遇到的困难和阻碍。

首先，我个人所推崇的世界公民定义是这样的：它是一种关乎全人类的归属感，是一种对整个世界以及我们在世界中所处角色、所负责任的意识。

换句话说，面对各位，无论你是中国人、丹麦人、美国人或意大利人，我都会尽力把你们看作我的兄弟姐妹。而且，如果我们能在全球范围内达成这样的意识，很多问题也都会迎刃而解。

但这仅仅是一个理论而已，我稍后再提。"世界公民"这个概念在当今世界备受推崇，因为现在的移民越来越多，所以我们应该对彼此有更深入的了解，而不再只是他人人生中的过客。我参观了故宫，游览了中国，遇见了友好的中国人。然后我回到英国，你们又来参观了英国等等。因此，培养世界公民素质的需求也显得更加迫切，因为只有这样才能彻底地了解对方。在我看来，这已经成为我们生活中的重要部分，因为我们现在的交往越来越多，移民也越来越多。

成千上万的中国人来西方留学。我的侄子就娶了一个中国女孩，他现在在中国生活，所以这样的互动正在变得越来越多，明白人们之间的对话也越来越重要。我们有很多共同点，也有很多奇怪的习惯。如果想要与对方融洽相处，就必须摒弃这些怪习惯，共同建立一个相互友爱的世界。

人类经历了第一次世界大战，在"一战"前，全世界的人都相信世界人民都是兄弟姐妹。某天，人们突然转变思想，走向战场。数百万人被自己的同胞杀害，多么丢脸。我们现在做的事情比之前来说有很大进步吗？我们可以在本次会议上继续讨论这个问题。如果我们立刻在学校尽早地进行友爱教育、世界公民教育，之后会有所成效吗？可惜的是，我们现在并没有为此竭尽全力。那让我们拭目以待吧。

素养是有助于我们找到彼此的捷径吗？自从我的生活突然与中国人有联系后，我就想了解中国人。只通过了解历史名人或阅读中国历史是不能够了解中国人的，应该再努力一些，这是我的一本书。

我还有其他书，但目前我觉得这本是最棒的，500多页，里面有很多精彩的小故事。我看这本书时，希望能找出以下问题的答案：我现在跟中国人说话应说些什么？中国人到底是怎样的？他们害怕什么？他们生气时会有什么反应？他们生气时与我们英国人的反应一样吗？中国人和英国人害怕的东西是一样的吗？中国人在什么时候会高兴？我们两国人高兴时所做的反应一样吗？

你可能觉得这些问题看起来太直接了，那是因为我们需要了解的还很多。总之，我的方法就是这本书。如果我们有极高的素养，并且秉持正确的做法，那么全世界的孩子都有望在该框架下成长，没有任何潜在威胁、潜在敌人。就像我说的，我们都是兄弟姐妹。显然，这项任务十分艰巨，只有能力超强的老师才能堪此重任。虽然我是名教师，我也热爱教育事业，但我所教授的有关世界公民的内容，还是会被我自身所处的文化氛围影响，我对中国人的理解也是从英国人的视角出发的。

不知道大家有没有遇到这样的情况？我和莫里亚蒂一家已经认识三年了。他们一家人都非常友好，我非常喜欢他们。作为世界公民，我并没有与他们感到任何隔阂，尽管我非常喜欢他们，但是如果英国要和意大利来场足球比赛，我就发扬不了世界公民的精神了。尽管我立志成为一名世界公民，但我会情不自禁地有这样一些行为：我的感情会大于理智，我会希望英国队赢得比赛，即使我知道英国队实力很差，而意大利队实力很强，但我就是会屈服于我的感情。

当人认为自己的行为举止比较理性，要理性到何种程度才能使他成为真正意义上的世界公民呢？我是个接受过教育的人，我有法律学位、有历史学位，但当压力来临时，我还是会变成一个极度情绪化的人。我们该如何完成这项艰巨的任务？如何把年轻人培养成为世界公民，从而来改变世界？我对此不太确定。大家的工作任务都很艰巨。在座的各位有多少人去过英国？英国人有些小习惯并不像你们看起来那么愚蠢或者微小，也正是这些行为习惯，组成了我们整个英国的文化。

我给大家举一些例子。我问了坐在我旁边的那位丹麦男子，也就是上一位发言人一个问题。我问他：如果在丹麦，有一个人笨手笨脚地撞到你，并且这个人不是你的朋友，你会对他说什么？请如实地告诉我。他说：我会告诉这个人让他看着点儿路，甚至会说你是不是疯了，注意点儿吧。那大家知道人们在英国会怎么做吗？——"容忍"。有些人的做法可能与这位丹麦朋友一样，但在英格兰，就是"容忍"。

上周三，我就碰到了这样一件事。有人撞到我了，我扭过身来说了一句话。你们猜一下我当时说了什么？对，我说了声抱歉。但是我有什么好抱歉的，他应该说抱歉。但当这件事发生时，他说了抱歉，我也说了抱歉。但在座的诸位大多数应该都不明白，其实这是不一样的，并且差别很大。

被意外地撞到后，我说了句"抱歉"，我没有说"非常抱歉"。他说的是"非常抱歉"。这里的差别是很重要的。如果我们要共生共存，就要彼此了解。我希望这本厚厚的书能够让我进一步了解中国人和中国人的性格，而不仅局限于他们的奋斗史。

我在银行看到有些人大喊着说"轮到我了"。但有人插队时，我会客气地说"不好意思，现在轮到我了"。如果我不说，我会感觉非常糟糕，但我会这样客气地说。在英国，如果一个人在酒吧或邮局插队，那就是你让别人知道现在是轮到你了。

大家发现了吗？我的眉毛是非常重要的。在英国，人们交流时眉毛是极其重要的。我知道法国人、意大利人、中国人也都有自己的习惯，但我要强调的是，就是这些习惯把我们区分为不同的种族和不同的民族。只有足够了解这些内容的人教授我们，我们才能彼此更加了解，但这样的人在哪里呢？

有个人在飞机上挨着我坐，他戴着耳机并且嘴里哼着歌，但他自己并没发现他在听音乐时嘴里还哼着歌。我在他旁边坐了一个小时，我该怎么办呢？我想用典型的英国人方式应对，但他不是英国人，他会如何反应？我又该如何处理他的反应？糟糕的是，我们并不充分地了解对方民族。当你在现实生活中遇到其他民族人时，我们是没有安全感的，甚至会有所防备。

我不知道他会如何反应。但如果是英国人的话，我会跟他说："希望你不要介意，也不会觉得我失礼，我听见你哼歌了。"他如果是个讲道理的人，应该会说"我很抱歉"，并且赶紧改正自己的行为。那他是怎么做的呢？我想错了，他并不喜欢我那样说，他说了句"谢谢，我挡一下"。他是怎么挡一下的呢？他把鞋脱了，把鞋放在了飞机窗旁边的置物架上。他让我很不安。我该怎样与他和平相处？他打扰到了我，我对他礼貌地提出建议，却受到了粗鲁的对待，我觉得我受到了侮辱。现在我很确信，从他的角度看，他肯定觉得我的处理方式有问题。但是，现在我们已经听了几个小时的世界公民问题，做起来真的比说起来难多了。

我还有一些例子想分享给大家，在今天上午的第一部分，我去了一下B组，因为B组也有一位来自英国的学校的发言人。我之前从未见过那位发言人，但是我想以他的发言为标准，来衡量我的发言内容。我不能根据其他人的发言来衡量我的发言，因为我们不属于同一文化。我对其他发言内容中的隐喻部分不是特别理解，但是我理解他的发言，不管他是否来自伦敦，我都能理解他所说的内容和发言内容所暗含的意思，比如"抱歉"和"非常抱歉"的表层含义和深层意思。如果我们想成为一名合格的世界公民，我们就必须接受真正的问题，诚实面对，探讨细节。因为整体正是由这些小细节组成的。

我最近看了一本名为《萨洛尼卡》的书。萨洛尼卡是希腊北部的一座城市。与当今其他城市不同的是，这座城市600多年来都住着基督教徒、犹太教徒和穆斯林教徒。他们在一起生活、经商，和平共处了600多年。然后在1923年，发生了件大事，导致了什么结果呢？答案是零。

穆斯林在1923年受到威胁，德国人迫害犹太人，人们彼此之间毫不关心。这明显都是错的，并且该问题并不是人类智力或对人是否和善的问题，整个系统需要彻底地完善。素养能帮助我们解决这些问题吗？我觉得不一定。我有一位亲密的朋友曾建议我，演讲结束时最好能给大家一个比较具体且恰当的结果。

我确实也在尽力说一些乐观的东西，但我觉得我能呈现的尽可能乐观的东西就是：事情的成功取决于你我，取决于我们每一个人。结尾处，我将再给大家举一个简单的例子，如果我给你一辆奔驰车和它的车钥匙，决定它用途的权力在你。但如果你只是开着这辆奔驰去了趟邮局，那你就浪费了这辆车的价值。如果我向你们和其他年轻人传递素养理念，你因为缺乏想象力或意志不够坚定而浪费此次机会，你就像那辆奔驰，只是去了趟邮局就返程了。如果我们对年轻人的想象力进行锻炼，让他们对他人产生兴趣，那么我们就会成为飞驰在环球旅行中的奔驰车，我们的世界也要比今天更加美好。